Franz Mühl

Erfolgstips für den
Obstgarten

Gesunde Früchte durch richtige
Sortenwahl und Pflege

Von Franz Mühl ist im Falken-Verlag außerdem das Buch „Erfolgstips für den Gemüsegarten" (Nr. 0674) erschienen.

CIP-Kurztitelaufnahme der Deutschen Bibliothek

Mühl, Franz:
Erfolgstips für den Obstgarten: gesunde Früchte durch richtige Sortenwahl
u. Pflege / Franz Mühl.
– Niedernhausen/Ts.: Falken-Verlag, 1986.
  (Falken-Bücherei)
  ISBN 3-8068-0827-9

ISBN 3 8068 0827 9

© 1986 by Falken-Verlag GmbH, 6272 Niedernhausen/Ts.
Titelbild: Reinhard-Tierfoto, Heiligkreuzstein-Eiterbach
Fotos: Franz Mühl, Frankfurt
Zeichnungen: Horst Lünser, Berlin: S. 84; Franz Mühl, Frankfurt, alle anderen
Die Ratschläge in diesem Buch sind von Autor und Verlag sorgfältig erwogen
und geprüft, dennoch kann eine Garantie nicht übernommen werden. Eine Haftung
des Autors bzw. des Verlages und seiner Beauftragten für Personen-, Sach- und
Vermögensschäden ist ausgeschlossen.
Gesamtherstellung: Neuwieder Verlagsgesellschaft mbH, Neuwied

817   2635   4453   6271

Inhaltsverzeichnis

Vorwort

Pflanzen leben – wie wir. Sie äußern Wohlbefinden und Unbehagen. Sie atmen. Die Lebensfunktionen der Pflanzen sind – im übertragenen Sinn – den unseren durchaus vergleichbar.

Besondere Beziehungen zwischen Menschen und Bäumen lassen sie uns eher als Hausgenossen denn als Nutzgewächse betrachten.

Pflanzen vermögen jedoch nicht – wie wir – ihren Standort selbständig zu wechseln, um sich einen besseren Platz zu suchen, und sind deshalb auf unsere Fürsorge angewiesen.

Alle unsere Entscheidungen im Hinblick auf Sortenwahl, Standraum und Pflege der Kulturpflanzen wirken sich auf gutes oder schlechtes Wachstum aus. Wir, die Gärtner, sollten deshalb ihre Bedürfnisse im einzelnen besser kennenlernen – und sie auch respektieren. So etwas lernt sich natürlich nicht schnell und nicht ausschließlich aus diesem Buch. Man erkennt die Pflanzenbedürfnisse nur langsam beim pfleglichen Umgang mit Boden und Pflanze und mit dem Bewußtsein, daß wir stets in Lebensvorgänge eingreifen, um sie zu unseren Gunsten zu verändern.

Es gilt deshalb immer noch das alte Gärtnerwort: „Die Tritte des Herrn düngen das Land". Es geht hier weniger um das Düngerstreuen, sondern der Spruch will sagen, daß man nachteilige Veränderungen des Bodens und der Pflanze um so eher wahrnimmt, je mehr man sich im Garten aufhält und die Wachstumsvorgänge aufmerksam beobachtet. So werden krankhafte oder schädigende Veränderungen frühzeitig erkannt und können bisweilen abgestellt werden, ohne daß man gleich zur Giftspritze greifen muß.

Für den neu beginnenden Freizeitgärtner ist es oft sehr schwer, Veränderungen an Pflanzen richtig zu beurteilen, deren Ursachen weniger auf Krankheiten und Schädlinge, sondern vielmehr auf eigene Kulturfehler zurückzuführen sind. Deshalb wird in diesem Buch versucht, nicht nur Pflanzenschäden aufzuzeigen, sondern auch Zusammenhänge in vereinfachter Form zu beschreiben, die helfen sollen, den Obstanbau im Freizeitgarten erfolgreich zu gestalten – und Freude daran zu haben.

Weil der Garten aber keine ökologische Insel ist, so kann die Duldung oder Begrenzung von Schadorganismen nicht allein der persönlichen Auffassung des Gärtners vorbehalten bleiben, sondern muß auch im Hinblick auf die Wünsche des Nachbarn gesehen werden.

Planung der Obstanpflanzung

Für die Gestaltung eines Freizeitgartens empfiehlt sich eine Drittelung. Sie hat sich auf Dauer für den Gartenfreund am günstigsten erwiesen, entspricht weitgehend dem Haushaltsbedarf der gärtnernden Familie und bringt auch bei einem Pächterwechsel die wenigsten Probleme.

Jeweils ein Drittel der Gartenfläche sollte nach dieser Empfehlung vorgesehen werden für:

1. Obstgehölze, also Baumobst, Strauchbeerenobst und Erdbeeren (die botanisch dem Gemüse zugerechnet werden).
2. Gemüse, Würz- und Aromakräuter und Kinderbeete.
3. Erholungsfläche, also Laube, Rasen, Schmuckbeete und Spielfläche.

Der Familienbedarf einerseits und der Flächenbedarf andererseits sind die Grundlage der Anbauplanung. Für einen Vier-Personen-Haushalt sind empfehlenswert:

1. 7 Apfelbüsche auf der Unterlage M 9 oder M 26 (jedoch nur für sehr gute Böden);
   2 Birnenbüsche, auf Quitte veredelt;
   2 Sauerkirschen.
   Flächenbedarf: 16m² pro Busch beziehungsweise Baum.
2. 5 Apfelbüsche auf der Unterlage M 4 oder MM 106 (für weniger gute Böden);
   1 Pfirsich;
   1 Haselnuß.
   Flächenbedarf: 20 m² pro Busch beziehungsweise Baum.
3. 1 Pflaume Hochstamm (eventuell als Naschbaum umveredelt);
   1 Mirabelle oder Reneklode;
   1 Aprikose in Weinbaulagen.
   Flächenbedarf: 25 m² pro Baum.

Den Obstbedarf für eine Familie (Eltern mit zwei Kindern) faßt die Tabelle auf der Seite 10 zusammen. Kernobst umfaßt Äpfel und Birnen. Steinobst enthält Mirabellen, Pflaumen, Pfirsiche und Sauerkirschen. Süßkirschen- und Walnußbäume sind für den Anbau in kleinen Freizeitgärten wegen ihrer großen Wurzel- und Kronenausdehnung ungeeignet und daher in der Tabelle nicht berücksichtigt.

Die unten angegebenen Erträge erzielt man in der Vollertragszeit der Obstbäume bei optimaler Pflege.

Obstart	ungefährer Bedarf in kg pro Jahr und Person	durchschnittlicher Vollertrag pro Jahr	Genußreife (Monat)
Kernobst (auf schwachwachsender Unterlage)	50 kg	15 kg/Baum	ab August
Steinobst	20 kg	20 kg/Baum	ab Juli
Erdbeeren	4 kg	1 kg/m²	ab Juni
Himbeeren	3 kg	0,5 kg/m²	ab Juli
Johannisbeeren			
rot und weiß	6 kg	3 kg/Strauch	ab Juli
schwarz	2 kg	2 kg/Strauch	ab Juli
Stachelbeeren	3 kg	2 kg/Strauch	ab Juli

In der nachfolgenden Tabelle ist aufgelistet, wann bei einzelnen Obstarten die Vollertragszeit beginnt.

Obstart	Beginn der Vollertragszeit in Jahren nach der Pflanzung
Apfel, auf schwachwachsender Unterlage	5
Birne, auf Quittenunterlage	6
Himbeere	3
Mirabelle, Aprikose	7
Pfirsich	4
Pflaume	7
Sauerkirsche	5
Strauchbeerenobst	4
Tafeltraube	4

Einteilung des Nutzgartens

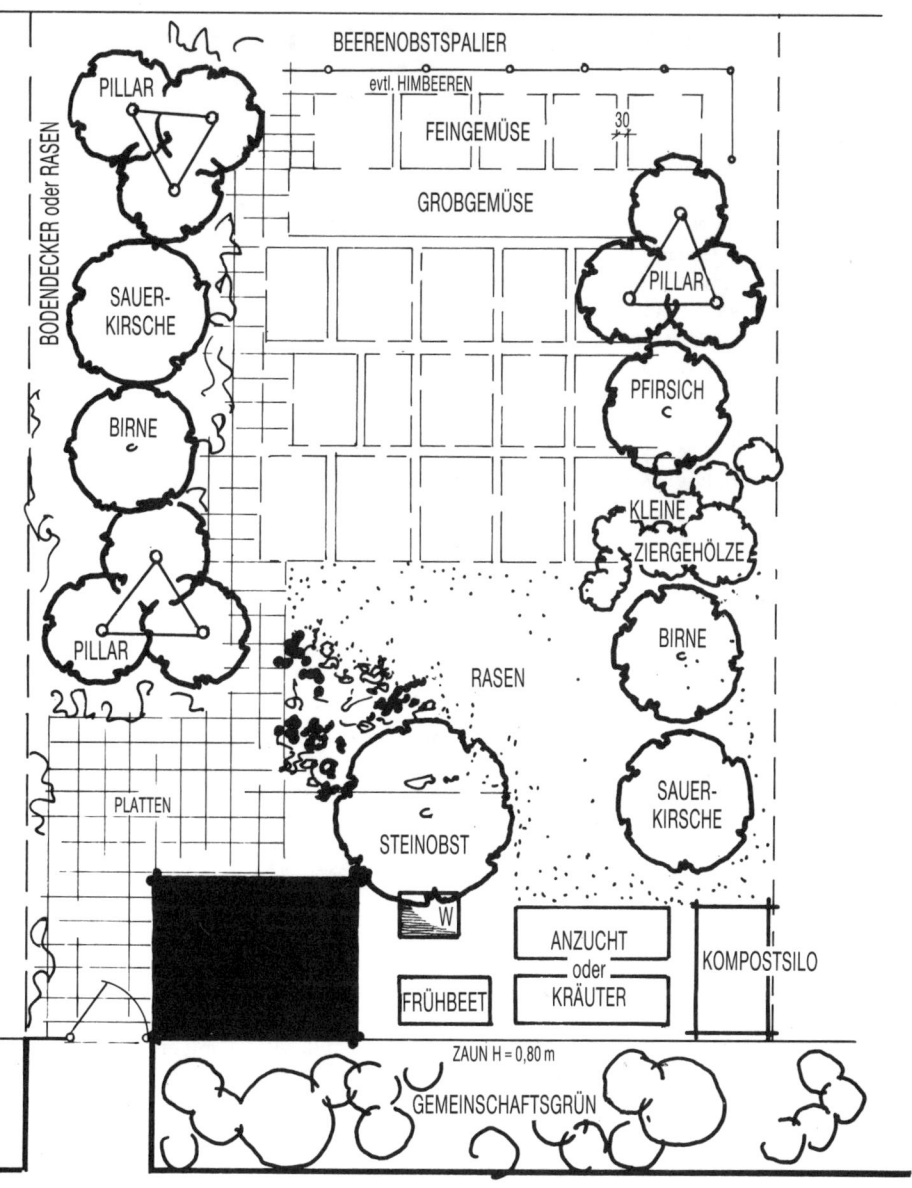

Pflanzung der Obstgehölze

Voraussetzung für die unten beschriebene Pflanzung sind die standortgerechte Sorten- und Unterlagenwahl, die optimale Bodenvorbereitung und die Beachtung der erforderlichen Pflanzabstände.

Und so wird gepflanzt:
Im Herbst, am besten unmittelbar vor Laubfall:
1. Die Pflanzgrube ausheben, und zwar nicht viel größer und tiefer als die Wurzelausdehnung des Jungbaumes.
2. Die Grubensohle spatentief lockern.
3. Den Baumpfahl (Baumstütze) mit einem Gasflämmgerät oder einer Lötlampe ankohlen und zwar so hoch, daß die angekohlte Stelle über dem späteren Erdniveau liegt (Ankohlen hält länger als Imprägnieren und ist wurzelverträglich).
4. Den Pfahl an der Westseite der Pflanzgrube einschlagen.
5. Den Baum möglichst ohne Wurzelkürzung an die Ostseite des Pfahles pflanzen. Die Veredelungsstelle muß (auch später noch) unbedingt über dem Erdniveau bleiben. Man mischt zwei Schaufeln gut verrottete Komposterde unter die Pflanzerde. Es sollte kein Torf oder Dünger in die Pflanzgrube gegeben werden. In schwerem Boden soll die Erde nicht festgetreten, sondern mit Wasser eingeschlämmt werden.
6. Den Baum mit Maschendraht gegen Wildverbiß schützen.

Im folgenden Frühjahr:
1. Jetzt erst wird der Baum angebunden, weil sich die Erde über den Winter gesetzt hat. Dazu verwendet man ein breites Bindematerial, notfalls einen Nylonstrumpf, denn dünne Fäden schneiden den Stamm ein.
2. Der Pflanzschnitt wird durchgeführt.
3. Dann stellt man die Baumscheibe her und deckt sie mit halbverrottetem Kompost ab. Sie wird nicht bepflanzt.

Sortenreines Qualitätspflanzgut erhält man oft nicht im Versandhandel. Man sollte eigentlich nur in Baumschulen kaufen, die berechtigt sind, das Markenetikett des „Bundes deutscher Baumschulen (BdB)" zu führen. Dort erhält man auch eine solide Fachberatung.
Die Gütebestimmungen des BdB schreiben vor, daß jeder Baum mit einem Markenetikett versehen sein muß, das folgende Informationen enthält: die Markenzeichen der Güteklasse A, die Betriebsnummer der Baumschule, einen gelben Hinweis für „Virus getestet" (Vt) und einen roten für „Virus frei" (Vf), die Angabe der Sorte, der Unterlage und gegebenenfalls der Zwischenveredelung sowie die Adresse der Baumschule. In Markenbaumschulen ist das Etikett so befestigt, daß es ohne Zerstörung nicht entfernt werden kann.

Folgend sind einige Anforderungen aufgelistet, die die „Gütebestimmungen für Baumschulpflanzen" des Bundes deutscher Baumschulen (BdB) vorschreiben:

1. Einjährige Veredelungen von Kern- und Steinobst
   Die Veredelungsstelle muß mindestens 10 cm über dem Boden sein. Das junge Gehölz soll eine Wuchshöhe von mindestens 100 cm haben und darf nicht beschädigt sein.

2. Mehrjährige Obstgehölze
   Die Stammhöhe wird vom Erdboden bis zum untersten Kronentrieb gemessen. Sie soll betragen bei:

Büschen	40 – 60 cm
Niederstämmen	80 – 100 cm
Halbstämmen	100 – 120 cm
Hochstämmen	160 – 180 cm

   Mehrjährige Obstgehölze müssen mindestens vier der Sorte entsprechend kräftige Triebe einschließlich des Leittriebes aufweisen. Der Konkurrenztrieb soll entfernt sein.

3. Johannisbeeren
   Johannisbeerbüsche werden nach der Triebanzahl sortiert. Es werden unterschieden: 3–4, 5–7 und 8–12 Triebe.

Fußstämme	40–50 cm, mit 3–4 Trieben	= A-Qualität
Hochstämme	80–90 cm, mit 5 und mehr	= IA-Qualität

4. Stachelbeeren
   Stachelbeerbüsche werden genauso wie Johannisbeerbüsche sortiert. Die Trieblänge muß mindestens 35 cm betragen.

Fußstämme	40–50 cm, mit 4–6 Trieben	= A-Qualität
Hochstämme	80–90 cm, mit 7 und mehr	= IA-Qualität

5. Brombeeren
   Brombeeren können als ein- oder zweijährige Pflanzen, mit oder ohne Topfballen, nicht aber im Gittertopf angeboten werden.

6. Himbeeren
   Himbeeren mit A-Qualität müssen der Sorte entsprechend stark sein und eine Trieblänge von 80 cm haben.

Das Kernobst

Unterlagen

Ein Obstbaum besteht meist aus zwei, manchmal aus drei Teilen, die aufeinander veredelt wurden. Als Unterlage bezeichnet man den Wurzelteil dieser Kombination. Diese ist eine besondere Auslese oder Züchtung. Sie hat nicht nur die Aufgabe der Nahrungsaufnahme, sondern auch viele andere Funktionen. Außerdem beeinflußt sie viele Eigenschaften der Edelsorte. Nachfolgend sind diese zusammengefaßt:
- Einhaltung einheitlicher Wuchsstärken und -höhen.
- Anpassung an Standorte oder Klimaverhältnisse.
- Beeinflussung der Blütenbildung, des Ertragsverlaufes, der Fruchtqualität, der Fruchtgröße und -farbe.
- Beeinflussung der Widerstandskraft gegen Schaderreger.
- Standfestigkeit und Wurzelvermögen.

Apfelunterlagen

Folgend sind die gängigsten Unterlagen für Äpfel aufgelistet. Sie sind nach der Wuchsstärke geordnet.

M 27 Extrem schwach wachsend; Pfahl erforderlich; nur für starkwachsende Edelsorten; wenig anfällig für Krankheiten; sehr guter Einfluß auf das Fruchtwachstum; Pflanzabstand 1,2–1,5 m.

M 9 Schwach wachsend; Pfahl erforderlich; nur für starkwachsende Edelsorten; hohe Ansprüche an Standort und Boden; flachwurzelnd; gefährdet durch Wildverbiß und Wühlmäuse; wenig anfällig für Krankheiten; sehr guter Einfluß auf das Fruchtwachstum; Lebensdauer ungefähr 20 Jahre; Pflanzabstand 2,5–3 m.

M 26 Schwach wachsend; Pfahl erforderlich; auch für etwas schlechtere Böden; Eigenschaften wie M 9; etwas anfällig für Kragenfäule, weniger gefährdet durch Wühlmäuse als M 9; Pflanzabstand 3 m.

MM 106 Mittelstark wachsend; Pfahl erforderlich; weniger Ansprüche an den Standort als M 26; Blutlaus resistent; bewirkt gleichmäßige Fruchtbarkeit und Qualitätsfrüchte; Pflanzabstand 3,5 m.

M 7 Mittelstark wachsend; Pfahl erforderlich; erträgt mehr Trockenheit und Nässe; widerstandsfähig gegen Kragenfäule; bewirkt mittlere Fruchtbarkeit, aber gute Qualität; Ertragsbeginn ab dem 3. Standjahr; Pflanzabstand 3,5 m.

M 4 — Zunächst stark, später schwächer wachsend; Pfahl erforderlich; auch für leichte Böden; flachwurzelnd; widerstandsfähig gegen Kragenfäule; sehr guter Einfluß auf die Fruchtqualität; Ertragsbeginn ab dem 4. Standjahr; Pflanzabstand 4 m.

A 2 — Beste starkwachsende Unterlage; standfest; anspruchslos an Boden und Klima; guter Einfluß auf die Fruchtbarkeit und die Qualität; Ertragsbeginn 4.–7. Standjahr; Pflanzabstand 8 m.

Birnenunterlagen

Nachfolgend sind die wichtigsten Unterlagen für die Birne erläutert.

Quitte A — Bewirkt wesentlich schwächeren Wuchs als die Sämlingsunterlage; für gute, warme Böden; Erträge sind früher und höher, die Früchte geschmackvoller als auf einem Sämling; empfindlich gegen Wurzelfrost, deshalb Mulchdecke in schneelosen Wintern aufbringen; einzig brauchbare Birnenunterlage für kleinere Freizeitgärten.

Quitte C — Sehr reich und früh fruchtend; Wuchs jedoch zu kümmerlich, deshalb allenfalls für eine Topfkultur zu empfehlen.

Sämling — Birnensorten auf Sämlingsunterlagen haben weniger Ansprüche an den Standort und sind langlebiger (bis 100 Jahre) als auf Quitte, jedoch für kleinere Gärten zu starker Wuchs und spät (etwa nach 8–10 Jahre) einsetzender Ertrag; trotz der Robustheit empfindlich gegen Holzfrost.

Kirschenunterlagen

Unten sind die Unterlagen für Süß- und Sauerkirschen dargestellt, die für den Freizeitgarten in Betracht kommen.

Colt — Neue, schwachwachsende Kirschenunterlage mit zunächst kräftigem Wachstum, nach einigen Standjahren läßt der Wuchs um ungefähr 30% gegenüber Prunus F 12/1 nach; empfindlich gegen Bodennässe und Frost.

Prunus F 12/1 — Derzeit noch die verbreitetste, aber sehr starkwachsende Kirschenunterlage; in organisierten Kleingärten nicht anpflanzen wegen des starken Wachstums; für Süß- und Sauerkirschen gleichermaßen geeignet.

Weiroot — Neue, schwachwachsende Unterlage; ohne Einschränkung für Sauerkirsche geeignet; unverträglich mit den Sorten 'Maibigarreau', 'Sam', 'Schneiders Späte Knorpel', 'Souvenir des Charmes' und 'Van'.

Pfirsich- und Pflaumenunterlagen

Nachfolgend werden die wichtigsten Unterlagen für Pfirsiche und Pflaumen vorgestellt.

Sämling   ‘Kernechter vom Vorgebirge’ ist die meistverwendete Pfirsichunterlage, jedoch nur für leichte, warme Böden, auf schweren Böden sollte man ausschließlich die nachfolgenden Pflaumenunterlagen wählen.

Prunus   Standardunterlage für Pfirsiche und Pflaumen auf schweren Böden.
St. Julien A

Prunus   Neue, schwachwachsende Unterlage für Pfirsiche und Pflaumen, die
St. Julien in den Sortenprüfungen sehr gute Ergebnisse erzielte.
655/2

Äpfel

Unsere heutigen Kultursorten gehen auf Wildformen zurück. Das sind in der Hauptsache der Zwergapfel (Malus pumila) und der Holzapfel (Malus sylvestris). Neuerdings kreuzt man wieder Wildformen ein, um größere Frosthärte und Widerstandsfähigkeit gegen Krankheiten und Schädlinge zu erzielen.

Apfelbäume bevorzugen gemäßigte Klimazonen, also Zonen, in denen Wintertemperaturen von -20 Grad und Sommertemperaturen von $+30$ Grad nicht längerfristig überschritten werden.

Höhenlagen bis zu 400 m, bei wenigen Sorten bis zu 600 m, sind für den Apfelanbau geeignet.

Es sollten aber Spätfrostlagen, das heißt Tallagen mit Kältestau, vermieden werden, weil die offene Apfelblüte keine Temperaturen unter $-1,5$ Grad verträgt.

Die Bodenansprüche sind von der Unterlage abhängig. Je schwachwüchsiger die Unterlage, desto höher sind die Bodenansprüche. M 27 und M 9 brauchen also sehr gute Böden, dagegen gedeihen M 4 und stärker wachsende auch auf schlechteren.

Kalte und nasse Standorte und auch übermäßige Düngung wirken sich nachteilig auf das Baum- und Fruchtwachstum aus und führen zu verstärktem Schädlings- und Krankheitsbefall.

Der Apfel ist auf Fremdbestäubung angewiesen, um Früchte anzusetzen und zu entwickeln. Es ist aber durchaus nicht notwendig, sich genaue Kenntnisse über die komplizierten Befruchtungsverhältnisse zu verschaffen, um geeignete Pollenspender im eigenen Garten zu haben. Es genügt, wenn im Umkreis (bis etwa 500 m) andere Apfelbäume stehen, dann ist die Befruchtung sichergestellt. Vorausgesetzt, es sind auch Bienen da.

Es kann jedoch passieren, daß während der Blütezeit längerfristig eine naßkalte Witterung herrscht. Dann fliegen die Bienen sehr ungern, und die Befruchtung bleibt trotz vorhandener Pollenspender mangelhaft.

28. AUGUST
CHARLAMOWSKI

2. OKTOBER
CRONCELS

JAMBA 69

25.9. DANZIGER
KANTAPFEL

26.7. STARKS
EARLIEST

23.9 KALCO

3.9.
SUMMERRED

25.9. LOBO

Links: Apfelfrühsorten (siehe S. 19);
rechts: Apfelherbstsorten (siehe S. 20–21)

Apfelfrühsorten

Sorte	Reife	Merkmale
'Aldingers George Cave'	Juli – Aug.	Mittelstarker Wuchs; wenig anfällig für Krankheiten; mittelgroße, schöngefärbte Früchte mit säuerlichem Geschmack.
'Charlamowski' seit 1874	Ende Aug.	Mittelstarker Wuchs; auch für rauhe Lagen und schlechte Böden; geeignet für Formobst und Topfkultur; nicht vor Baumreife ernten, sonst welkt die Frucht.
'Discovery' seit 1964	Ab Ende Juli	Schwacher Wuchs; anspruchslos an Klima und Boden; wenig anfällig für Mehltau und Schorf; sehr empfehlenswerte Sorte mit kleinen, roten Früchten.
'Jamba 69' seit 1954	Ende Aug.	Kreuzung 'Melba' × 'James Grieve'; mittelstarker Wuchs; auf trockenen Böden anfällig für Mehltau; rot geflammte Früchte von sehr guter Qualität.
'Klarapfel' seit 1850	Ab Mitte Juli	Starker Wuchs; auch für höhere und kältere Lagen geeignet; auf trockenen Böden verstärkt Obstbaumkrebs und Mehltaubefall; nur mittlere, aber regelmäßige Ernten.
'Mantet' seit 1929	Mitte Aug.	Mittelstarker Wuchs; auch für höhere Lagen, dann jedoch spätere Ernten; anfällig für Mehltau; mittelgroße, aromatische Früchte.
'Starks Earliest' seit 1944	Mitte Juli	Mittelstarker Wuchs nicht für rauhe Lagen; anfällig für Mehltau; kleine, rote Früchte mit säuerlichem Geschmack; werden nach der Reife schnell mehlig.
'Summerred' seit 1961	Ende Aug.	Kreuzung 'McIntosh' × 'Golden Delicious'; mittelstarker Wuchs; anfällig für Obstbaumkrebs, mäßig für Mehltau; hohe Erträge an mittelgroßen, roten Früchten.

Apfelherbstsorten

Sorte	Genußreife	Merkmale
'Alkmene' seit 1931	Okt. – Dez.	Kreuzung 'Oldenburg' × 'Cox Orange'; schwacher bis mittelstarker Wuchs; Standardsorte mit guten und regelmäßigen Erträgen; für Freizeitgärten geeignet.
'Breuhahn' seit 1934	Okt. – Dez.	Geisenheimer Züchtung; mittelstarker Wuchs; kaum anfällig für Schorf, jedoch für Blutläuse; regelmäßige und reiche Ernten an guten, mittelgroßen Tafelfrüchten.
'Cox Orange' seit 1850	Okt. – Dez.	Mittelstarker, gesunder Wuchs nur auf humusreichen, sehr guten Böden in wärmeren Gebieten mit hoher Luftfeuchtigkeit; anfällig für Blutläuse, Kragenfäule, Obstbaumkrebs und Schorf.
'Croncels' seit 1869	Sept. – Okt.	Starker, später mittelstarker Wuchs; auch für hohe Lagen und schlechtere Böden; robuste Sorte mit hellgelben Früchten; vielseitig verwertbar.
'Danziger Kantapfel'	Okt. – Dez.	Starker, sparriger Wuchs; gedeiht in allen, auch rauhen Lagen; anfällig für Schorf; früher weit verbreitete, beliebte Sorte mit regelmäßigen Erträgen.
'Gelber Edelapfel' seit etwa 1800	Okt. – Jan.	Starker Wuchs; auch für Höhenlagen; kaum anfällig für Obstbaumkrebs und Schorf; große, gelbe Früchte, auch für Diabetiker; begehrter Backapfel.
'Goldparmäne' seit vor 1700	Okt. – Dez.	Mittelstarker Wuchs; gute Fruchtqualität nur in warmen Lagen; Holz ist frostempfindlich; anfällig für Blatt- und Blutläuse, Obstbaumkrebs und Schorf.
'Grahams Jubiläumsapfel' seit 1893	Okt. – Dez.	Mittelstarker Wuchs; auch für rauhere Höhenlagen; nicht anfällig für Krankheiten und Schädlinge; große Früchte mit vielseitiger Verwertbarkeit.

20

Apfelherbstsorten (Fortsetzung)

Sorte	Genußreife	Merkmale
'Gravensteiner' seit 1853	Sept. – Dez.	Nur für gute, tiefgründige Böden; verträgt aber auch kältere Lagen; anfällig für Mehltau und Schorf; Aroma und Duft sind einmalig; frühester Backapfel.
'James Grieve' seit 1893	Sept. – Nov.	Schwacher bis mittelstarker Wuchs; auch für kältere Lagen; wenig anfällig für Schorf, aber anfällig für Blutläuse und Kragenfäule; Standardsorte für den Freizeitgarten mit regelmäßigen Ernten.
'Roter James Grieve'	Sept. – Nov.	Als Abkömmlinge der Stammsorte haben eine gewisse Bedeutung: Typ Neumann, Typ Liret und Rubin.
'Kalco' seit 1950	Okt. – Dez.	Mittelstarker Wuchs; auch für höhere Lagen und schlechtere Böden; anfällig für Schorf; hohe und regelmäßige Ernten mit saftigen rotgelben, mittelgroßen Früchten.
'Lobo' seit 1930	Sept. – Nov.	Kanadische Züchtung; starker, später schwächerer Wuchs; auch für kältere Lagen; anfällig für Krebs; hohe und regelmäßige Ernten; mittelgroße bis große, schöne Früchte für den Rohverzehr.
'Oldenburg' seit 1904	Sept. – Okt.	Geisenheimer Züchtung; mittelstarker Wuchs; anfällig für Krebs, sonst aber robust; typische Sorte für den Freizeitgarten mit regelmäßigen, reichen Ernten.
'Prinz Albrecht von Preußen' seit 1865	Okt. – Jan.	Mittelstarker, später schwacher Wuchs; auch für kalte Lagen; kaum anfällig für Mehltau und Schorf; hohe und regelmäßige Ernten an roten, saftigen Früchten.

Apfelsorten für das Lager

Sorte	lagerfähig	Merkmale
'Ananas-Renette' seit 1820	bis Febr.	Typische Sorte für kleine Baumformen in Haus- und Kleingärten; regelmäßige und hohe Erträge nur auf besten Böden in wärmeren Lagen; anfällig für Blutläuse, Mehltau und Obstbaumkrebs.
'Berner Rosenapfel' seit 1890	bis Jan.	Auch für höhere Lagen geeignet; wenig anspruchsvoll; beliebt für Formobst und Topfkultur; guter, roter Weihnachtsapfel.
'Boskoop'	bis Apr.	Durch den 'Roten Boskoop' abgelöst.
'Champagner-Renette' seit 1857	bis Apr.	Starker, später schwächerer Wuchs; auch für rauhe und windige Lagen; auf zu leichten oder zu schweren Böden anfällig für Obstbaumkrebs; sehr fruchtbar; Früchte hängen sehr fest am Baum; als Koch- und Backapfel sehr begehrt.
'Cox Orange' seit 1850	bis Dez.	Mittelstarker Wuchs; gesunde Bäume und gute Fruchtqualität nur auf allerbesten Böden; sehr anfällig für Krankheiten und Schädlinge; Lagerung in Klimaräumen mit hoher Luftfeuchtigkeit; pflegeintensiv.
'Elstar' seit 1955	bis Febr.	Sortenrechtlich geschützte neue Spitzensorte; Kreuzung 'Ingrid Marie' × 'Golden Delicious'; mittelstarker Wuchs; auf guten Böden wenig anfällig für Mehltau und Schorf; Sommerschnitt nötig.
'Freiherr von Berlepsch'	bis Febr.	Durch den 'Roten Berlepsch' abgelöst.
'Geheimrat Breuhahn' seit 1934	bis Apr.	Mittelstarker, später schwacher Wuchs; auch für höhere Lagen geeignet; wenig anfällig für Krankheiten und Schädlinge; trägt reich und regelmäßig; Früchte im Juni ausdünnen; beliebt für Formobst und Topfkultur.
'Gelber Bellefleur' seit 1874	bis März	Breiter, hängender Wuchs; gedeiht in allen, auch kälteren Lagen; anfällig für Mehltau und Schorf; regelmäßige Ernten; große Früchte.

Apfelsorten für das Lager (Fortsetzung)

Sorte	lagerfähig	Merkmale
'Gelber Edelapfel' um 1800	bis Jan.	Beschreibung siehe Herbstsorten.
'Glockenapfel'	bis März	Mittelstarker Wuchs, der mit zunehmendem Ertrag schwächer wird; anfällig für Schorf und Stippe; regelmäßige, hohe Ernten, aber kleine Früchte bei schlechter Pflege; in Süddeutschland beliebte Lagersorte.
'Gloster' seit 1969	bis März	Starker, aufrechter Wuchs; frosthart; gute Unterlage für Umveredelungen; anfällig für Schorf; Spitzensorte mit roten, großen Früchten; spät ernten, zusammen mit 'Golden Delicious' und 'Idared'.
'Golden Delicious' seit 1914	bis Apr.	Mittelstarker Wuchs mit regelmäßiger, hoher Fruchtbarkeit; auch für Töpfe; anfällig für Besentriebigkeit und Schorf; nur baumreife, goldgelbe Früchte ernten; noch die bedeutendste Marktsorte.
'Goldparmäne' vor 1700	bis Jan.	Mittelstarker Wuchs; nur für warme Lagen; sehr anfällig für Blatt- und Blutläuse, Fruchtfäule, Obstbaumkrebs und Schorf; hoher Anteil an Fallobst.
'Goldrenette von Blenheim' um 1800	bis März	Sehr starker Wuchs; für milde Lagen und gute Böden; auf ungeeigneten Böden anfällig für Obstbaumkrebs und Stippe; große bis sehr große Früchte, saftig und edel aromatisch.
'Granny Smith' seit 1868	bis April	Australische Züchtung; Hauptanbaugebiet ist Südafrika; Bedeutung nur für den Import; bei uns bleiben die Früchte hart, grasig und ohne Aroma.
'Idared' seit 1935	bis Apr.	Schwacher bis mittelstarker Wuchs; im Anbau wenig Probleme, jedoch etwas anfällig für Mehltau; Spitzensorte mit roten, mittelgroßen Früchten.

Apfelsorten für das Lager (Fortsetzung)

Sorte	lagerfähig	Merkmale
'Ingrid Marie' seit 1936	bis Febr.	Abstammung von 'Cox Orange', deshalb auch problematisch in ungünstigen Lagen; gute Fruchtqualität nur in Norddeutschland auf besten Böden.
'Ivette' seit 1959	bis Febr.	Neuheit; mittelstarker Wuchs mit regelmäßiger, hoher Fruchtbarkeit; auch für Topfkultur; goldgelbe Früchte ähnlich 'Golden Delicious'; hervorragender Geschmack.
'Jonagold' seit 1968	bis März	Kreuzung 'Jonathan' × 'Golden Delicious'; starker Wuchs mit breiten, lockeren Kronen; für warme Lagen; auf leichten Böden anfällig für Mehltau; Spitzensorte, wenn die Früchte gut gefärbt sind.
'Jonathan' seit 1820	bis Apr.	Schwacher bis mittelstarker Wuchs; für wärmere Lagen; sehr anfällig für Mehltau; schön gefärbte, höchstens mittelgroße, süßliche Früchte mit wenig Aroma; traditioneller Christbaumapfel.
'Kaiser Wilhelm' seit 1860	bis Apr.	Sehr fruchtbarer Baum mit kräftigem Wuchs; kaum anfällig für Krankheiten und Schädlinge; die großen Früchte sind saftreich und welken am Lager nicht; als Tafel- und Wirtschaftsfrüchte brauchbar.
'Karmijn de Sonnaville' seit 1971	bis Febr.	Holländische Züchtung 'Cox Orange' × 'Jonathan'; starker Wuchs; empfindlich für Mehltau und Schorf; große Früchte, ähnlich 'Boskoop', von hervorragendem Geschmack.
'Landsberger Renette' seit 1874	bis Febr.	Auch für rauhe und windige Lagen; magere und nasse Böden anfällig für Obstbaumkrebs, sonst kaum anfällig für Krankheiten und Schädlinge; mittelgroße, gelbe, säuerliche Früchte, die am Lager nicht mürbe werden.

Apfelsorten für das Lager (Fortsetzung)

Sorte	lagerfähig	Merkmale
'Lombarts Kalvill' seit 1911	bis März	Holländische Züchtung; starker Wuchs; anfällig für Mehltau und Obstbaumkrebs; mittelgroße, gelbgrüne Früchte für alle Verwendungszwecke.
'Maigold' seit 1964	bis Mai	Mittelstarker Wuchs; nur für warme Lagen; auf guten Böden wenig Probleme; anfällig für Stippe; mittelgroße, gelbe Früchte mit birnenähnlichem Geschmack.
'McIntosh' seit 1932	bis Jan.	Mittelstarker Wuchs; auch für höhere Lagen; anfällig für Schorf, auch Holzschäden bei Pillarschnitt; roter, saftiger Tafelapfel; schon am Baum genußreif.
'Melrose' seit 1944	bis März	Name von „Mel" = altdeutsch Honig; starker Wuchs; für wärmere Lagen; anfällig für Mehltau; rote, mittelgroße, vorwiegend süße Früchte; mittlere Erträge.
'Mutsu' seit 1948	bis Apr.	Japanische Züchtung; Abstammung von 'Golden Delicious'; starker Wuchs; anfällig für Schorf; hohe und regelmäßige Ernten an großen, grüngelben Früchten; gegen Lagerende etwas Gärgeschmack.
'Ontario' seit 1882	bis Apr.	Kanadische Züchtung; mittelstarker bis starker Wuchs; anfällig für Obstbaumkrebs auf feuchten, für Mehltau auf trockenen Böden; sehr große Früchte mit angenehmem Säureanteil; auch für Diabetiker; wichtigste Dauersorte in Freizeitgärten.
'Rote Sternrenette' seit 1850	bis Febr.	Sehr starker Wuchs; gedeiht in allen Lagen, auch auf schlechten Böden; kaum anfällig für Mehltau und Schorf; sehr schöne, mittelgroße Früchte; auch als Wirtschaftsobst verwertbar.

Apfelsorten für das Lager (Fortsetzung)

Sorte	lagerfähig	Merkmale
'Roter Berlepsch'	bis März	Rote Auslese der seit 1880 bekannten Sorte 'Freiherr von Berlepsch'; schwacher Wuchs; robuste Spitzensorte, auch für höhere Lagen; mittelgroße, aromatische Früchte mit sehr hohem Vitaminanteil; sehr empfehlenswert für Freizeitgärten.
'Roter Boskoop' seit 1939	bis Apr.	Rote Auslese der seit 1856 bekannten Sorte 'Schöner von Boskoop'; starker Wuchs; auch für rauhe, jedoch nicht trockene Lagen; anfällig für Mehltau und Schorf; große Früchte mit hohem Vitaminanteil; spät ernten (Zuckerbildung).
'Rubinette' seit 1966	bis Jan.	Im Handel seit 1985; sortenrechtlich geschützte neue Sorte; mittelstarker Wuchs mit guter Fruchtholzbildung; auch für Topfkultur; anspruchslos, auch für höhere Lagen; mittelgroße, leuchtendrot gestreifte Früchte; hervorragender Geschmack.
'Schöner aus Nordhausen' seit 1892	bis Apr.	Mittelstarker Wuchs; auch für rauhe Lagen; leicht anfällig für Mehltau und Schorf, nicht aber für Blattläuse; kleine bis mittelgroße Früchte; guter Geschmack.
'Schweizer Orangenapfel' seit 1954	bis März	Kreuzung 'Cox Orange' × 'Ontario'; mittelstarker Wuchs; für wärmere Lagen; wenig anfällig für Mehltau und Schorf; nur gutgefärbte Früchte von gepflegten Bäumen sind wohlschmeckend.
'Starking' seit 1920	bis Apr.	Rote Mutante von 'Red Delicious'; mittelstarker Wuchs; nur für warme Lagen und sehr gute Böden; mittelgroße, tiefrote Früchte mit wenig Säure und Aroma.
'Tumanga' seit 1930	bis Febr.	In der DDR 'Auralia' benannt; starker Wuchs; auch für höhere Lagen; anfällig für Mehltau, sonst aber robust; mittelgroße, gelbrote Früchte; gute Tafelsorte.

ANANAS-
RENETTE
15. 10.

ELSTAR

10. OKTOBER
GLOSTER

IDARED 15. 10.

JONAGOLD
15. 10.

15. SEPTEMBER
LANDSBERGER REN.

ONTARIO
SEIT 1882

ROTER
BERLEPSCH
10. 10.

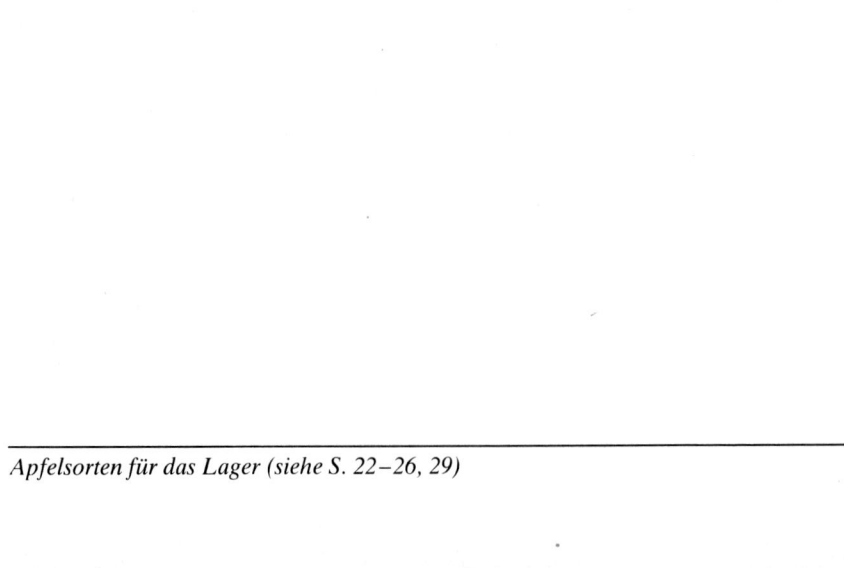

Apfelsorten für das Lager (siehe S. 22–26, 29)

Apfelsorten für das Lager (Fortsetzung)

Sorte	lagerfähig	Merkmale
'Weißer Winterkalvill' seit 1877	bis Apr.	Spitzensorte, jedoch nur in warmen, allerbesten Lagen; schwacher Wuchs; sehr fruchtbar; auf leichten Böden anfällig für Obstbaumkrebs und Pilzkrankheiten; geeignet für Formobst und Topfkultur.
'Winter-Bananenapfel' seit 1876	bis Apr.	Starker Wuchs; aromatische Früchte nur in warmen Lagen; wenig anfällig für Pilzkrankheiten; große, ansprechende Früchte; vielseitig verwendbar.
'Zabergäu Renette' seit 1926	bis März	Erst starker, später mittelstarker Wuchs; für wärmere Lagen; anfällig für Blutläuse, Mehltau und Obstbaumkrebs; Früchte ähnlich 'Boskoop', jedoch frühere und höhere Erträge; mild aromatische Früchte mit angenehmer Säure.
'Zuccalmaglios Renette' seit 1878	bis März	Schwacher Wuchs; Spitzensorte für alle, auch höhere Lagen; wenig anfällig für Krankheiten und Schädlinge; nur kleine Früchte; für Formobst und Topfkultur geeignet.

Apfelernte und Lagerung

Baumreife

Die Baumreife ist folgendermaßen gekennzeichnet: Die Frucht ist fertig, das Trenngewebe zwischen Fruchtstiel und Baum fast fertig ausgebildet. Die Ausfärbung ist optimal, die Kerne sind braun. Die Frucht löst sich beim Anheben und leichter Drehung mit der Hand.

Eine frühere Ernte ist ohne Qualitätsbeeinträchtigung nur bei Frühsorten des Kernobstes möglich. Zu früh geerntet bleiben Lagersorten grün und geschmacklos, schrumpfen schnell und neigen zu Fäulnis. Beim Steinobst fällt Baum- und Genußreife zusammen.

Genußreife

Nach der Ernte führen die Früchte ein selbständiges Leben weiter. Sie atmen, verdunsten Wasser, scheiden Gase aus und bilden Aromastoffe. Im Lager gleicht sich schließlich das Zucker-Säure-Verhältnis an, die Genußreife ist erreicht.

Die Dauer von Baumreife zu Genußreife ist sortenabhängig. Sie dauert bei Frühsorten einige Tage. Bei 'Cox Orange', 'Gravensteiner', 'James Grieve' und 'Oldenburg' zwei Wochen und bei 'Boskoop', 'Elstar', 'Glockenapfel', 'Gloster', 'Idared' und anderen Lagersorten bis zu zwei Monaten.

Obstlager

Temperatur und Luftfeuchtigkeit des Raumes beeinflussen die weiteren Stoffwechsel-(Reife-)prozesse der Früchte und damit die Dauer der Lagerfähigkeit.

Optimal ist ein Naturlager mit Frischluftzufuhr und Temperaturen um 2–5 Grad. Dieses Lager hat Backsteinwände. Die Früchte lagern auf dem gewachsenen Boden in sogenannten Obsthorden. Getrocknete eingestreute Holunderblüten verlängern die Lebensdauer.

Alternativ ist auch eine Lagerung in Folienbeuteln mit 2,5 kg Fassungsvermögen (20×40 cm) und einer Folienstärke von 0,03–0,05 mm möglich, wenn das Obst in wärmeren und zu trockenen Räumen in den Wohnhäusern gelagert werden muß. Dann sollte allerdings darauf geachtet werden, daß die Früchte nicht später als Baumreife geerntet und nur mittelgroße Früchte eingelagert werden. Außerdem darf die Temperatur nicht längere Zeit über 10 Grad ansteigen. In die Beutel müssen 3–5 Löcher gestochen werden, damit die entstehenden Gase abziehen können.

Für eine Lagerung in Folienbeuteln eignen sich 'Golden Delicious', 'Gloster', 'Jonagold', 'Idared' und 'Sungold'. Alle Frühsorten, viele Herbstsorten sowie 'Berlepsch', 'Cox Orange', 'Goldparmäne' und 'Ontario' sind ungeeignet.

Wichtig ist, daß Äpfel niemals mit Kartoffeln zusammen in einem Raum lagern!

Trotz gelegentlicher Frosteinwirkung ist ein Obstlager in Gartenhäusern, Garagen und auf Dachböden durchaus möglich.

Für die Aufbewahrung haben sich die sogenannten „blauen Obststeigen" sehr gut bewährt. Man kann bis zu zehn gefüllte Steigen übereinanderstapeln, und sie sind viele Jahre haltbar. Ihre Maße: 40×30×10 cm, ausreichend für 2,5 kg Äpfel. Lieferanten sind hauptsächlich die Raiffeisen-Genossenschaften.

Und so wird in diesen Steigen gelagert:
Man legt zwei Lagen Zeitungspapier auf den Boden und an die Seiten der Steige. Darauf kommen ungefähr 2 cm trockener Torf. Die Äpfel werden in Seidenpapier gewikkelt und auf den Torf gelegt. Die Zwischenräume füllt man mit trockenem Torf. Danach werden die Steigen übereinander gestapelt.

Gefrorene Äpfel darf man nicht anfassen, sondern muß sie mit der Steige in einen kühlen Raum bringen. Nach langsamem Auftauen sind sie wieder zu genießen.

Auch Birnen können so gelagert werden. Lagerfähige Birnen sind: 'Blumenbachs Butterbirne', 'Edelcrassane', 'Esperens Bergamotte', 'General LeClerc', 'Gräfin von Paris', 'Jeanne d'Arc', 'Josefine von Mecheln', 'Madame Verté', 'Mollebusch', 'Nordhäuser Winterforelle', 'Oliviers de Serres' und 'Präsident Drouard'.

Glasiges Fruchtfleisch bei Lageräpfeln

Glasigkeit bei bestimmten Sorten, besonders in der Nähe des Kerngehäuses, ist recht häufig. Sie entsteht, wenn der Gasaustausch in der Frucht gestört war. Dann dringt Wasser in die Zellräume, die sonst mit Luft gefüllt sind. Die Ursachen sind:
– Zu feuchtes und kühles Sommerwetter während der Entwicklungsphase der Früchte.
– Wechselhafte Temperaturen kurz vor der Ernte.
– Zu späte Ernte (Baumreife beachten).
– Überdüngung mit Kalium.
Empfindliche Sorten sind 'Cox Orange', 'Gloster', 'James Grieve', 'Jonagold', 'Jonathan' und andere.
Glasige Früchte kann man essen, sie faulen jedoch leicht.

Birnen

Die heutigen Kultursorten stammen hauptsächlich von der Holzbirne (Pyrus pyraster) und einigen Wildformen ab, deren ursprüngliches Verbreitungsgebiet Mittel- bis Südeuropa und Kleinasien ist.

Viele noch heute gebräuchliche Sorten wurden in Frankreich und Belgien gezüchtet. Erst in den letzten Jahren entstanden einige neue, beachtenswerte Sorten.

Birnen lieben die Wärme. Sie bevorzugen ein Weinklima. Auf kalten Standorten, zum Beispiel ihnen nicht zusagenden Höhenlagen, kommt es zwar zur guten Fruchtbildung, jedoch fehlt es am Aroma. Im Extremfall schmecken sie, besonders die Spätsorten, „rübig" und sind ganz ohne Schmelz.

Die Blüte ist etwa zehn Tage früher als beim Apfel und deshalb stärker von Spätfrost gefährdet.
Wegen des Kleinklimas stehen Birnen am Wandspalier günstiger als im freien Gartenraum, zumal so die Früchte besser belichtet werden und dadurch an Qualität gewinnen.
Ihre Bodenansprüche ähneln denen des Apfels. Auf Böden mit einem hohen Kalkgehalt – pH-Werte um 7 und höher – reagiert die Birne, besonders auf Quittenunterlage, mit Blattvergilbungen (Chlorosen).
Obwohl Birnen bisweilen ohne Befruchtung Früchte ansetzen (Jungfernfrüchtigkeit), so sind Qualitätsfrüchte in der Regel nur nach Fremdbestäubung zu erwarten.
Es gelten dafür dieselben Voraussetzungen, die beim Apfel beschrieben sind.

Birnensorten

Sorte	Genußreife	Merkmale
'Abbé Fétel' Ende 19. Jh.	bis Dez.	Mittelstarker Wuchs; nur für sehr warme Lagen; reicher, früher Ertrag; Früchte sehr lang, saftig, feinwürzig.
'Alexander Lucas' seit 1874	bis Dez.	Mittelstarker, später schwacher Wuchs; noch geeignet für höhere Lagen; wenig anfällig für Schorf; regelmäßige aber unterschiedliche Erträge; je nach Jahreswitterung guter bis fader Geschmack.
'Amanlis Butterbirne' seit 1820	Sept./Okt.	Sehr starker Wuchs; für alle Böden und Gebirgslagen; gebietsweise anfällig für Schorf; große, saftreiche, aromatische Früchte; nicht lagerfähig.
'Blumenbachs Butterbirne' seit 1820	bis Dez.	Mittelstarker Wuchs; auch für mittelhohe Lagen; gebietsweise anfällig für Schorf; regelmäßige, hohe Erträge; saftige, halbschmelzende Früchte.
'Boscs Flaschenbirne' Anf. 19. Jh.	bis Nov.	Synonym 'Kaiser Alexander'; mittelstarker Wuchs; auch für mittelhohe Lagen; gebietsweise anfällig für Schorf; empfindlich gegen Kupfer- und Schwefelmittel; Spitzensorte für Frischverzehr; nicht zum Einmachen.

Birnensorten (Fortsetzung)

Sorte	Genußreife	Merkmale
'Bristol Cross' seit 1934	bis Nov.	Mittelstarker Wuchs; für wärmere Lagen; wenig anfällig für Schorf; regelmäßige Erträge an großen, aromatischen Früchten; vielseitig verwendbar.
'Bunte Julibirne' seit 1860	Juli/Aug.	Schwacher Wuchs, deshalb scharf schneiden, auch für mittelhohe Lagen; nicht für arme, trockene Böden; kaum anfällig für Schorf; Früchte halbreif pflücken; früheste Sommerbirne.
'Clapps Liebling' seit 1867	Aug.	Herkunft USA; starker, aufrechter Wuchs; auch für mittelhohe Lagen und fast alle Böden; anfällig für Schorf und Feuerbrand; verbreitete Standardsorte mit saftig süßen Früchten; je nach Jahreswitterung mehr oder weniger aromatisch.
'Conference' seit 1894	Sept.	Englische Züchtung; mittelstarker Wuchs; geringe Ansprüche an Boden und Klima; kaum anfällig für Schorf, aber empfindlich gegen Kupfer- und Schwefelmittel; eine der wertvollsten Sorten.
'Dr. Guyot' seit 1875	Aug.	Schwacher, aufrechter Wuchs, deshalb regelmäßiger, scharfer Schnitt nötig; geringe Ansprüche an Klima und Boden; kaum anfällig für Schorf; große, saftige Früchte, jedoch weniger aromatisch als die 'Williams Christ'.
'Edelcrassane' seit 1845	bis Febr.	Erster Name 'Passe Crassane'; mittelstarker, steiler Wuchs; nur für Weinbaulagen, dort aber Spitzensorte; kaum anfällig für Schorf.
'Esperens Bergamotte' seit 1830	bis Febr.	Mittelstarker, später schwächerer Wuchs; weniger anspruchsvoll, sonstige Eigenschaften ähnlich 'Edelcrassane'; nur große Früchte sind wohlschmeckend.

Birnensorten (Fortsetzung)

Sorte	Genußreife	Merkmale
'Gellerts Butterbirne' seit 1820	Sept./Okt.	Erster Name 'Beurré Hardy'; sehr starker Wuchs; geringe Ansprüche an Boden und Klima; gebietsweise anfällig für Schorf; in nassen Lagen anfällig für Obstbaumkrebs; Ernte kurz vor der Baumreife, keinesfalls zu früh ernten.
'General LeClerc' seit 1950	bis Jan.	Abstammung von der 'Vereinsdechantsbirne'; starker, später schwächerer Wuchs; bevorzugt wärmere Lagen und nährstoffreiche Böden; mittelgroße Früchte mit gutem Aroma in warmen Jahren.
'Gute Graue' 17. Jh.	Sept.	Sehr starker Wuchs; wird auf Sämling mehr als 100 Jahre alt; keine besonderen Ansprüche an Boden und Klima; kleine bis mittelgroße Früchte; eine der ältesten, heute noch gebräuchlichen Sorten.
'Gute Luise' seit 1778	Sept./Okt.	Mittelstarker, später schwacher Wuchs; für nährstoffreiche, aber nicht kalkhaltige Böden in wärmeren Lagen; anfällig für Schorf; empfindlich gegen Kupfer- und Schwefelmittel; hocharomatische Früchte; hartreif ernten.
'Herzogin Elsa' seit 1885	Sept./Okt.	Mittelstarker, später schwacher Wuchs; auch noch für Höhenlagen; beste Fruchtqualität, aber nur auf warmen, nährstoffreichen Böden; nicht anfällig für Schorf; vielseitig verwendbare, aromatische Tafelbirne.
'Highland' seit 1954	Ende Sept.	Züchtung aus den USA; Kreuzung 'Williams Christ' × 'Vereinsdechantbirne'; mittelstarker Wuchs; hohe und regelmäßige Ernten an mittelgroßen Früchten; sehr guter Geschmack.
'Jeanne d'Arc' seit 1893	bis Dez.	Mittelstarker, steil aufrechter Wuchs; nicht für nasse, kalte Standorte, gebietsweise etwas anfällig für Schorf; in Weinbaugebieten beste Fruchtqualitäten als erstklassige Winter-Tafelbirne.

Birnensorten (Fortsetzung)

Sorte	Genußreife	Merkmale
'Josephine von Mecheln' seit 1830	bis März	Schwacher Wuchs, deshalb regelmäßig und scharf schneiden; kaum Ansprüche an Boden und Klima; gebietsweise anfällig für Schorf; kleine, aber sehr wertvolle Winter-Tafelbirne.
'Köstliche von Charneu' seit 1800	bis Nov.	Synonym 'Bürgermeisterbirne'; mittelstarker Wuchs mit betont steilem Mitteltrieb; für wärmere Lagen mit nährstoffreichen Böden; in ungünstigen Lagen anfällig für Schorf; mittelgroße bis große, wohlschmeckende Früchte.
'Le Lectier' seit 1882	bis Dez.	Starker Wuchs; nur für nährstoffreiche Böden in warmen Lagen; wenig anfällig für Schorf; große, wohlschmeckende Früchte nur von guten Standorten.
'Madame Verté' seit 1810	bis Jan.	Schwacher bis mittelstarker Wuchs; nicht für kalte Lagen, sonst wenig Ansprüche; gebietsweise anfällig für Schorf; wertvolle Sorte mit kleinen, aromatischen, vielseitig verwendbaren Früchten.
'Nordhäuser Winterforelle' seit 1864	bis Febr.	Mittelstarker Wuchs; nur für wärmere Lagen; gebietsweise stark anfällig für Schorf; mittelgroße, schöne Früchte; von guten Lagen wohlschmeckende Winter-Tafelbirne.
'Olivier de Serres' seit 1861	bis Febr.	Schwacher bis mittelstarker Wuchs; nur für warme Lagen und nährstoffreiche Böden; auf schlechten Standorten anfällig für Schorf; mittelgroße, apfelförmige Früchte; von guten Standorten eine der edelsten Winter-Tafelbirnen.
'Paris' seit 1882	bis Jan.	Vollständiger Name 'Gräfin von Paris'; mittelstarker Wuchs; nur für warme Lagen und nährstoffreiche Böden; gebietsweise stark anfällig für Schorf; empfindlich gegen Kupfer- und Schwefelmittel; gute Fruchtqualität ist abhängig vom Witterungsverlauf.

Birnensorten (Fortsetzung)

Sorte	Genußreife	Merkmale
'Poiteau' seit 1843	bis Nov.	Vollständiger Name 'Neue Poiteau'; starker Wuchs; wenig anspruchsvoll an Boden und Klima; stark anfällig für Schorf; die Fruchtqualität ist sehr abhängig vom Witterungsverlauf.
'Präsident Drouard' seit 1870	bis Jan.	Starker, später schwacher Wuchs mit kleinen Kronen; nicht für kalte Lagen; gebietsweise anfällig für Schorf; regelmäßige und hohe Ernten mit mittelgroßen, saftigen Früchten; schwaches Aroma.
'Rote Williams'	Anfang Sept.	Rote Mutante der Stammsorte 'Williams Christbirne' mit gleichen Eigenschaften; etwas empfindlicher und einige Tage früher reifend.
'Stuttgarter Geißhirtle' seit 1860	Aug./Sept.	Schwacher Wuchs, aber mit betont starkem Mitteltrieb; nicht für kalte Lagen; anfällig für Schorf; als sogenannte „Zuckerbirne" sehr begehrt, aber gute Fruchtqualität nur von guten Lagen.
'Supertrevoux'	Aug./Sept.	Gleiche Eigenschaften wie die Stammsorte 'Trevoux', jedoch größere Früchte und etwas früherer Erntetermin.
'Tongern' seit 1811	bis Okt.	Vollständiger Name 'Birne von Tongern'; mittelstarker, später schwacher Wuchs; bevorzugt warme Lagen, gedeiht aber auch in mittleren Höhenlagen; wenig anfällig für Schorf; Fruchtqualität wird von 'Boscs Flaschenbirne' übertroffen.
'Trevoux' seit 1862	Aug./Sept.	Vollständiger Name 'Frühe von Trevoux'; mittelstarker, später schwächerer Wuchs; bevorzugt warme Lagen, gedeiht aber auch noch in mittleren Höhenlagen; kaum anfällig für Schorf; empfehlenswerte Sorte, muß aber kurz vor Baumreife geerntet werden.

9. OKTOBER
AL. LUCAS

9.10. BOSCS
FLASCHENBIRNE

15.8. CLAPPS
LIEBLING

20.9. GELLERTS
BUTTERBIRNE

25.9. KÖSTLICHE
VON CHARNEU

28.8. ROTE
WILLIAMS CHR

1. OKTOBER
ECZKI QUITTE

21. OKTOBER
KONSTANTINOPELER

1.–3. Reihe: Birnensorten (siehe S. 32–36, 39); 4. Reihe: Quittensorten (siehe S. 40)

Birnensorten (Fortsetzung)

Sorte	Genußreife	Merkmale
'Triumph von Vienne' seit 1874	Sept./Okt.	Mittelstarker, später schwacher Wuchs mit kleiner Krone; bevorzugt warme Lagen und nährstoffreiche Böden, gedeiht aber auch in mittleren Höhenlagen; anfällig für Schorf; mittelgroße bis große, saftige, süße Früchte; kurz vor der Baumreife ernten, nicht früher.
'Vereins-dechantsbirne' seit 1865	bis Nov.	Mittelstarker Wuchs; nicht für kalte Lagen; kaum anfällig für Schorf; regelmäßige, aber nur mittelhohe Ernten; große, saftige und wohlschmeckende Früchte; Spitzensorte für den Spätherbst.
'Williams Christbirne' etwa 1770	Sept.	Mittelstarker, später schwächerer Wuchs; für warme Lagen mit nährstoffreichen Böden, aber auch für geschützte, mittlere Höhenlagen; anfällig für Schorf und Feuerbrand; Ernte (8–10 Tage vor der Baumreife) ist für die Fruchtqualität entscheidend; bekannte Sommersorte.

Quitten

Der Anbau der Quitte wird bei uns noch zu stark vernachlässigt. Abgesehen von ihrem großen Zierwert zur Blütezeit und ihrem Fruchtschmuck sind Quitten auch für die Volksheilkunde bedeutungsvoll.

So wie manche Ziergehölze und Beerenobstarten lassen sich auch die Quitten durch Steckholz vermehren, jedoch sind Baumschulpflanzen vorzuziehen. Diese sind auf geeignete Unterlagen veredelt, die Fruchtqualität und Frosthärte beeinflussen. Für Freizeitgärten ist nur die Buschform empfehlenswert.

Gute Fruchtqualitäten erreicht man nur in wärmeren Lagen, wobei die Bodenqualität nicht so sehr entscheidend ist. Die Baumscheibe sollte wegen der Frostgefahr und als Feuchtigkeitsregulierung stets bedeckt sein. Bei Trockenheit bleiben die Früchte nur klein.

Quitten sind in der Regel selbstfruchtbar.

Nach dem Pflanz- und Erziehungsschnitt im Jugendstadium ist später nur noch ein Auslichtungsschnitt erforderlich.

Besonders nach der Fruchtform, aber auch nach den inneren Qualitätseigenschaften unterscheiden wir zwei Gruppen:

1. Birnenförmige mit weichem, saftigem Fruchtfleisch.
2. Apfelförmige mit hartem, trockenem, aber aromatischem Fruchtfleisch.

Quittensorten

'Bereczki-quitte' Birnenquitte; Herkunft Ungarn; starker Wuchs; nur für warme Lagen und kalkfreie Böden; sehr große, flaumige Früchte mit mildem Geschmack.

'Champion' Birnenquitte; Herkunft Nordamerika; mittelstarker Wuchs; keine großen Ansprüche an den Standort, auch wenig frostempfindlich; hoher geschmacklicher Wert und starker Duft der Früchte.

'Konstantin-opeler' Apfelquitte; mittelstarker, aufrechter Wuchs; frosthärter und fruchtbarer als andere Sorten; Verwertungsreife Ende Oktober bis November.

'Portugie-sische Quitte' Birnenquitte; starkes Wachstum; im Holz frostempfindlich; große, aromatische Früchte, die sich für alle Verwertungszwecke gut eignen; eine der besten Sorten.

'Riesenquitte von Leskovac' Apfelquitte; Herkunft Jugoslawien (Serbien); starker Wuchs; nur für warme Lagen; reiche und regelmäßige Ernten; auch beim Kochen noch weißes Fruchtfleisch, andere Sorten röten sich etwas; sehr empfehlenswerte Sorte.

Das Steinobst

Süßkirschen

Die Süßkirsche stammt von der Vogelkirsche (Prunus avium) ab, die auch in unseren Wäldern wild vorkommt. Als Unterlage nimmt man aber nicht mehr diese Wildform, sondern Auslesen. Die meisten unserer heute angebauten Sorten sind älter als 100 Jahre.

Obwohl die Standortansprüche gering sind, scheiden Böden mit Staunässe aus. Auch Gebiete mit häufigen Niederschlägen während der Erntezeit sind ungeeignet, weil Nässe die Fruchthaut leicht platzen läßt. Die Früchte faulen dann sehr schnell.

Vorzeitiger Fruchtfall, das „Röteln", tritt gelegentlich auf, wenn das Frühjahr während der frühen Fruchtentwicklung zu naß und kalt ist. Es handelt sich dabei um eine physiologische Störung, die durch Kulturmaßnahmen, etwa wässern oder düngen, nicht zu beseitigen ist.

Alle Süßkirschensorten sind selbstunfruchtbar, es sind also Fremdbefruchter nötig. Allgemein gute Befruchtersorten sind 'Hedelfinger', 'Schneiders Späte Knorpel' und 'Van'.

Es muß nicht immer ein Befruchterbaum in der Nähe sein, es genügt auch, nachträglich eine entsprechende Sorte in die Krone einzuveredeln. Ein Blütenast reicht schon aus. Mitunter helfen auch einige Blütenzweige, die man in einem Wassereimer in die Krone hängt. Bienen machen keinen Unterschied, ob der Ast festgewachsen ist oder nicht.

Solange es noch keine dauerhaft kleinkronigen Süßkirschenbäume gibt, sollten sie wegen ihrer weitreichenden Wurzeln und wegen ihrer Kronenausdehnung nicht in Kleingärten angepflanzt werden.

Die Reifezeiten der einzelnen Sorten verändern sich je nach Witterungsverlauf im Frühjahr und werden deshalb auch mit dem Begriff „Kirschenwoche" (KW) angegeben.

Süßkirschensorten

Sorte	Reife	Merkmale
'Große Germersdorfer'	4.–5. KW	Rötlichbraune Knorpelkirsche; starker Wuchs; nicht für schwere und kalte Böden; anfällig für die Schrotschußkrankheit; Befruchter sind alle nachfolgend genannten Sorten; nicht platzfest.

Süßkirschensorten (Fortsetzung)

Sorte	Reife	Merkmale
'Große Prinzessin'	4. KW	Synonym 'Napoleonkirsche'; rotgelbe Knorpelkirsche; starker Wuchs; nicht für schwere und nasse Böden, sonst tritt Gummifluß und Spitzendürre auf; Befruchter sind alle hier aufgeführten Sorten; platzt bei Regen weniger leicht als andere Sorten.
'Hedelfinger'	4.–5. KW	Dunkelbraunrote Knorpelkirsche; sehr starker Wuchs, deshalb nicht für kleine Gärten; anspruchslos an Boden und Klima; nicht anfällig für Monilia; Befruchter sind alle hier aufgeführten Sorten.
'Kassins Frühe'	1.–2. KW	Dunkelbraunrote Herzkirsche; starker Wuchs; bevorzugt wärmere, leichtere und nährstoffreiche Böden; kaum anfällig für Kirschfruchtfliegen (Kirschmaden) und Monilia; Befruchter sind alle hier aufgeführten Sorten; verbreitete und schmackhafte Frühkirsche.
'Sam'	4. KW	Kanadische Sorte; Synonym 'Big Sam'; dunkelrote Knorpelkirsche; starker Wuchs; nicht für ausgesprochen kalte Böden, aber anspruchslos an das Klima; hohe Erträge an sehr großen Früchten, die etwas platzfester sind als andere Sorten.
'Schneiders Späte Knorpel'	bis 6. KW	Dunkelbraunrote Knorpelkirsche mit vielen feinen Punkten; sehr starker Wuchs; bei zu leichten oder zu schweren Böden tritt „Röteln" auf; anfällig für Monilia; Befruchter sind alle hier aufgeführten Sorten; hervorragende Sorte, aber nicht immer befriedigende Erträge.
'Souvenir des Charmes'	2.–3. KW	Braunschwarze Herzkische; starker Wuchs; für wärmere Lagen und durchlässige Böden; Früchte platzen leicht bei Regen, trotzdem wohl beste Frühsorte für den Freizeitgarten.
'Van'	4.–5. KW	Kanadische Sorte; rote Knorpelkische; etwa gleiche Ansprüche und Eigenschaften wie 'Sam'; nicht platzfest.

Sauerkirschen

Die heutigen Kultursorten gehen auf Wildformen der Sauerkirschen zurück, die in Europa und Kleinasien beheimatet sind.

Die Standortansprüche sind sehr gering. Die Unterlage Steinweichsel (Prunus mahaleb) läßt sich auf allen Böden, auch auf leichten Sandböden, anbauen. Neben der Steinweichsel wird häufig auf Prunus F 12/1 veredelt. Die Unterlagen Weiroot und Colt, sonst für schwachwachsende Süßkirschen üblich, sind für Sauerkirschen zwar brauchbar, jedoch bleiben die Bäume zu klein.

Außer der 'Koröser Steinweichsel' sind alle gebräuchlichen Sorten selbstfruchtbar. Darüber hinaus sind alle zur gleichen Zeit blühenden Süß- und Sauerkirschen als Befruchter geeignet.

Man unterscheidet nach der Frucht Weichselkirschen mit färbendem Saft, zum Beispiel 'Rubinweichsel' und 'Schattenmorelle', und Amarellen mit nicht färbendem Saft, zum Beispiel 'Frühe Ludwig'.

Der Name „Schattenmorelle" soll nicht heißen, daß der Baum auch Schatten verträgt, sondern er geht entweder auf „Chatten-Moreille", also die Hessenkirsche, wahrscheinlicher aber auf „Château-Moreille", die Schloßkirsche, zurück.

Die Sauerkirsche blüht und fruchtet am einjährigen Holz. Ein jährlicher scharfer Schnitt ist deshalb zur Erhaltung der Fruchtbarkeit und des gesunden Wachstums unbedingt erforderlich. Schneidet man nicht oder nur ungenügend, so entstehen nach ein paar Jahren die bekannten „Peitschen"; das sind lange, kahle Zweige ohne Knospen und Fruchtansatz.

Sauerkirschensorten

Sorte	Reife	Merkmale
'Ceralla'	1.–2. KW	Neuheit; mittelstarker Wuchs; nicht anfällig für Monilia; aromatische Früchte, auch für den Frischgenuß; früheste, empfehlenswerte Sorte.
'Heimanns Rubinweichsel'	4.–5. KW	Starker, später schwächerer Wuchs; dünne, hängende Triebe, deshalb ist ein regelmäßiger Schnitt erforderlich; zu trockene und zu schwere Böden meiden, sonst kommt es häufig zu vorzeitigem Fruchtfall (Röteln); empfehlenswerte Sorte.
'Ludwigs Frühe'	2.–3. KW	Helle Sauerkirsche (Amarelle) mit mittelstarkem Wuchs und breiter Krone; kaum anfällig für Monilia oder Gummifluß.

Sauerkirschensorten (Fortsetzung)

Sorte	Reife	Merkmale
'Morellenfeuer'	5.–6. KW	Anderer Name 'Kelleriis Nr. 16'; mittelstarker bis starker Wuchs; bei regelmäßigem Schnitt wenig Neigung zum Verkahlen; nicht anfällig für Monilia; hervorragende Sorte für vielseitige Verwendung.
'Nabella'	2.–3. KW	Neuheit; starker Wuchs mit breiter Krone; kaum anfällig für Monilia; große, aromatische, betont saure Früchte.
'Scharö'	5. KW	Neuheit; Mutation der 'Schattenmorelle'; mittelstarker Wuchs ohne verkahlende Zweige; regelmäßige und hohe Ernten.
'Schattenmorelle'	6.–7. KW	Anderer Name 'Große Lange Lotkirsche'; starker Wuchs mit hängenden, häufig verkahlenden Trieben; stark anfällig für Monilia und andere Pilzkrankheiten; die Fruchtqualität hängt stark vom Standort, die Fruchtgröße vom regelmäßigen und fachgerechten Schnitt ab.
'Successa'	4.–5. KW	Neuheit; mittelstarker Wuchs, ohne verkahlende Zweige; hellrote, große Früchte mit gutem Aroma; gute Verwertungsfrüchte, unter anderem durch ihren hohen Zuckergehalt.

Pfirsiche

Der Pfirsich ist im nördlichen und mittleren China beheimatet. Der Name (Prunus persica) deutet zwar auf Persien hin, das war jedoch nur eine Zwischenstation, bevor er nach Europa eingeführt wurde.
Wegen des hohen Wärmebedarfes sind nur Weinbauregionen für den Anbau geeignet. Anhaltend tiefe Wintertemperaturen, Spätfröste und stauende Nässe führen nicht nur zu Ernteausfällen, sondern oft genug auch zum Absterben der Bäume.
Bei Trockenheit vor der Reife fallen die Früchte massenweise ab. Da hilft nur rechtzeitiges Wässern.
Die richtige Unterlage für warme, leichte Böden ist der Sämling. Auf schwereren Böden sind Pflaumenunterlagen besser geeignet.
Man pflanzt einjährige Veredelungen im Frühjahr. Anschließend wird der Mitteltrieb um fast die Hälfte auf ein gut ausgebildetes Auge zurückgeschnitten. Alle Seitentriebe müssen auf Astring entfernt werden. Es bleibt also nur noch ein Mitteltrieb. Dieser bildet dann bis zum Herbst einen ordentlichen Busch, der bereits im folgenden Jahr tragen kann.
Der Pfirsich blüht und fruchtet, wie die Sauerkirsche, am vorjährigen Holz. Nur kräftige, mit Blatt- und Blütenknospen (Dreifachknospen) besetzte sogenannte „wahre Fruchttriebe" bringen gute Ernten. Sie werden um ein Drittel eingekürzt.
Die sogenannten „falschen Fruchttriebe" sind dünn und nur mit einfachen Blütenknopsen besetzt. Sie müssen an der Basis entfernt werden.
Pfirsichbäume „putzen sich" (nach oft gehörter Volksmeinung) keineswegs selbst, sondern bedürfen eines regelmäßigen Schnittes. Jährlich ist ein Schnitt in Form des Ableitens der Leit- und Seitentriebe auf günstig nach außen stehende Verzweigungen notwendig. Der Busch soll nicht in die Höhe, sondern ohne Mitteltrieb mehr in die Breite wachsen.
Fremdbestäubung ist selten nötig.

Pfirsichsorten

Sorte	Reife	Merkmale
'Früher Alexander'	Juli	Sehr starker und breiter Wuchs; nur für warme Böden in geschützter Lage; kaum anfällig für Krankheiten, jedoch ist das Holz frostempfindlich; nicht gleichmäßig reifend; Fruchtqualität hängt vom öfteren Durchpflücken ab; Fruchthaut abziehbar; weißfleischig; nicht steinlösend.

Pfirsichsorten (Fortsetzung)

Sorte	Reife	Merkmale
'Früher Roter Ingelheimer'	Juli	Starker Wuchs mit breiter Krone; wegen der großen Fruchtbarkeit ist ein regelmäßiger Schnitt, Ausdünnen der Früchte und gute Nährstoffversorgung notwendig; wenig anfällig für die Kräuselkrankheit; Haut nicht abziehbar; steinlösend bei Reife; weißfleischig.
'Haba Finessa'	Aug./Sept.	Neuheit; starker Wuchs; etwas anfällig für die Kräuselkrankheit; sehr große, weißfleischige Früchte; steinlösend.
'Madame Rogniat'	Aug.	Mittelstark wachsende, robuste Sorte; kaum anfällig für Krankheiten und frosthärter als andere; durch kräftigen Schnitt wird Lebensdauer und Fruchtgröße beeinflußt; Fruchthaut abziehbar; weißfleischig; gut steinlösend.
'Nektarine Fire Gold'	Anfang Aug.	Neuheit; starker, aufrechter Wuchs; nur für wärmste Lagen im Weinklima, trotzdem in den ersten Jahren Winterschutz erforderlich; gelbfleischig.
'Redhaven'	Aug.	Züchtung aus den USA; starker, gesunder Wuchs; neigt aber zum Verkahlen; für warme Lagen; gering anfällig für Kräuselkrankheit; Haut abziehbar; gelbfleischig; steinlösend.
'Rekord von Alfter'	Aug./Sept.	Deutsche Herkunft; starker und breiter Wuchs; bevorzugt wärmere Lagen; gute Humusversorgung und regelmäßiger Schnitt nötig; nicht anfällig für die Kräuselkrankheit; gelblichweißes Fruchtfleisch; Haut abziehbar; steinlösend.
'Roter Ellerstädter'	Sept.	Auch 'Kernechter vom Vorgebirge'; starker Wuchs; auch für weniger günstige Standorte; Pflege und Eigenschaften wie vorige Sorte.
'South Haven'	Aug.	Starker, später mittelstarker Wuchs; sehr anspruchsvoll an Boden und Klima; stark anfällig für die Kräuselkrankheit; große, aromatische, gelbfleischige Früchte. Haut bei Vollreife abziehbar; gut steinlösend.

SCHNEIDERS SPÄTE
KNORPELK. 1.8.

HEDELFINGER
27. JULI

GERMERSDORFER
1 AUGUST

HAUMÜLLER
1. AUGUST

GROSSE PRINZESSIN
SYN NAPOLEONK. 23.7.

TSCHERNOKORKA

NABELLA

MORELLEN
FEUER

SCHATTEN
MORELLE

SCHARÖ

Oben: Süßkirschensorten (siehe S. 41–42); die Sorte 'Haumüller' besitzt fast gleiche Eigenschaften wie 'Schneiders schwarze Knorpelkirsche';
unten: Sauerkirschensorten (siehe S. 43–44); 'Tschernokorka' ist eine sehr alte Sorte, die man kaum noch kaufen kann.

Aprikosen

Die Aprikose wird in Österreich „Marille" genannt und stammt aus Zentralasien. Hauptanbaugebiete sind die Mittelmeerländer, auch Ungarn und Bulgarien. Bei uns gibt es nur ein Anbaugebiet in der Gegend von Mainz.

Aprikosen haben noch höhere Wärmeansprüche an Klima und Boden als der Pfirsich. Sie sind sehr empfindlich gegen stärkere Temperaturschwankungen, sowohl während der Winterruhe als auch in der Vegetationszeit.

Auf windgeschützten Standorten mit lehmhaltigen und humusreichen Böden sind im Weinbauklima gute Ernten möglich.

Spaliere an der Hauswand deckt man spätestens im Februar gegen die Wintersonne ab und verringert damit die Gefahr von Frostrissen im Holz.

Die frühe Blüte ist durch Spätfröste gefährdet. Gelegentlich helfen mehrere vorbeugende Spritzungen (fein versprüht) mit Baldrianblütenextrakt in die sich öffnende Blüte. Dies ist ein altes Hausmittel, das man einmal ausprobieren sollte.

Einen scharfen Schnitt, wie etwa beim Pfirsich, verträgt die Aprikose nicht. Nach dem Kronenaufbau, der ohne durchgehenden Mitteltrieb sein kann, lichtet man nur noch dicht stehende Äste aus. Es sollen möglichst wenige große Schnittwunden entstehen.

Häufig, besonders auf ungünstigen Standorten, tritt am Stamm und an stärkeren Ästen der Bakterienbrand auf. Er äußert sich durch krebsartige Stellen. Diese sind sofort bis in das gesunde Holz auszuschneiden und mit Wundmittel zu versorgen.

Aprikosensorten

Sorte	Reife	Merkmale
'Ambrosia'	Aug.	Herkunft Italien; starker Wuchs; nur für wärmste Weinbaulagen; rötlichgelbes Fruchtfleisch; wird nicht mehlig; steinlösend.
'Nancy-Aprikose'	Aug.	Herkunft Frankreich; sehr starker, sparriger Wuchs; für warme, vor Spätfrost geschützte Lagen; wohl die am meisten verbreitete Sorte; regelmäßiger Schnitt erforderlich; steinlösend; guter Geschmack nur in warmen Lagen.
'Temporao da Villa Franca'	Juli	Neuheit; Herkunft Portugal; starker Wuchs; nur für warme Weinbaulagen; sehr ertragreich; große Früchte; werden nicht mehlig.

Aprikosensorten (Fortsetzung)

Sorte	Reife	Merkmale
'Ungarische Beste'	Juli/Aug.	Starker, später schwächerer Wuchs mit kleinen Kronen; auch für wärmere Lagen außerhalb des Weinbauklimas geeignet; Holz und Blüte frosthärter als bei anderen Sorten; mittelgroße, aromatische Früchte, die aber leicht platzen; gut steinlösend.
'Wahre Große Frühaprikose'	Juli/Aug.	Sehr alte Sorte mit starkem Wuchs; wegen der starken Fruchtbarkeit ist ein regelmäßiger Schnitt erforderlich; warme Lagen nötig, jedoch gegen Witterungseinflüsse weniger empfindlich; große, gelbfleischige Früchte; gut steinlösend.

Pflaumen

Unter der heute allgemein gültigen Bezeichnung Pflaumen werden die von verschiedenen Wildformen abstammenden und miteinander stark vermischten Zwetschen, Rund- und Eierpflaumen, Mirabellen und Renekloden zusammengefaßt.

Gute Standorte sind humose, nährstoffreiche Böden bis höchstens pH 7. Die Hauszwetsche gedeiht auch noch in höheren, rauhen Lagen.

Die frühe Blüte ist durch Spätfröste gefährdet. Hier gelten dieselben Empfehlungen über Baldrianblütenextrakt-Spritzungen, die bei der Aprikose angegeben sind.

Nur junges Fruchtholz bringt gute Früchte. Ein regelmäßiger Schnitt ist deshalb zur Erziehung eines tragfähigen Astgerüstes und zur ständigen Erneuerung des Fruchtholzes erforderlich.

Für gute Fruchtqualität und die Aromabildung ist weniger die Lichtmenge (wie bei Kernobst) als mehr die jährliche Wärmesumme entscheidend.

Einige Sorten sind selbstunfruchtbar und brauchen deshalb einen geeigneten Pollenspender in der Nähe. Oder man veredelt, wie bei der Süßkirsche beschrieben, nachträglich eine entsprechende Sorte auf den Baum.

Eine der wichtigsten Krankheiten bei Pflaumen ist der Bleiglanz, eine Pilzkrankheit, die sich durch einen silbrigen Glanz auf den Blättern äußert. Später erscheinen Konsolenpilze am Stamm. Das ist ein Zeichen, daß der Baum nur noch eine sehr begrenzte Lebenszeit hat.

Daneben gibt es aber auch eine Form des Bleiglanzes, die nichts mit einer Pilzkrankheit zu tun hat. Hier liegen die Ursachen an physiologischen Störungen, die durch zu kühle Witterung in der Vegetationszeit, zu scharfen Rückschnitt oder zu starke Düngung in Verbindung mit Trockenheit hervorgerufen werden.

Pflaumensorten

Sorte	Reife	Merkmale
'Althanns Reneklode'	Aug./Sept.	Reneklode; Herkunft Böhmen; starker, später auch sparriger Wuchs; für warme Lagen; stark anfällig für Scharka; große, sehr süße, durch Wespen gefährdete Früchte, platzen leicht bei Regen; steinlösend; selbstunfruchtbar.
'Anna Späth'	Ende Sept.	Zwetsche; starker, später mittelstarker Wuchs; in ungenügend warmen Lagen keine gute Reife; nicht anfällig für Scharka, aber anfällig für Sägewespen; würzig süße Früchte; platzen leicht bei Regen; mäßig steinlösend; selbstfruchtbar.
'Auerbacher'	Aug.	Zwetsche; starker, später mittelstarker Wuchs; auch für höhere Lagen; anfällig für Pflaumenwickler und die Valsakrankheit; große, süße Früchte; gering selbstfruchtbar.
'Bühler'	Juli/Aug.	Zwetsche; kräftiger Wuchs mit großen Kronen; nicht anfällig für ungünstige Witterungseinflüsse, Krankheiten und Schädlinge; geschmacklich gute Früchte, mäßig steinlösend; selbstfruchtbar.
'Chrydiemer'	Aug.	Zwetsche; mittelstarker Wuchs; geringe Ansprüche an den Standort; anfällig für Pflaumenwickler; bevorzugte Sorte für den Freizeitgarten; gering selbstfruchtbar.
'Ersinger'	Juli/Aug.	Herkunft Baden; starker, später schwächerer Wuchs; bevorzugt geschützte Lagen; gering frosthart; anfällig für Blattläuse, Monilia und Rote Spinnen; Früchte platzen leicht bei Regen; gut steinlösend; gering selbstfruchtbar.
'Große Grüne Reneklode'	Aug./Sept.	Reneklode; mittelstarker, sparriger Wuchs; für geschützte, nicht zu trockene Lagen; anfällig für Blattläuse, Pflaumenwickler, Rote Spinnen, Sägewespen und Wespenfraß an Früchten, trotzdem eine der besten Edelpflaumen; mäßig steinlösend; nicht selbstfruchtbar.

51

Pflaumensorten (Fortsetzung)

Sorte	Reife	Merkmale
'Hauszwetsche'	Sept./Okt.	Zwetsche; zahlreiche verschiedene Typen der Stammsorte; starker, später schwächerer Wuchs; nicht für schlechte Böden; regelmäßiger Schnitt notwendig; anfällig für Scharka, trotzdem eine der wertvollsten Sorten; gut steinlösend; selbstfruchtbar.
'Italienische Zwetsche'	Sept.	Zwetsche; Synonym 'Fellenberg Pflaume'; starker, später etwas schwächerer Wuchs; für geschützte Lagen; anfällig für Pflaumenwickler, Sägewespen und Scharka; große, geschmacklich wertvolle Früchte; steinlösend; gering selbstfruchtbar.
'Lützelsachser Frühzwetsche'	Juli/Aug.	Zwetsche; mittelstarker, breiter Wuchs; für warme Lagen und auch leichtere Böden; anfällig für Rote Spinnen und Sägewespen; erst bei Vollreife steinlösend; nicht selbstfruchtbar.
'Magna Glauca'	Juli	Rundpflaume; sehr starker, aufrechter Wuchs; bevorzugt warme Lagen und leichte Böden; Neigung zu Astbruch, deshalb regelmäßiger Schnitt notwendig; anfällig für Pflaumenwickler; große, runde, schmackhafte Früchte; gut steinlösend; nicht selbstfruchtbar.
'Nancy-Mirabelle'	Aug.	Mirabelle; mittelstarker Wuchs; für warme, geschützte Lagen und nährstoffreiche Böden; nicht anfällig für Scharka, aber anfällig für Sägewespen; gut steinlösend; selbstfruchtbar.
'Opal'	Juli/Aug.	Pflaume; starker Wuchs; bevorzugt warme Lagen; wenig anfällig für Scharka, anfällig für Pflaumenwickler und Sägewespen; große, runde, platzfeste Früchte, zirka 30 g schwer; gut steinlösend.

Pflaumensorten (Fortsetzung)

Sorte	Reife	Merkmale
'Ruth Gerstetter'	Juli	Zwetsche; mittelstarker Wuchs mit kleinen Kronen; geringe Lebensdauer; nur für frostgeschütze Lagen und beste Böden, sonst tritt leicht Gummifluß auf; mittelgroße, runde Früchte mit mittelmäßigem Geschmack; steinlösend; selbstfruchtbar.
'Stanley'	Sept./Okt.	Zwetsche; Herkunft USA; starker, aufrechter, wenig verzweigter Wuchs; nur für warme Lagen und leichtere Böden; wenig anfällig für Scharka, aber stark für Monilia, Pflaumenwickler und Sägewespen; sehr große Früchte, platzen aber leicht bei Regen; schlecht steinlösend; selbstfruchtbar.
'Zimmers Frühzwetsche'	Aug.	Zwetsche; mittelstarker, dünntriebiger Wuchs; auch für kühlere Lagen, aber beste Böden; regelmäßiger Schnitt notwendig; nicht anfällig für Scharka, aber anfällig für Blattläuse, Rote Spinnen und Sägewespen; kleinere, wohlschmeckende Früchte; gut steinlösend; nicht selbstfruchtbar.

Das Beerenobst

Erdbeeren

Wegen der begrenzten Flächen in den Freizeitgärten sollte der Erdbeeranbau besonders sorgfältig geplant werden.
Man muß dabei berücksichtigen, daß die Kulturzeit nur zwei Jahre, höchstens aber drei Jahre dauert und daß Anbaupausen von mindestens vier Jahren einzuhalten sind, bevor wieder Erdbeeren auf das gleiche Beet gepflanzt werden können (Bodenmüdigkeit).
Die Sortenwahl hat weniger große Bedeutung als die pflanzengerechte Kulturführung.

Bedarf	Der Erdbeerbedarf für eine Familie mit vier Mitgliedern beträgt: 7,5 kg für den Frischverzehr 7,5 kg für Torten und Saft 10,0 kg für Marmelade und zum Einfrieren 25,0 kg Das ist schon ein Flächenbedarf von zwei Beeten mit etwa 5 m Länge bei besten Erträgen.
Erträge	Der Ertrag ist von der Sorte, aber auch von der sorgfältigen Bodenvorbereitung und Pflanzung abhängig. Er ist im ersten Kulturjahr am höchsten und sinkt im zweiten Jahr deutlich ab. Im dritten Jahr kommt ein hoher Anteil an kleinen, kranken und unverwertbaren Früchten hinzu. Man rechnet, bei zweijähriger Kulturzeit, mit durchschnittlichen Erträgen von 1,8 kg/m² bei Frühsorten und 2,5 kg/m² bei Spätsorten.
Gute Vorkultur	Gute Vorfrüchte vor der Sommerpflanzung sind Hülsenfrüchte, Spinat, Salat, rote Bete, Frühmöhren, Senf, Lupinen und Tagetes. Bei guter Vorkultur ist die Frühjahrspflanzung mit gut überwinterten, eventuell getopften Pflanzen möglich.
Schlechte Vorkultur	Schlechte Vorfrüchte sind Himbeeren (Bodenpilze), Kartoffeln, Tomaten, Gurken und Kürbisgewächse.
Vor der Pflanzung	Man muß den Boden, bevor man pflanzt, mit dem Sauzahn tief lockern, aber nicht scholli umgraben. Es darf kein frischer Mist, kein Kalk und kein Mineraldünger, es sollte jedoch gut verrottete Komposterde eingearbeitet werden.

Entscheidend für die Ertragshöhe ist weniger der Sand- oder Lehmgehalt des Bodens, sondern vielmehr die Bodenreaktion. Sie sollte im sauren oder schwach sauren Bereich liegen. Geeignet sind:

Sandböden   pH-Wert 5,2 – 6,8
Humose Sandböden pH-Wert 5,8 – 6,8
Schwerere Böden   pH-Wert bis   6,8

Pflanzgut Pflanzen sollte man keinesfalls spontan, sondern stets beim Fachhandel kaufen oder frühzeitig beim Züchter bestellen. Adressen erfragt man bei den Beratungsstellen.

Vermehrung Die Vermehrung aus eigenen Beständen hat den Vorteil, daß man nicht auf die Lieferzeiten angewiesen ist. Man darf nur Ableger von solchen Mutterpflanzen, die man im Vorjahr als „gute Träger" markiert hat, weiter kultivieren.
Alle Kindel einer Ranke können herangezogen werden. Die anderen Ranken soll man von der Mutterpflanze abtrennen.

Pflanzzeit Gepflanzt wird so früh wie möglich. Es gilt das Gärtnerwort: „Je besser die Wurzeln heute, desto höher die Ernte morgen."
Anfang Juli bis Ende August bildet die Erdbeere tiefe Wurzeln (bis 60 cm tief). Nur sie garantieren gesunde und wüchsige Pflanzen mit hohen Erträgen.

Pflanzabstände Die Pflanzabstände betragen auf einem Normalbeet bei Intensivkultur 40 cm zwischen den Reihen und 35 cm in der Reihe bei stärker wachsenden Sorten beziehungsweise 25 cm bei schwächer wachsenden. Es werden drei Reihen angelegt. Die Mittelreihe wird sofort nach der ersten Ernte gerodet, so daß im Folgejahr nur noch die Außenreihen bleiben.

Pflanzung Gepflanzt wird in die tief gelockerte, nicht schollig umgegrabene Erde. Die Mittelknospe muß knapp über dem Erdniveau sitzen. Bei zu tiefer Pflanzung (Mittelknospe bedeckt) werden keine Blüten angesetzt. Bei zu hoher Pflanzung gibt es Vertrocknungsschäden im Winter.

Düngen Gedüngt wird etwa zwei Wochen nach der Pflanzung.
1. Gabe: 40 g mineralischer Volldünger pro m^2 oder entsprechend mehr eines organischen Volldüngers, zum Beispiel Kama-Orgamin oder Hornoska; eher weniger als mehr düngen; anschließend sanft, aber gründlich beregnen, zirka 20 l pro m^2.
2. Gabe: Vier Wochen später nochmals 20–40 g eines mineralischen Volldüngers beziehungsweise entsprechend mehr eines organischen Volldüngers; danach bewässern.

3. Gabe: Vor oder während der Blüte im folgenden Frühjahr zirka 20 g mineralischen Volldünger oder entsprechend mehr eines organischen; danach bewässern.

Bodendecke Eine Bodendecke fördert das Wachstum. Ideal ist Nadelstreu. Stroh und Stallmist verrotten leicht und verursachen dadurch Fruchtfäule. Torf zieht weder Schadpilze noch Insekten an und ist daher für die Bodenabdeckung gut geeignet. Man streut ihn sofort nach der Pflanzung 3 cm hoch zwischen die Reihen. So bleibt der Boden feucht und ist später vor Frost geschützt.
Sehr gut eignen sich auch Bahnen aus Steinwolle.

Schwarz-folie Schwarze Folie, auch Mulchfolie genannt, eignet sich für die zweijährige Erdbeerkultur. Sie sollte 0,03 mm stark und 1,20 m breit sein. Man legt diese Folie über das Beet und gräbt die Enden und Seiten in die Erde ein. In zwei Reihen im Abstand von 30 cm schneidet man Kreuze in die Folie. In diese Löcher werden die Erdbeeren gepflanzt.
Vorteile: Frühere Reife um 5–10 Tage;
　　　　　　kein Unkraut;
　　　　　　der Boden trocknet nicht aus.
Nachteile: Erhöhte Nachtfrostgefahr;
　　　　　　günstigere Bedingungen für Milben, Wühlmäuse, Ameisen und Maulwürfe;
　　　　　　ungünstig zu bewässern.

Boden-bearbeitung Ab Blütenbeginn darf der Boden nicht mehr bearbeitet werden. Jetzt legt man Langstroh (kein Haferstroh) um die Pflanzen, damit die Früchte später luftig liegen und so weniger krankheitsanfällig sind und verschmutzt werden.

Nach der Pflanzung Nach der Pflanzung muß gut angegossen werden. Weitere Bewässerungen sollten vorläufig unterbleiben, da sonst zu viel Blattmasse gebildet wird. Es wird nicht gedüngt, sondern nur eine lockere Bodenbedeckung, zum Beispiel mit 3 cm Torf, aufgebracht.
Erdbeeren sind gegen hohe Düngermengen empfindlich. Nicht die Dosis, sondern der richtige Zeitpunkt bringt den Erfolg.

Nach der Ernte Das Laub wird nach der Ernte mit der Heckenschere oder bei größeren Flächen mit dem hochgestellten Rasenmäher abgemäht. Die Gründe dafür sind:
1. In den alten Blättern entwickeln sich Hemmstoffe, die abwärts wandern und das nächstjährige Wachstum nachteilig beeinflussen.
2. Es haften Pilzkrankheiten an den Blättern, die den Neuzuwachs infizieren können.

REDHAVEN

SOUTH HAVEN

1. 8. APRIKOSE VON NANCY

10. SEPTEMBER ITALIENER ZW.

4. AUGUST BÜHLER FRÜHZW.

20. AUGUST CHRYDIEMER

Oben: Pfirsichsorten (siehe S. 45−46);
Mitte links: 'Aprikose von Nancy' (siehe S. 49);
Mitte rechts und unten: Pflaumensorten (siehe S. 51−53)

Ranken, deren Ausläufer nicht für die Vermehrung gebraucht werden, entfernt man von der Mutterpflanze. Danach sollte der Boden bearbeitet werden.
Direkt nach der Ernte gibt man höchstens 40 g Volldünger pro m², vier Wochen später nochmals 20–30 g pro m². Bei einer Düngung mit organischem Volldünger braucht man entsprechend mehr.

Erdbeersorten

Die nachstehenden Sortenempfehlungen beruhen auf Beobachtungen in der Versuchs- und Beispielsanlage des Gartenamtes Frankfurt. Andere Standorte führen in der Regel zu anderen Ergebnissen.
Das Sortiment wechselt – je nach Vermehrungsbetrieb – in Abständen von einigen Jahren, so daß eine längerfristige Empfehlung nicht gegeben werden kann.

'Aromata'   Mittelspäte Reife; mittelstarker, gesunder Wuchs; wenig anfällig für Krankheiten; mittelgroße, feste, sehr aromatische Früchte für vielseitige Verwendung.

'Belrubi'   Frankreich 1980; mittelfrühe Reife; mittelstarker, gesunder Wuchs; kaum anfällig für Grauschimmel, jedoch anfällig für Mehltau; lange, nur mittelgroße, feste und aromatische Früchte; hoher Ertrag.

'Bogota'   Niederlande 1978; sehr späte Reife; kräftiger Wuchs; gering anfällig für Grauschimmel und Mehltau; sehr große, attraktive Früchte mit weniger aromatischem Geschmack; für jede Verwendung, auch zum Einfrieren geeignet; sehr hoher Ertrag, auch bei mehrjährigem Anbau.

'Confitura'   Niederlande 1971; mittelfrühe Reife; kräftiger Wuchs mit sehr langen Blütenständen; weiter Standraum erforderlich; kaum anfällig für Krankheiten; mittelgroße, oft stark gefurchte, feste Früchte mit recht gutem Aroma; sehr hohe Erträge.

'Delikatessa'   Deutsche Herkunft; späte Reife; mittelstarker, gesunder Wuchs; große, sehr feste Früchte mit hervorragendem Aroma; zum Einfrieren geeignet; Erträge unter dem Durchschnitt.

'Elista'   Späte Reife; starker, sehr gesunder Wuchs; kaum anfällig für Krankheiten; große, feste und gleichmäßige Früchte mit weniger Aroma; sehr hoher Ertrag auch bei mehrjährigem Anbau.

'Elsanta' Niederlande 1982; mittelspäte Reife; starker und breiter Wuchs mit langen Blütenständen; wenig anfällig für Mehltau, jedoch anfällig für andere Krankheiten; große, gleichmäßige und feste Früchte mit gutem Geschmack; sehr hoher Ertrag.

'Elvira' Niederlande 1979; frühe Reife; starker, gesunder Wuchs; kaum anfällig für Krankheiten; große, feste und aromatische Früchte; nicht zum Einfrieren geeignet; Erträge unter dem Durchschnitt.

'Hummi Ferma' Deutsche Herkunft; mittelspäte Reife; kräftiger, gesunder Wuchs; kaum anfällig für Krankheiten; große, rot durchgefärbte Früchte für jede Art der Konservierung; hohe Erträge.

'Karina' Niederlande 1975; sehr frühe Reife; kräftiger, gesunder Wuchs; kaum anfällig für Krankheiten; große Früchte mit sehr gutem Aroma; nur für den Frischverbrauch; niedrige Erträge.

'Korona' Niederlande 1978; mittelfrühe Reife; sehr starker, lockerer Wuchs; anfällig für Grauschimmel, weniger anfällig für andere Krankheiten; große, dunkelrote, feste Früchte mit gutem Geschmack; zum Einfrieren geeignet; Erträge unter dem Durchschnitt.

'Mieze Schindler' Deutschland 1925; sehr späte Reife; mittelstarker, gesunder Wuchs mit sehr vielen Ausläufern; wenig anfällig für Grauschimmel und Mehltau; keine weiblichen Blüten, deshalb Befruchtersorte wie 'Peltata' oder 'Ostara' erforderlich; höchstens mittelgroße, dunkelrote Früchte mit sehr gutem Aroma; nicht zum Einfrieren geeinget; niedrige Erträge.

'Ostara' Niederlande 1969; beste mehrmals tragende Sorte; starker Wuchs mit vielen Ausläufern; Pflanzabstand der Reihen 100 cm; Befruchtersorte für 'Mieze Schindler'; anfällig für Grauschimmel, Milben und Wurzelfäule; mittelgroße, später kleiner werdende Früchte bis zum Frost; entfernt man die erste Blüte, so hat man eine hohe Späternte; angenehm aromatische, saftige Früchte.

'Peltata' Frühe Reife; starker, gesunder Wuchs; Befruchtersorte für 'Mieze Schindler'; auch für mehrjährigen Anbau; große, feste, aromatische und regenfeste Früchte für alle Verwendungszwecke; hohe Erträge.

'Perfekta' Mittelspäte Reife; niedriger Flachbusch mit Blüten über dem Laub; wenig anfällig für Grauschimmel und Mehltau; große, feste, hellrote Früchte mit gutem Geschmack; hohe Erträge.

'Senga Fructarina'
Deutschland 1979; späte Reife; kräftiger Wuchs; wenig anfällig für Grauschimmel und Mehltau; große, feste Früchte; für die Konservierung, weniger zum Einfrieren geeignet; hohe Erträge.

'Senga Sengana'
Mittelfrühe Reife; starker und dichter Wuchs; für schwere und leichte Böden; sehr stark anfällig für Grauschimmel, etwas weniger anfällig für andere Krankheiten und schädliche Witterungseinflüsse; Früchte sind für alle Verwendungszwecke geeignet; ausreichende Fruchtgrößen nur im ersten Jahr, bei großem Pflanzenabstand; in den Folgejahren nur noch sehr kleine, krankheitsanfällige Früchte; Herkunft des Pflanzgutes ist für die Qualität entscheidend.

'Splendida'
Mittelfrühe Reife; starker Wuchs; sehr anfällig für Mehltau, etwas weniger anfällig für andere Krankheiten; große, feste und sehr aromatische Früchte für den Frischverbrauch und die Konservierung, nicht zum Einfrieren geeignet; hohe Erträge.

'Tago'
Niederlande 1972; späte Reife; mittelstarker Wuchs; kaum anfällig für Grauschimmel, jedoch anfällig für Wurzelfäule; auch für mehrjährigen Anbau; große, feste Früchte mit recht gutem Geschmack; geringe Erträge.

'Tenira'
Niederlande 1973; mittelfrühe Reife; starker, dichter und gesunder Wuchs; wenig anfällig für Krankheiten, jedoch anfällig für Spinnmilben; auch für mehrjährigen Anbau; große, aromatische Früchte für alle Verwendungszwecke, auch zum Einfrieren; hohe Erträge.

'Zefyr'
Dänische Herkunft; frühe Reife; kräftiger, gesunder Wuchs; anspruchslos an Boden und Klima; große, feste, dunkelrot durchgefärbte Früchte mit herzhaftem Geschmack; auch zum Einfrieren geeignet; hohe Erträge.

Monatserdbeeren

'Rügen'
Mittelstarker, dichter und gesunder Wuchs ohne Ausläufer; ältere Pflanzen sind anfällig für Mehltau und Spinnmilben; Vermehrung durch Aussaat oder Teilung; bei Trockenheit und nach dem zweiten Jahr bleiben die Früchte klein; nur vollreife Früchte sind aromatisch.

'Sweetheart'
Starker Wuchs; Ausläufer treibend; wesentlich größere Früchte als 'Rügen'; auch für Balkonkästen und Schalen.

Johannisbeeren und Stachelbeeren

Einige der Sorten sind selbstfruchtbar, das heißt, eine Fremdbestäubung ist nicht unbedingt erforderlich. Trotzdem sind wesentlich höhere Ernten zu erwarten, wenn mehrere Sorten zusammenstehen. Die Ursache für den oft starken Fruchtfall bei schwarzen Johannisbeeren liegt, neben gelegentlichen Spätfrostschäden, vor allem in der mangelhaften Bestäubung der Blüten.

Ansprüche   An das Klima stellen diese Beerenarten geringe Ansprüche. Frostlagen sind aber wegen der frühen Blüte auszuschließen. Hohe Fruchtqualität wird nur in freier, sonniger Lage erreicht. Es bestehen auch keine besonderen Ansprüche an den Boden, jedoch sollte der pH-Wert zwischen 6,5 und 6,8 liegen.

Pflanzgut   Baumschulen bieten Pflanzen in verschiedenen Sortierungen an, zum Beispiel aus Stecklingen vermehrte Sträucher mit der Triebzahl 3–4 oder 5–7.
Stämme sind auf Ribes aureum veredelt. Die Stammhöhe ist 40–50 cm, 60–70 cm und 80–90 cm.
Stachelbeeren sollten im Freizeitgarten weniger als Strauch, sondern mehr als Fußstamm (40–50 cm) gepflanzt werden.

Pflanzung   Sofort nach dem Laubfall ist die Pflanzung am günstigsten, weil ein kräftiger Austrieb nur erfolgt, wenn im Herbst noch Faserwurzeln gebildet wurden. Nach dem Austrieb im Frühjahr darf man nicht mehr pflanzen.
Sträucher werden 10 cm tiefer gepflanzt als ihre vorige Standhöhe.
Stämme erhalten einen Pfahl, der bis in die Krone reicht. Diesen bindet man einmal am Stamm und einmal an der Veredelungsstelle an.

Pflanz-
abstände   Folgende Pflanzabstände muß man einhalten:

Sträucher Stachelbeeren	120 cm
	Johannisbeeren	150–180 cm
	Jostabeeren	180–200 cm
Sträucher Heckenkultur	80–100 cm
Stämme in der Reihe	100–120 cm

Düngung   Gedüngt wird erst im Frühjahr, nach einer Bodenuntersuchung im Herbst. Als Flachwurzler braucht Beerenobst geringe, aber regelmäßige Nährstoffzufuhr. Man gibt angereicherten Kompost oder sonstige milde, langwirkende Humusdünger.
Chlorhaltige Düngemittel darf man nicht verwenden. Man sollte schwefelsauren Kali geben. Wassersucht beim Stämmchen ist oft die Folge von Stickstoffüberdüngung.

Bodenpflege | Die Pflege des Bodens muß während der Fruchtreife unterbleiben. Die flach wurzelnden Beerensträucher vertragen keine tiefe Bodenbearbeitung, man darf also nur flach hacken oder sollte eine Mulchdecke aufbringen.

Pflanz-schnitt | Diese Schnittart ist für den Aufbau eines gesunden Strauches und tragfähiger Triebe wichtig. Stärkere Triebe schneidet man auf vier Knospen, schwächere bis zum Boden zurück.

Instand-haltungs-schnitt | Dieser Schnitt beginnt bereits ab dem 2. Standjahr. Ständige Förderung kräftiger Jungtriebe, die später die älteren ersetzen sollen, ist das Ziel. Man sollte am besten direkt nach der Ernte schneiden.

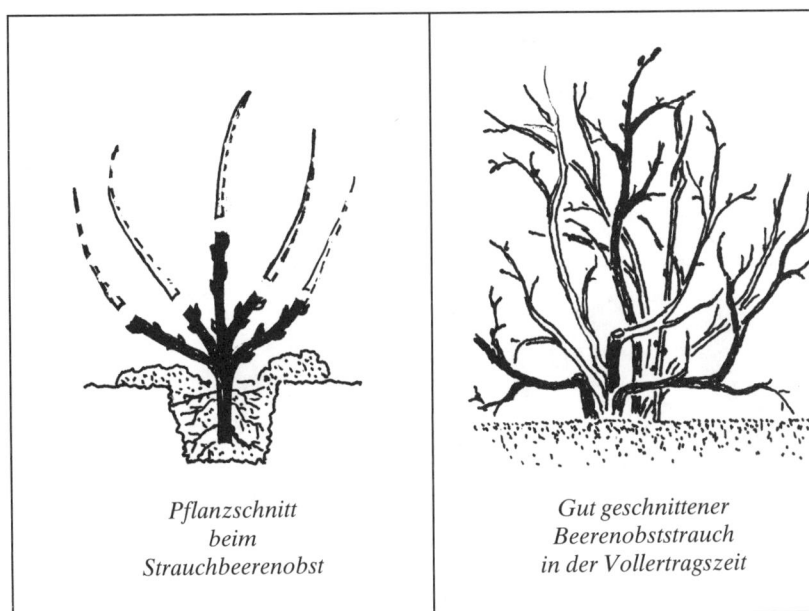

*Pflanzschnitt
beim
Strauchbeerenobst*

*Gut geschnittener
Beerenobststrauch
in der Vollertragszeit*

Auslich-tungsschnitt | Durch Entfernung des Altholzes (über fünfjährige Triebe) werden Jungtriebe aus der Basis gefördert oder zum Austrieb angeregt. Entfernt man jährlich alle vierjährigen (schwarzen) Triebe dicht über der Erde, so bleiben dem Strauch zeitlebens nur leistungsfähige Fruchttriebe.

Stämme   Für den Kronenaufbau der Stämme genügen – wie beim Baumobst – vier gut ausgebildete Gerüstäste und eine Stammverlängerung. Triebe, die zu dicht stehen, sich kreuzen oder nach innen wachsen, werden entfernt.
Bei Stachelbeeren muß außerdem die Spitze eingekürzt werden, um dem Mehltaubefall vorzubeugen.

Spalier   Ein Gerüst für die Spaliererziehung des Strauchbeerenobstes besteht aus drei Spanndrähten mit einer Gesamthöhe von 120 cm. Es werden kesseldruckimprägnierte Holzpfosten mit 6 cm Zopfstärken gebraucht. Verwendet man weitmaschigen Maschendraht, so muß man die Gerüsttriebe nicht anheften, sondern einfach durch die Maschen stecken. Die Pflanzweite ist 80–100 cm.
Später verteilt man vier, höchstens fünf kräftige Triebe fächerartig am Drahtrahmen und schneidet das Seitenholz in den Folgejahren kurz. Ein Gerüsttrieb wird nach vier Jahren am Boden entfernt, um einem kräftigen Jungtrieb Platz zu machen.
Das Beerenobstspalier erfordert einen wesentlich höheren Arbeitsaufwand durch Schnitt, Heften und Bewässerung als Sträucher, aber die Ernte ist infolge der besseren Belichtung höher, und die Früchte sind größer und haben ein besseres Aroma.

Links: Gerüst für die Spaliererziehung des Strauchbeerenobstes mit drei Spanndrähten und einem weitmaschigen Maschendraht; rechts: bepflanztes Beerenobstspalier

Sorten der roten Johannisbeere

'Jonkher van Tets'
Ernte Ende Juni/Anfang Juli; mittelstarker bis starker Wuchs mit guter Verzweigung; Blüte spätfrostgefährdet; anfällig für die Blattfallkrankheit; große, dunkelrote Früchte mit dünner Haut an langen Trauben; Geschmack bei Vollreife angenehm, sonst herb; hohe Erträge.

'Macherauchs Rote Spätlese'
Ernte Anfang bis Mitte August; starker bis sehr starker, sperriger und ausladender Wuchs; nicht durch Steckholz vermehrbar; wenig anfällig für Krankheiten und Schädlinge; kleine bis mittelgroße, saure und wenig aromatische Früchte an sehr langen Trauben; hauptsächlich für Gelee, andere Verwendungsarten begrenzt; sehr hohe Erträge bereits im 3.–4. Standjahr.

'Red Lake'
Ernte Anfang bis Mitte Juli; mittelstarker, breit runder Wuchs mit guter Verzweigung; bei starkem Fruchtbehang neigen sich die Triebe zu Boden; geringe Ansprüche, jedoch nicht für kalkhaltige Böden; etwas anfällig für die Blattfallkrankheit und Mehltau; Früchte mit gutem, arteigenem Aroma, an langen Trauben; hohe Erträge bereits im dritten Standjahr.

'Rondom'
Ernte Ende Juli; starker bis sehr starker Wuchs mit kräftigen Bodentrieben; kaum anfällig für Krankheiten, jedoch anfällig für Läuse und Milben; große, dunkelrote Früchte an dichthängenden Trauben; für den Frischverzehr wenig geeignet, mehr für andere Verwendungsarten; sehr hohe Erträge.

'Rotet'
Neuheit; Ernte bis Ende Juli; starker bis sehr starker Wuchs; gut durch Steckholz vermehrbar; kaum anfällig für Krankheiten und Schädlinge; einheitlich große, dunkelrote Früchte an sehr langen Trauben; vielseitig verwendbar, auch für den Frischverzehr geeignet; eine der wertvollsten Sorten; sehr hohe Erträge.

'Stanza'
Ernte Anfang bis Mitte Juli; starker Wuchs mit starken, gut verzweigten Gerüstästen; hohe Bodenansprüche; kaum anfällig für Krankheiten und Schädlinge; kleine bis mittelgroße, dunkelrote Früchte mit arteigenem Aroma an sehr langen, dichten Trauben; vielseitig verwendbar, auch für den Frischverzehr geeignet; sehr hohe Erträge.

Sorten der weißen Johannisbeere

'Weiße aus Jüterbog'
Ernte Anfang bis Mitte Juli; starker, verzweigter, aufrechter Wuchs; kaum anfällig für Schaderreger; große gelblichweiße, mild aromatische Früchte; mittelhohe Erträge.

Sorten der schwarzen Johannisbeere

'Daniels September'
Ernte September; starker Wuchs, braucht also weiten Standraum; mäßig anfällig für Gallmilben und Krankheiten; herb aromatische Früchte an langen Trauben; nicht für den Frischverzehr geeignet; hohe und regelmäßige Ernten.

'Roodknop'
Ernte Anfang bis Mitte Juli; mittlerer bis starker, aufrechter und dichter Wuchs; nicht anfällig für Krankheiten und Schädlinge; große, fast gleichmäßig reifende Früchte an kurzen Trauben; hoher Vitamingehalt; nicht für den Frischverzehr geeignet; hohe und regelmäßige Ernten.

'Rosenthals Lang- traubige'
Ernte Anfang Juli; starker, sperriger Wuchs; anfällig für Gallmilben und Mehltau; Blüte spätfrostgefährdet; mittelgroße Früchte an langen, ungleichmäßig reifenden Trauben; nicht für den Frischverzehr geeignet; mittelhohe Erträge.

'Silver- gieters Schwarze'
Ernte Anfang Juli; mittelstarker, aufrechter Wuchs; anfällig für Gallmilben; Blüte spätfrostgefährdet; mittelgroße, süß aromatische Früchte an langen, lockeren Trauben; mittelhohe bis hohe Erträge.

'Strata'
Neuheit; Ernte Ende Juni; starker, leicht überhängender Wuchs; bisher kaum anfällig für Krankheiten und Schädlinge; rieselfest; sehr große Früchte an langen, lockeren Trauben; für den Frischverzehr und zum Einfrieren geeignet; hohe Erträge.

'Wellington'
Ernte Mitte Juli; mittelstarker bis starker, bei Fruchtbehang überhängender Wuchs; anfällig für Gallmilben, wenig anfällig für Krankheiten; Blüte spätfrostgefährdet; mittelgroße, herb aromatische Früchte mit hohem Vitamingehalt; für den Frischverzehr wenig geeignet; geringe bis mittelhohe Erträge.

Stachelbeersorten

'Gelbe Triumph- beere'
Ernte Anfang bis Mitte Juli; niedriger, bei Fruchtbehang überhängender Wuchs; anfällig für Krankheiten, besonders auf nährstoffarmen Böden; mittelgroße, gelbgrüne Früchte mit glatter mitteldicker Schale; hohe bis sehr hohe, regelmäßige Erträge.

'Grüne Kugel'
Ernte Anfang Juli; starker, aufrechter Wuchs; mäßig bestachelte Triebe; anfällig für Krankheiten; sehr große, grüne, glattschalige Früchte mit gutem Geschmack; hohe Erträge.

ELISTA

KARINA

PELTATA

BOGOTA

PERFEKTA

SPLENDIDA

OSTARA

AROMATA

Oben: Erdbeersorten (siehe S. 59–61);
unten: Erdbeeren im Balkonkasten

'Hönings Früheste'
Ernte Ende Juni bis Anfang Juli; starker, sehr dichter Wuchs, deshalb regelmäßig auslichten; Triebe mit langen, starken Stacheln dicht besetzt; anfällig für Krankheiten; Holz und Blüte sind frostempfindlich; mittelgroße, aromatische, dünnschalige Früchte mit zahlreichen Stachelborsten; geringe bis mittelhohe Erträge.

'Lady Delamere'
Ernte Ende Juni; starker Wuchs mit überhängenden Trieben; anfällig für Krankheiten, besonders auf nährstoffarmen Böden; große bis sehr große, hellgrüne, glatt- und dünnschalige Früchte mit gutem Geschmack; sehr hohe Erträge.

'Maiherzog'
Ernte Mitte bis Ende Juni; starker, aufrechter Wuchs; wenig bestachelte Triebe; auf nährstoffreichen Böden wenig anfällig für Krankheiten; mittelgroße, weinrote, glatt- und dünnschalige Früchte, besonders für den Frischverzehr geeignet; hohe Erträge.

'Rote Triumph-beere'
Ernte Ende Juli; mittelstarker, kräftig verzweigter und dichter Wuchs; stark bestachelte Triebe; anfällig für Mehltau, weniger anfällig für andere Krankheiten; mittelgroße, braunrote, stark behaarte, dickschalige Früchte mit gutem Geschmack; hohe Erträge.

'Weiße Neckartal'
Ernte Anfang Juli; starker, dichter Wuchs, deshalb regelmäßig auslichten; anfällig für Mehltau, kaum anfällig für andere Krankheiten; mittelgroße, weißgrüne, mittelstark behaarte, dünnschalige Früchte; eine der wohlschmeckendsten Sorten; hohe und regelmäßige Erträge.

'Weiße Triumph-beere'
Ernte Mitte Juli; starker bis sehr starker, aufrechter Wuchs; lange und stark bestachelte Triebe; wenig anfällig für Krankheiten; mittelgroße bis große, wenig behaarte, dünnschalige Früchte; feines Aroma; hohe und regelmäßige Erträge.

Die Jostabeere

Josta
Ernte Mitte Juli; Kreuzung Schwarze Johannis- mit Stachelbeere; Wuchs sehr stark und sperrig, braucht einen weiten Stand; kaum anfällig für Krankheiten und Schädlinge; Blüte sehr hübsch, aber spätfrostgefährdet; schwarzrote, für den Frischgenuß und zum Einfrieren geeignete Früchte an stachellosen Trieben; mittlere Erträge.

Himbeeren

Die Ruten der Himbeeren fruchten im zweiten Jahr an Kurztrieben und sterben dann ab.
Zweimal tragende haben bereits im Spätsommer des Entwicklungsjahres eine geringe Ernte. Im Juli des folgenden Jahres bringen sie einen zweiten Ertrag.
Obwohl Himbeeren selbstfruchtbar sind, sind die Erträge nach guter Bienenbestäubung doch wesentlich höher.

Ansprüche

Die verschiedenen Sorten haben unterschiedliche Ansprüche. In der Regel bevorzugen Himbeeren – als ehemalige Waldpflanzen – nährstoffreiche, humose Böden in heller, auch halbschattiger, nicht aber schattiger und windiger Lage.

Pflanzgut

Man sollte die Pflanzen stets in der Baumschule kaufen, wobei darauf zu achten ist, daß am Wurzelhals der Schößlinge möglichst kräftige Basisknospen vorhanden sind.
Teurer, aber garantiert krankheitsfrei ist Pflanzgut aus der sogenannten Meristemvermehrung.
Pflanzgut aus Nachbars Garten ist meist nicht ertragssicher und oft mit Krankheiten behaftet.

Vor-
bereitung

Für die fachgerechte Pflanzung ist vor allem eine bis zu 30 cm tiefe Bodenbearbeitung nötig, wobei möglichst viel gut verrotteter Kompost eingearbeitet werden sollte. Wegen der späteren (und oftmals für den Nachbarn lästigen) Wurzelschößlinge empfiehlt sich eine etwa 25 cm tiefe Beeteinfassung.

Pflanzung

Gepflanzt wird vorzugsweise im Oktober/November, einreihig in Nord-Süd-Richtung und mit Abständen von 30–50 cm. Man pflanzt so tief, daß die Basisknospen 5 cm mit Erde bedeckt sind.
Durch den Rückschnitt der Ruten auf 25–30 cm wird eine vorzeitige Fruchtbildung verhindert und die Entwicklung kräftiger Ruten gefördert.

Düngung

Neupflanzungen werden bis zum Frühjahr nicht gedüngt. Salzhaltige Dünger sollen nur beschränkt, chlorhaltige überhaupt nicht verwendet werden.
Aufgrund des hohen Humusbedarfes wirken sich regelmäßige Kompostgaben besonders positiv aus. Der optimale pH-Wert liegt bei 6,8–7,0. In sauren Böden gibt man deshalb je m² 100 g kohlensauren Kalk alle vier Jahre. Grundlage für jede Düngung oder Kalkung muß stets eine Bodenuntersuchung sein.

Bodenpflege   Die Pflege des Bodens ist bei den flach wurzelnden Himbeeren sehr
wichtig. Sie vertragen keine tiefe Bodenbearbeitung, Graseinsaat, Bo-
denverdichtung oder Herbizidanwendung.
Eine ständige Mulchschicht fördert die Wurzelentwicklung und damit
das Wachstum und die Ertragsleistung. Sie hält die Feuchtigkeit, un-
terdrückt Unkraut und ist eine vorbeugende Maßnahme gegen das Ru-
tensterben. Sie sollte 100 cm breit sein.

Schnitt   Die abgetragenen Himbeerruten werden nach der Ernte unter der
Erdoberfläche abgeschnitten, damit keine Stummel bleiben, von denen die Rutenkrankheit weiterverbreitet werden könnte. Gleichzeitig
entfernt man schwache und weiter außerhalb der Reihe wachsende
Neutriebe, so daß pro Meter nur 10 kräftige Jungruten am Senkrecht-
spalier und 14 am V-Spalier bleiben. Sehr lange Ruten kürzt man Ende
des Winters im Triebbogen ein.

Senkrechte   Man unterscheidet bei der senkrechten Erziehung die mit drei Dräh-
Erziehung   ten und die mit zwei Paralleldrähten. Folgend werden sie dargestellt.
1. Drahtrahmen mit drei Drähten.
    Die Gesamthöhe ist 120 cm, die Drähte haben einen Abstand von
    40 cm. Die 5–6 cm starken Holzpfosten sind kesseldruckimprä-
    gniert oder bis 10 cm über dem Boden angekohlt.
    Die Ruten werden zwischen die Drähte gesteckt und daran festge-
    heftet. Die Sorte 'Schönemann' bringt bei dieser Erziehungsweise
    ungefähr 1 kg Früchte pro laufenden Meter.
2. Drahtrahmen mit zwei Paralleldrähten.
    Die Gesamthöhe ist 120 cm; die Drähte haben einen Abstand von
    60 cm. Die Holzpfosten müssen, wie oben beschrieben, behandelt
    sein. Sie haben eine Zopfstärke (oberer Durchmesser des Pfostens)
    von 6 cm.
    Die Ruten werden zwischen die Drähte gesteckt und nicht gehef-
    tet. Die Erträge sind wie oben beschrieben.

*Senkrechte Erziehung der Himbeeren. Links: Drahtrahmen mit drei
Drähten; rechts: Drahtrahmen mit zwei Paralleldrähten*

V-Erziehung Auch bei dieser Erziehung unterscheidet man zwei verschiedene Arten.

1. V-förmig angeordnete Pfosten.

   Je zwei Drähte werden mit 60 cm Abstand an jedem der V-förmig angeordneten Pfosten befestigt. Die Zopfstärke der Pfosten beträgt 8–10 cm, der Winkel zwischen ihnen 75 Grad. Die beiden oberen Drähte haben einen Abstand von 90 cm, die beiden unteren von 50 cm.

   Die jungen Ruten stehen in der Mitte, die Tragruten werden schräg an die Drähte geheftet.

   Die Erträge sind zirka 1,8 kg pro laufendem Meter bei der Sorte 'Schönemann'.

2. Ein Mittelpfosten.

   Die Zopfstärke des Pfostens muß 12–14 cm betragen. Oben und in der Mitte des Mittelpfostens wird je ein Querholz angebracht. Die oberen Drähte müssen einen Abstand von 80 cm, die unteren von 40 cm haben.

   Erziehungsweise und Erträge sind mit dem V-Pfosten vergleichbar, hier können jedoch die Drähte nicht sehr stark angespannt werden.

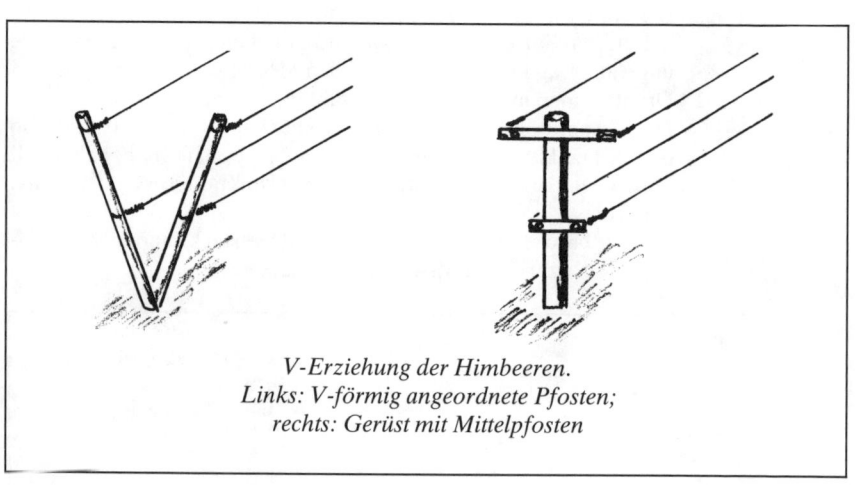

V-Erziehung der Himbeeren.
Links: V-förmig angeordnete Pfosten;
rechts: Gerüst mit Mittelpfosten

Einmal tragende Himbeersorten

'Glen Clova' Schottische Züchtung; Erntebeginn Ende Juni über zirka vier Wochen; mittelstarker bis starker Wuchs mit zahlreichen Wurzelschößlingen; wenig anfällig für Krankheiten; mittlere bis große, mäßig aromatische Früchte; hohe und regelmäßige Ernten.

'Himbo Star' Schweizer Züchtung; Erntebeginn Mitte Juli; höchstens mittelstarker Wuchs mit wenigen Wurzelschößlingen; anfällig für Krankheiten; mittelgroße, feste, sehr aromatische Früchte; mittelhohe Erträge.

'Malling Delight' Englische Züchtung; Erntebeginn Ende Juni; mittelstarker Wuchs mit wenigen Wurzelschößlingen; hohe Ansprüche an den Boden; anfällig für Krankheiten; sehr große, orangerote Früchte mit gutem Geschmack; hohe Erträge.

'Malling Promise' Erntebeginn Ende Juni; starker Wuchs mit zahlreichen Wurzelschößlingen; hohe Bodenansprüche; anfällig für Krankheiten und empfindlich für Früh- und Spätfröste, daher kein Anbau über 400 m; mittelgroße, sehr aromatische Früchte; mittelhohe Erträge.

'Multiraspa' Deutsche Züchtung (Sengbusch); Erntebeginn Ende Juni; mittelstarker, aufrechter Wuchs mit wenigen Wurzelschößlingen; anfällig für Krankheiten und empfindlich gegen Fröste, daher kein Anbau über 500 m; große, aromatische Früchte; mittelhohe Erträge.

'Pechts Gigant' Deutsche Züchtung (Pecht); Erntebeginn Anfang Juli; sehr starker und hoher Wuchs mit zahlreichen Wurzelschößlingen; wenig anfällig für Krankheiten; frosthart; sehr große, weniger aromatische Früchte; sehr hohe Ernten.

'Rutrago' Erntebeginn Anfang bis Mitte Juli; starker Wuchs mit mäßig vielen Wurzelschößlingen; feuchtigkeitsbedürftig; wenig anfällig für Krankheiten; mittelgroße, aromatische Früchte; hohe Ernten.

'Schöne-   Deutsche Züchtung (Schönemann); Erntebeginn Anfang Juli für fast
mann'   vier Wochen; mittelstarker Wuchs mit wenigen Wurzelschößlingen;
           mäßig anfällig für Krankheiten; mittlere bis große, oft sehr große, we-
           nig aromatische Früchte; mittelhohe Erträge.

'Veten'   Norwegische Züchtung; Erntebeginn Ende Juni für 2–3 Wochen; star-
           ker bis sehr starker Wuchs; nur mittlere Schößlingsbildung; verlangt
           nährstoffreiche humose Böden mit Mulchdecke; anfällig für Krank-
           heiten; große, aromatische Früchte; nur bei guter Pflege hohe bis sehr
           hohe Erträge.

'Zeva 2'   Schweizer Züchtung; Erntebeginn Anfang Juli für zirka drei Wochen;
           starker bis sehr starker Wuchs mit zahlreichen Wurzelschößlingen; an-
           spruchslos an den Standort; wenig anfällig für Krankheiten; mittelgro-
           ße bis große, sehr aromatische, dunkelrote Früchte; eine der besten
           Sorten mit sehr hohen Erträgen.

Zweimal tragende Himbeersorten

'Korbfüller'   Niedriger Wuchs mit mäßig vielen Wurzelschößlingen; anfällig für
               Krankheiten; mittelgroße, aromatische Früchte; mittelhohe bis hohe
               Erträge.

'Pechts   Früheste zweimal tragende Sorte; mittelstarker Wuchs; frosthart;
Herbst-   mittelgroße, mild aromatische Früchte; hohe Erträge.
freude'

'Zeva 3   Niedriger Wuchs mit wenigen Wurzelschößlingen; frostempfindlich,
Herbsternte'   daher kein Anbau über 500 m; nur für beste Böden; sehr große, aro-
               matische Früchte.

Gelbe Himbeersorten

'Golden   Erntebeginn Anfang Juli; starker Wuchs mit zahlreichen Wurzel-
Everest'   schößlingen; wenig anfällig für Krankheiten; große, aromatische
               Früchte.

'Goldtraube'   Erntebeginn Mitte Juli; sehr starker Wuchs mit zahlreichen Wurzel-
               schößlingen; anfällig für Krankheiten; mittelgroße bis große Früchte
               mit weniger Aroma.

Brombeeren

Brombeeren sind Halbsträucher, deren Langtriebe im zweiten Jahr absterben, nachdem sie gefruchtet haben.

Die zwittrigen Blüten sind selbstfruchtbar, das bedeutet, daß nicht unbedingt zwei oder mehr Sorten gleichzeitig angepflanzt werden müssen.

Ansprüche
: Brombeeren bevorzugen warme, sonnige und windgeschützte Standorte, damit Triebe und Früchte im Herbst gut ausreifen. Dennoch muß mit gelegentlichen Frostschäden an den Langtrieben gerechnet werden.
Diese Beerenart stellt keine besonderen Ansprüche an den Boden.

Pflanzgut
: Die beste Pflanzware sind mindestens bleistiftstarke, getopfte oder ungetopfte Pflanzen mit kräftigen Basisknospen. Sie werden aus Absenkern gezogen.
Man sollte die Pflanzen stets im Fachhandel kaufen.

Pflanzung
: Eine Pflanzung im März oder April ist ratsam, da bei der Herbstpflanzung gelegentlich Frostschäden auftreten. Der Pflanzabstand beträgt 250–300 cm, je nach Erziehungsart und Sorte.

Düngung
: Die Düngung und auch die Bodenpflege ist wie die bei Himbeeren.

Schnitt
: Die vorjährigen, abgetragenen Triebe werden erst im Frühjahr geschnitten; sie bilden noch einen Schutz gegen die Wintersonne.
Einen Sommerschnitt führt man ab Ende Juni an den Seitentrieben der heranwachsenden Jungtriebe durch. Diese „Geiztriebe" kürzt man auf zwei Knospen ein. Gleichzeitig entfernt man die schwachen Bodenschosse.

Schnitt bei Brombeeren.
Links: vor dem Schnitt; rechts: nach dem Schnitt

Bedornte Brombeersorten

'Theodor Reimers'
Auch Sandbrombeere genannt; Ernte von Anfang August bis Mitte September; sehr starker Wuchs mit stark bedornten Trieben, bis 6 m; anfällig für Grauschimmel und Milben, unter 10 Grad frostgefährdet, deshalb Winterschutz anzuraten; große, bei Vollreife süß aromatische Früchte; beste Brombeere.

'Wilsons Frühe'
Ernte ab Mitte Juli über vier Wochen; Wuchs und Anbauweise wie bei Himbeeren; viele, kurzbedornte, weit laufende Wurzelschößlinge; kein Anbau auf trockenen und kalkreichen Böden; frosthart; gering anfällig für Schaderreger; nur mittelgroße Früchte mit vielen Samen; süßlicher, gering aromatischer Geschmack.

Dornlose Brombeersorten

'Black Satin'
Ernte bereits ab Anfang August; starker Wuchs mit unbedornten Trieben, bis 5 m; kaum anfällig für Krankheiten; große, bei Vollreife schwarzglänzende Früchte mit süß aromatischem Weingeschmack.

'Thornfree'
Ernte ab Ende August; Wuchs wie 'Black Satin'; wenig anfällig für Krankheiten; frosthart; nur für warme, sonnige Standorte, sonst reifen die Früchte nur ungenügend aus; ausreichendes Aroma nur bei Vollreife, sonst sind die Früchte herb und sauer.

Brombeerverwandte

'Boysenbeere'
Soll entstanden sein aus einem Blütenstaubgemisch Brombeere/Himbeere/Loganbeere/Erdbeere; Ernte ab Mitte August; sehr stark und dicht bedornte Triebe, bis 3 m lang; schwarzrote Früchte mit angenehmem Geschmack; sehr geringer Ertrag.

'Japanische Weinbeere'
Mit Brombeere und Himbeere verwandt; Ernte ab Anfang August; mittelstarker Wuchs bis zirka 2,50 m, Triebe sind mit roten Drüsenhaaren besetzt; kein Anbau auf trockenen und kalkhaltigen Böden; kleine, tomatenrote Früchte mit weinsäuerlichem Geschmack; auch als Zierpflanze dekorativ.

'Tayberry'
Neuheit; schottische Kreuzung Brombeere mit Himbeere; Ernte von Anfang Juli über zirka drei Wochen; Wuchs wie Brombeere mit kurz und mäßig bedornten Trieben, bis zu 4 m lang; wenig anfällig für Krankheiten; sehr große, lange und weiche Früchte, aromatisch nur bei Vollreife; weniger für den Frischgenuß, jedoch sehr gut für andere Verwendungsarten geeignet; hohe Erträge.

WILSONS FRÜHE

5. AUGUST
BLACK SATIN

BLUERAY

28. JULI
GOLDTRAUBE

HERBERT

ZEVA 2

MALLING
DELIGHT

PECHTS
GIGANT

GLEN GLOVA A

MALLING
PROMISE

MULTIRASPA

Oben links: Jostablüten;
oben rechts: Jostabeeren (siehe S. 69);
Mitte links: Brombeersorten (siehe S. 76);
Mitte rechts: Sorten der Kulturheidelbeere (siehe S. 80);
unten: Himbeersorten (siehe S. 73)

Kulturheidelbeeren und Kulturpreiselbeeren

Kulturheidelbeeren und -preiselbeeren sind durch Stecklinge vermehrte Auslesen mit höherem Wuchs und größeren Beeren als die Wildformen. Beachtlich sind auch die schönen Blüten und die Herbstfärbung des Laubes.
Für den Beerenansatz ist Fremdbefruchtung nicht unbedingt erforderlich, führt aber zu größeren Ernten bei besserer Qualität.

Ansprüche	Ständige, aber mäßige Feuchtigkeit ist wichtig; bei Trockenheit gibt es Kümmerwuchs und mangelhafte Blütenbildung. Die Bodenreaktion sollte um pH 4,5 sein, ein hoher Humusanteil ist erforderlich. Wo der pH-Wert zu hoch ist, erreicht man mit Schwefelpulver (zirka 250 g/m²) oder Aluminiumsulfat eine Senkung.
Pflanzung	Gepflanzt wird im Herbst, von Oktober bis Anfang November, oder auch im Frühjahr im Abstand von 150–200 cm. Bei ungeeigneten Bodenverhältnissen pflanzt man in Kübel, Tonnen oder dergleichen, die man eingräbt. Man kann die Pflanzen auch in Gruben mit einer Größe von 150×150×60 cm einsenken, die vorher mit Folie ausgelegt wurden. Eine geeignete saure Erde besteht aus Nadelerde, Torf, Sand und gut verrotteter Komposterde. Vorteilhaft ist auch eine Beimischung von Rindenhumus (im Handel Lignostrat). Bewässert wird stets mit kalkfreiem Regenwasser.
Düngung	Gedüngt wird mit gut verrottetem Stallmist oder nährstoffreicher Komposterde. Das fördert die Bildung neuer Boden- und Nebentriebe mit zahlreichen Blütenknospen. Mineraldünger, besonders chlorhaltiger, sollte möglichst nicht verwendet werden.
Bodenpflege	Hacken schadet den flach wurzelnden Sträuchern. Besser ist eine ständige Bodendecke (Mulch) mit organischem Material. Rindenmulch (im Handel) eignet sich sehr gut, aber auch Strohhäcksel oder Hobelspäne. Außerdem kann man getrockneten Rinderdung oder etwas Hornmehl dazumischen.
Schnitt	In den ersten Jahren ist kein Schnitt nötig. Später schneidet man im Herbst überalterte Triebe (über vier Jahre) entweder auf kräftiges Seitenholz in Bodennähe oder auf 20 cm über dem Boden zurück. Gleichzeitig entfernt man die schwachen Basistriebe. Sträucher im Vollertrag brauchen nicht mehr als 6–8 kräftige Gerüsttriebe und entsprechenden Nachwuchs.

Ernte   Die Ernte beginnt etwa Mitte Juli, dann, wenn die Früchte nach völliger Blaufärbung noch zirka acht Tage (bis Vollreife) am Strauch gehangen haben. Zuvor müssen sie aber bereits im grünen Zustand vor Vogelfraß geschützt werden. Man nimmt dafür engmaschige Kunststoffnetze, die über die Sträucher gespannt werden.

Kulturheidelbeersorten

'Berkeley'   Reifezeit 1.–3. Augustwoche; Wuchs bis zirka 1,30 m Höhe und Breite; empfindlich gegen Frost; große, mild säuerliche Früchte mit wenig Aroma; rieseln bei Trockenheit; Ertrag zirka 3,5 kg pro Strauch.

'Bluecrop'   Reifezeit und Wuchs gleich mit 'Berkeley'; frosthart; mittelgroße, mild aromatische Früchte; rieselfest bei Trockenheit; Ertrag zirka 4 kg pro Strauch.

'Blueray'   Reifezeit Mitte Juli bis Mitte August; Wuchs bis zirka 1,25 m Höhe und Breite; frosthart; gut durch Steckholz vermehrbar; sehr große, aromatische Früchte; Ertrag zirka 4,5 kg pro Strauch.

'Herbert'   Reifezeit ab Ende Juli; Wuchs bis zirka 1,15 m Höhe und Breite; frosthart; gut durch Steckholz vermehrbar; sehr große, aromatische Früchte; Ertrag zirka 3,2 kg pro Strauch.

'Ivanhoe'   Reifezeit ab 1. Juliwoche; Wuchs bis zirka 1,35 m Höhe und Breite; empfindlich gegen Frost im Holz; große, aromatische Früchte; Ertrag zirka 2,5 kg pro Strauch.

Kulturpreiselbeersorten

'Aberdeen'   Bis zirka 30 cm Wuchshöhe; Pflanzabstand 50 cm; immergrüner Bodendecker für sonnige und schattige Lagen vor anderen Moorbeetpflanzen, wie zum Beispiel Rhododendron; bis zu 17 mm große Früchte ab August mit hohem Vitamin- und Mineralstoffgehalt; nicht für den Frischverzehr geeignet.

'Koralle'   Bis zirka 20 cm Wuchshöhe; Pflanzabstand 40 cm; Ansprüche und Eigenschaften wie die Sorte 'Aberdeen'; einige Früchte gibt es bereits im Frühsommer, viele dann im Frühherbst.

Tafeltrauben

Abgesehen vom Schmuckwert der Weinreben an Hauswänden, Mauern, Lauben und Pergolen sind Trauben ein besonders hochwertiges Obst und für den Anbau im Freizeitgarten geeignet, sofern die Kultur, einschließlich des Pflanzenschutzes, fachgerecht durchgeführt wird.

Ansprüche   Reben sind sehr wärmebedürftig. Günstige Standorte sind unbeschattete, nach Süden oder Westen geneigte Hänge oder der Anbau unter dem Glasdach.
Weil Reben sehr tief wurzeln, sind alle Bodenarten günstig, die tiefgründig sind und andere Obstarten tragen können.

Pflanzgut   Die Pflanzen sollten, obwohl Reben auch aus Steckholz wachsen, stets veredelt sein, damit ein Reblausbefall ausgeschaltet und kräftiges Wachstum gesichert ist.
Man bezieht das Pflanzgut als Pfropfreben getopft in der Baumschule oder bei einem Rebveredelungsbetrieb.

Pflanzung   Im Frühjahr wird so tief gepflanzt, daß die Veredelungsstelle 4–5 cm über dem Boden liegt und an einen Pfahl gelehnt ist. Der Pflanzabstand für die Kordonerziehung (ein- oder zweiarmiges Spalier) ist 200 cm, für Pfahlreben 150 cm.
Ins Pflanzloch darf man keinen Mist, Torf, Kompost oder Dünger geben, sondern ausschließlich die vorher ausgehobene Erde. Nach der Pflanzung schneidet man den Trieb bis auf ein Auge (Knospe) über der Veredelung zurück. So wird ein kräftiger Neutrieb angeregt.

Erziehung   Die Rebenerziehung wird im Jahr nach der Pflanzung im Hinblick auf die später erwünschten Formen Pfahlreben, Kordon (Spalier) oder Bogreben vorgenommen. Letztere ist gebräuchlich für Keltertrauben auf größeren Flächen. In jedem Fall ist zunächst ein kräftiger Stamm zu erziehen.
Den wachsenden Jungtrieb bindet man an einen Pfahl, wobei die Seitentriebe (Geiztriebe) laufend entfernt werden. Im folgenden Februar wird auf drei Augen (Knospen) zurückgeschnitten. Der nun folgende Austrieb wird so stark, daß der Stamm aufgebaut ist und die Erziehung zum Spalier beginnt.

Erziehung der Reben.
Links oben: Pfahlrebe; rechts oben: Kordon;
unten: Bogrebe

Düngung	Gedüngt und bewässert werden Reben wie Obstbäume, dann bringen sie gute Ernten. Bei mit Platten oder Asphalt begrenzten – aber auch anderen – Bodenflächen in Hausnähe, bewährt sich ein Flüssigdünger, zum Beispiel Arbostrat, ein organischer Dünger für Holzgewächse.
Sommer-schnitt	Im Juli bis Anfang August bezweckt die Kürzung der langen Triebe auf nicht weniger als 100 cm eine gute Durchlüftung des Stockes, besonders im Traubenbereich. Ab Frühsommer heftet man die neuen Triebe alle zwei Wochen an das Gerüst, damit sie bei windigem Wetter nicht abbrechen. Gleichzeitig werden schwache und Geiztriebe (Triebe aus den Blattachseln) entfernt.
Ziselieren	Das Ziselieren oder Ausdünnen bezweckt die Ausbildung schöner, großbeeriger und gesunder Tafeltrauben. Dazu schneidet man zur Zeit des Sommerschnittes die kleinsten und zu dicht stehenden Beeren mit einer spitzen Schere heraus. Anschließend kann man die Gescheine (Fruchtstände) noch mit einem Gazebeutel umhüllen, um sie vor Wespenfraß zu schützen.
Winter-schnitt	Dieser wird im Februar vorgenommen und dient dem Stockaufbau und der Qualitätsverbesserung im kommenden Wachstumsjahr. Für das Fruchten gilt: „Einjährige Ruten aus zweijährigem Holz", das heißt, Trauben wachsen nur an Trieben, die aus dem vorjährigen Holz kommen. Bei der Kordonerziehung schneidet man deshalb im folgenden Februar wieder auf Zapfen mit je zwei Augen im Abstand von etwa 20 cm, damit der Neutrieb wieder fruchtet. Die Unterseite des Kordons soll ohne Zapfen und Wunden sein. Spätestens im 4. Jahr gibt es die erste Ernte.

Traubensorten

Nachfolgend werden Sorten der sehr frühen und frühen Reifegruppen vorgestellt:

'Blauer Portugieser' Seit 1800 in Deutschland; frühe Reife; anspruchslos an den Boden, braucht aber windgeschützte Lage; große Traube; blaue Beeren mit neutralem Geschmack.

'Gutedel' 'Weißer Gutedel' mit gelbgrünen Beeren; 'Roter Gutedel' mit roten bis dunkelroten Beeren; 'Muskat Gutedel' mit hellgrünen Beeren; mittelfrühe Reife; für gute Böden in warmer Lage; große, dichte Traube, etwas anfällig für Fäulnis; sehr ertragreich; Beeren süß und aromatisch.

'Huxelrebe' Frühe Reife; verlangt guten Boden und windgeschützte Lage; große Trauben; grüne Beeren mit muskatartigem Geschmack; als Tafel- und Keltertraube geeignet.

'Ortega' Sehr frühe Reife; anspruchslos an den Boden, verlangt aber eine warme, windgeschützte Lage; rötliche Beeren mit Muskatgeschmack; als Tafel- und Keltertraube geeignet.

'Perle von Czaba' Sehr frühe Reife; verlangt guten Boden und warme, windgeschützte Lage; mittelgroße, hellgrüne bis bräunliche Beeren, die gerne von Vögeln und Wespen befallen werden; sehr süß mit ausgeprägtem Muskatgeschmack.

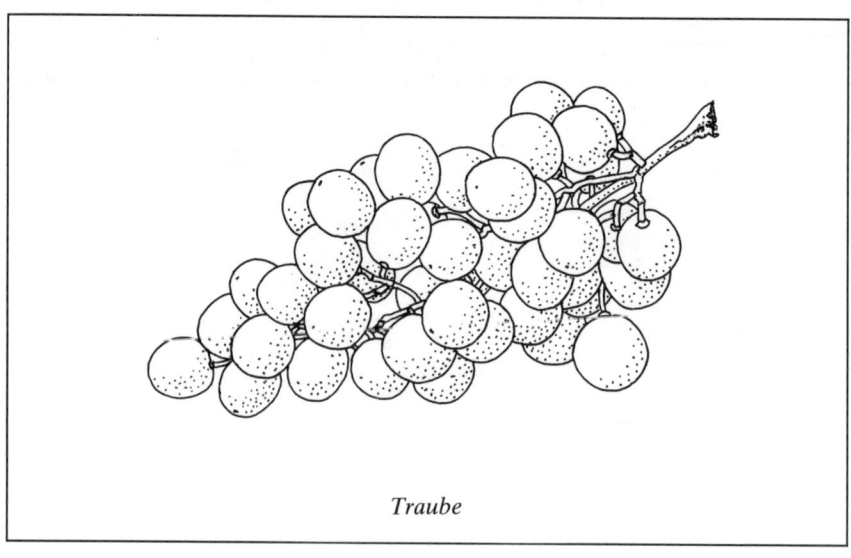

Traube

Kiwis

Kiwis (Actinidia chinensis) haben einen ähnlichen Wuchscharakter und ähnliche Ansprüche an Boden und Klima wie die Weinrebe. Vorteilhaft ist eine windgeschützte, warme Lage. Die sich sehr stark aufwärts windenden Pflanzen haben nicht selten Jahrestriebe bis zu 10 m.

Am Längsspalier beträgt der Pflanzabstand mindestens 6 m. Dieses Spalier sollte 2 m hoch sein und drei Längsdrähte haben. An einer hohen Pergola oder Hauswand sind 4 m Pflanzabstand nötig.

Actinidia ist nicht selbstfruchtbar, man braucht eine männliche Befruchterpflanze. Es ist auch möglich, einen Reis einer männlichen Kiwipflanze auf eine weibliche zu veredeln.

Blüten und Früchte erscheinen am vorjährigen Holz. Diese Tatsache ist maßgeblich für den nötigen Schnitt. Es müssen die abgetragenen Triebe entfernt und die Neutriebe gefördert werden.

Kiwisorten

'Hayward'   Meist angebaute Sorte; späte Blüte; Ernte kurz vor den ersten Frösten; Früchte bleiben im kühlen Lager, bis sie weich werden, erst dann sind sie genußreif.

'Monty'   Sehr späte Blüte und sehr hohe Erträge; ähnliche, aber etwas kleinere Früchte als 'Hayward'.

Das Schalenobst

Walnüsse

Walnüsse, die aus Sämlingen gezogen wurden, sind wegen ihrer großen Wurzel- und Kronenausdehnung für Freizeitgärten nicht geeignet. Soweit die im Nachbarrecht festgelegten Grenzabstände eingehalten werden können, haben Nußveredelungen als Schalenobst und als schädlingsabweisender Hausbaum eine gewisse Bedeutung. Sie tragen bereits ab dem 4. Standjahr einige Nüsse. Gepflanzt wird im Herbst.

Walnußsorten

'Ester-   Herkunft Ungarn; Reife September/Oktober; sehr große, dünnschali-
hazy II'   ge Früchte; im Weinbauklima wertvollste Sorte.

'Nr. 26'   Herkunft Geisenheim; Reife September/Oktober; sehr später Aus-
               trieb und später Triebabschluß; hohe Erträge.

'Nr. 139'   Herkunft Bergstraße; Reife September; später Austrieb; mittelgroße,
               wohlschmeckende Früchte; hohe Erträge.

'Weinsberg I' Reife September; sehr große, dünnschalige, wohlschmeckende Früch-
               te; hohe Erträge.

Haselnüsse

Haselnüsse sind anspruchslos an Boden und Klima.
Die beste Pflanzzeit ist im Herbst, weil die Pflanzen im Frühjahr schlecht anwachsen.
Gute Ernten gibt es dann, wenn mehrere Sorten, darunter eine Bluthasel benachbart sind.
Dichte, ungeschnittene Büsche liefern nur mäßige Erträge.
Einige wenige Baumschulen bieten Haseln an, die auf Stämmchen von Corylus colurna veredelt sind.

Haselnußsorten

'Cosford'   Kräftiger, aufrechter Wuchs; fruchtet häufig durch Selbstbestäubung;
               große, dünnschalige und wohlschmeckende Früchte; hohe Erträge.

'Frühe   Mittelstarker, aufrechter Wuchs; mittelgroße, dünnschalige Früchte
Nottingham'   mit sehr gutem Geschmack.

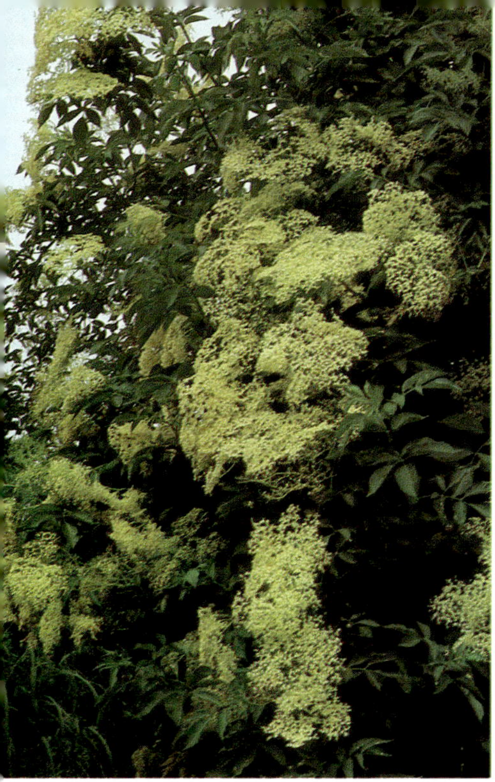
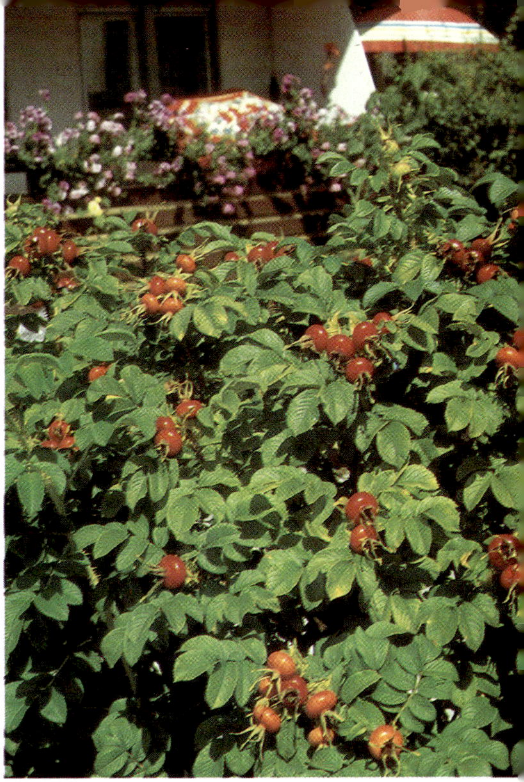
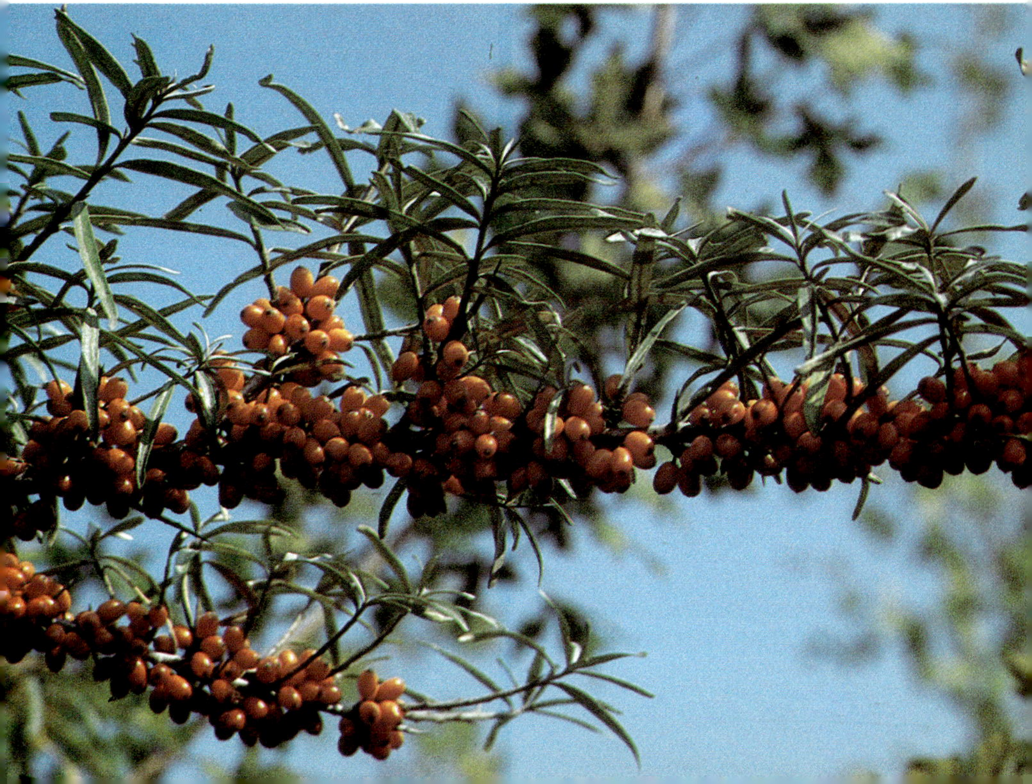

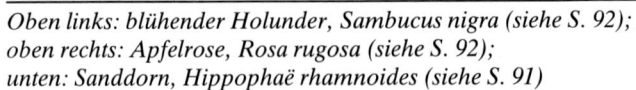

Oben links: blühender Holunder, Sambucus nigra (siehe S. 92);
oben rechts: Apfelrose, Rosa rugosa (siehe S. 92);
unten: Sanddorn, Hippophaë rhamnoides (siehe S. 91)

'Hallesche Riesennuß' — Wahrscheinlich identisch mit der Sorte 'Wunder von Bollweiler'; sehr starker und breiter Wuchs; gute Befruchtersorte; trägt ab dem 6. Standjahr; hohe und regelmäßige Erträge mit sehr großen Früchten.

'Webbs Preisnuß' — Mittelstarker, hoher Wuchs; gute Befruchtersorte; große, etwas dickschaligere, sehr wertvolle Früchte mit sehr gutem Geschmack; hohe Erträge.

Fruchtmandeln

Die Fruchtmandel ist eine Verwandte des Pfirsichs. Botanisch wird sie aber nicht dem Steinobst, sondern dem Schalenobst zugeordnet.

Wenn nur der Standort warm und windgeschützt ist, so werden tiefe Wintertemperaturen meist gut überstanden.

In der Regel wird die Fruchtmandel als Zierbaum angebaut. In Jahren mit gutem Blütenwetter sind jedoch auch recht ordentliche Fruchterträge möglich.

Von allen Obstarten ist die Mandelblüte am meisten durch Spätfröste gefährdet. Hier gelten die Empfehlungen über Baldrianblütenextrakt-Spritzungen, die bei den Aprikosen angegeben sind.

Mandeln brauchen für den Fruchtansatz Pollenspender. Das können andere Sorten sein oder auch Pollen des Pfirsichs.

Eine empfehlenswerte Sorte ist die 'Dürkheimer Krachmandel'. Ihr Wuchs ist mittelstark, mit flachen, aber breit ausladenden Kronen. Der Pflanzabstand beträgt 4×5 m.

Die Blüte ist früh, groß und weiß mit rötlichem Auge. Sie ist sehr dekorativ. Die Früchte sind groß, weichschalig und mit der Hand zu entkernen. Die Kerne sind würzig, süß und ohne den deutlichen Blausäuregeschmack.

Sie werden von September bis Mitte Oktober geerntet.

Wildobst

Wildobst und Schmuckgehölze mit verwertbaren Früchten

Wildobst wurde schon zu allen Zeiten gesammelt. Einerseits ist es eine schmackhafte Beikost, andererseits macht man sich die wertvollen Inhaltsstoffe zunutze, die hier in größerem Maße vorhanden sind als bei den Züchtungen, dem Kulturobst. In der Volksheilkunde findet man darüber zahlreiche Hinweise.

Amelanchier lamarckii (canadensis)*	Felsenbirne; mehrstämmiger, 6–8 m hoher Strauch mit sehr schönen Blüten im April; purpurschwarze, süße und wohlschmeckende Früchte, die gerne von Vögeln genommen werden; auch zum Trocknen.
Berberis vulgaris	Sauerdorn; stacheliger, zirka 2,50 m hoher Strauch mit gelben Blütchen im Juni; Wirtspflanze des Getreiderostes, daher ist der Anbau in Getreidenähe verboten; Früchte für Mischsäfte, Süßmost, Gelee und Sirup.
Berberis wilsoniae*	Korallenberberitze; stacheliger, zirka 3 m hoher Strauch; sehr gut für geschnittene Hecken; sehr zahlreiche, gelbrot bereifte Früchte ab August, bis in den Winter; Verwendung wie Berberis vulgaris.
Castanea sativa	Eßkastanie, Marone; schattenverträglicher Großbaum mit breit ausladender Krone; für warme Lagen; Früchte sind kleiner als die südlicher Herkünfte.
Chaenomeles*	Japanische Scheinquitte; zahlreiche Sorten umfassende, sehr schöne Ziersträucher; bemerkenswert hübsche Blüten besonders bei den Hybriden; teilweise große und schöngefärbte Früchte ab September; Verwertung als hocharomatischer Zusatz bei Apfelmus, Marmeladen und Säften.
Cornus mas	Kornelkirsche; baumartiger, zirka 5 m hoher, kalkverträglicher Großstrauch; gut für geschnittene Hecken auch im Schatten; auffallende gelbe Blüten im Vorfrühling, vielseitig verwendbare Früchte ab September.
Elaeagnus multiflora	Eßbare Ölweide; bis 5 m hoch; breit wachsender, dornenloser Großstrauch für extrem trockene Lagen; stark duftende Blüten im Mai, gute Bienenweide; hübsche, rotbraune Früchte.

Hippóphaë rhamnoides	Sanddorn, anspruchsloser, zirka 4 m hoher, dorniger Strauch mit gelegentlich lästigen Ausläufern; nur weibliche Pflanzen fruchten (wie Actinidia, Kiwi); leuchtendorangerote, sehr vitaminreiche Früchte ab September bis tief in den Winter.
Mahonia aquifolium*	Mahonie; sehr schöner immergrüner, langsam wachsender Strauch, zirka 1 m hoch; auffallende, gelbe Blüten im April; schwarze, blau bereifte Früchte ab September; nur vollreif und nicht in größeren Mengen verwerten; gut gelierfähig, deshalb für Marmeladen.
Malus*	Zierapfel; zahlreiche Arten und Sorten; der Schmuckwert beruht auf den unterschiedlichen Blütenfarben, dem Fruchtschmuck und der Laubfärbung; besonders rotfrüchtige sind für Gelee, die hellen Sorten für Süßmoste und Apfelwein sehr begehrt. Einige Sorten:

Malus Sorte	Blüten- farbe	Fruchtfarbe und Größe	Wuchsstärke
'Charlottae'	rosa gefüllt	grüngelb, 4 cm	bis 6 m, baumartig
'Eleyi'	weinrot einfach	purpur, 1 cm	bis 6 m, breit
'John Downie'	weiß einfach	orange, 3 cm	bis 8 m, aufrecht
'Liset'	purpur einfach	hellrot, 1,5 cm	bis 8 m, breit
'Red Jade'	reinweiß einfach	leuchtendrot, 1,5 cm	hängender Wuchs
'Striped Beauty'	weiß einfach	hochrot, 1,5 cm	bis 5 m, hängend
'Wintergold'	blaßrosa einfach	goldgelb, 1 cm	bis 5 m, strauchig

Mespilus germanica	Mispel; sehr genügsamer, zirka 5 m hoher, knorriger Baum mit sehr hübschen Blüten; Früchte erst nach Frost ernten; man nimmt sie für Mischmarmeladen und auch bei Fieber und Darmstörungen.
Morus nigra Morus alba	Schwarze und Weiße Maulbeere; 8–12 m hohe Bäume; Morus alba liefert das Futter für die Seidenraupen; süße, aber fade Früchte; die großen Früchte von Morus nigra sind unreif sehr sauer, vollreif aber süß und aromatisch; für Sirup und Marmeladen geeignet.
Prunus cerasifera	Kirschpflaume, Myrobalane; gebräuchliche Veredelungsunterlage für Pflaumen; sie sind der „Wildwuchs", der aus dem Stammansatz und den Wurzelausläufern entsteht; die Früchte sind süß und aromatisch.
Prunus cerasifera 'Nigra'*	Blutpflaume; baumartiger Strauch bis zirka 5 m; mit rosa Blüten im April und beständig schwarzrotem Laub; besonders die Sorte 'Traiblazer' ist sehr fruchtbar; große, leuchtendrote Früchte.

Prunus spinosa	Schlehe, Schwarzdorn; dornig verzweigter, zirka 4 m hoher, anspruchsloser Strauch; verbreitetes Feldgehölz; sehr guter Befruchter für benachbarte Kulturpflaumen; Ernte der blauschwarzen Früchte erst nach Frosteinwirkung; geeignet für Säfte, Schlehenlikör und gute Marmelade.
Rosa canina	Heckenrose, Hundsrose; häufigste Wildrose, mit bogig überhängendem, zirka 3 m hohem Wuchs; Blüten und Blätter verwendet man in der Volksheilkunde; ab September erntet man die vitaminhaltigen Hagebutten (auch die anderer Rosenarten) für Tee, Wein und Marmelade.
Rosa rugosa*	Apfelrose; einige Sorten; gefüllte Blüten und mit unterschiedlichen Farben; anspruchsloser, zirka 2 m hoher Strauch mit stark stacheligen und borstigen Trieben; sehr ergiebige Früchte; Verwendungen wie Rosa canina.
Sambucus nigra	Schwarzer Holunder (roter Holunder ist giftig!); anspruchsloser, zirka 7 m hoher Strauch; Blüten im Juni, diese nimmt man unter anderem für (Flieder-)Tee und Omeletts; Lageräpfel bleiben länger frisch mit eingestreuten, getrockneten Holunderblüten; die schwarzen Früchte werden gerne von Vögeln genommen (Winterfutter!); sie ergeben vorzüglichen Saft, Marmelade und Wein; für den Erwerbsanbau gibt es Kultursorten, wie 'Haschberg' und 'Donau'.
Sorbus aucuparia*	Eberesche, Vogelbeere; anspruchsloser, oft mehrstämmiger, bis 15 m hoher Baum mit dekorativen Blüten im Mai; die zahlreichen Sorten unterscheiden sich im Blattwerk und im Fruchtschmuck; roh sind die Früchte zu herb; die Volksheilkunde kennt viele Verwertungsarten; gutes Vogelfutter im Winter.
Sorbus aucuparia var. edulis*	Edeleberesche; der Wuchs ist mehr pyramidal und nicht ganz so hoch, der Fruchtschmuck reicher und größer als bei Sorbus aucuparia; die Früchte sind süß und ohne Bitterstoffe; man verwendet sie für Kompott, Gelee, Wein, getrocknet wie Rosinen; Kultursorten sind 'Konzentra' und 'Rosina'.
Sorbus domestica	Speierling; robuster, oft sehr mächtiger Baum; in Tracht und Belaubung ähnlich Sorbus aucuparia; fruchtet erst nach etwa 15 Jahren mit kleinen, birnenförmigen Früchten; wegen des hohen Gerbsäuregehaltes nicht roh genießbar; Obstsäfte werden mit Speierling haltbarer und aromatischer; besonders geschätzt als Zusatz beim Apfelwein.

* Auch für Haus- und Freizeitgärten geeignet

Reifekalender der Wildobstarten

Amelanchier lamarckii, Felsenbirne*	– Juli
Berberis vulgaris, Sauerdorn	– August bis November
Berberis wilsoniae, Sauerdorn*	– August bis November
Castanea sativa, Eßkastanie	– Oktober
Chaenomeles-Sorten, Scheinquitte*	– Oktober bis zum Frost
Cornus mas, Kornelkirsche	– August bis September
Elaeagnus multiflora, Ölweide	– September bis Oktober
Hippophae rhamnoides, Sanddorn	– September bis zum Frost
Mahonia aquifolium, Mahonie*	– August bis September (sparsam)
Malus-Arten und Sorten, Zieräpfel*	– September bis Oktober
Mespilus germanica, Mispel	– Nach dem ersten Frost
Morus nigra, Maulbeere	– Juli
Prunus cerasifera, Kirschpflaume	– August
Prunus spinosa, Schlehe	– Nach dem ersten Frost
Rosa canina, Hundsrose	– September bis Oktober
Rosa rugosa, Apfelrose*	– ab August
Sambucus nigra, schwarzer Holunder	– September bis Oktober
Sorbus aucuparia, Eberesche*	– September bis Oktober
Sorbus aucuparia var. edulis, Edeleberesche*	– September bis Oktober
Sorbus domestica, Speierling	– September

* Auch für Freizeitgärten geeignet

Voraussetzungen für den erfolgreichen Obstanbau

Die Vermehrung

Folgend werden Vermehrungsarten beschrieben, die auch im Freizeitgarten ausgeführt werden können.

Teilung

Die Vermehrung durch Teilung ist bei allen Gehölzen möglich, die von Natur aus bewurzelte Schosse aus der Erde treiben.
Der gesamte zu teilende Busch wird im Herbst ausgegraben und die Erde mit Wasser ausgespült. So sieht man, wo eine Trennung mit dem scharfen Beil möglich ist.
Von einem Stock gewinnt man mehrere Teilstücke. Diese werden sofort wieder an anderer Stelle eingepflanzt. Danach schneidet man alle Triebe handbreit über dem Boden zurück, damit der Neuaustrieb gleich wieder buschig wird.

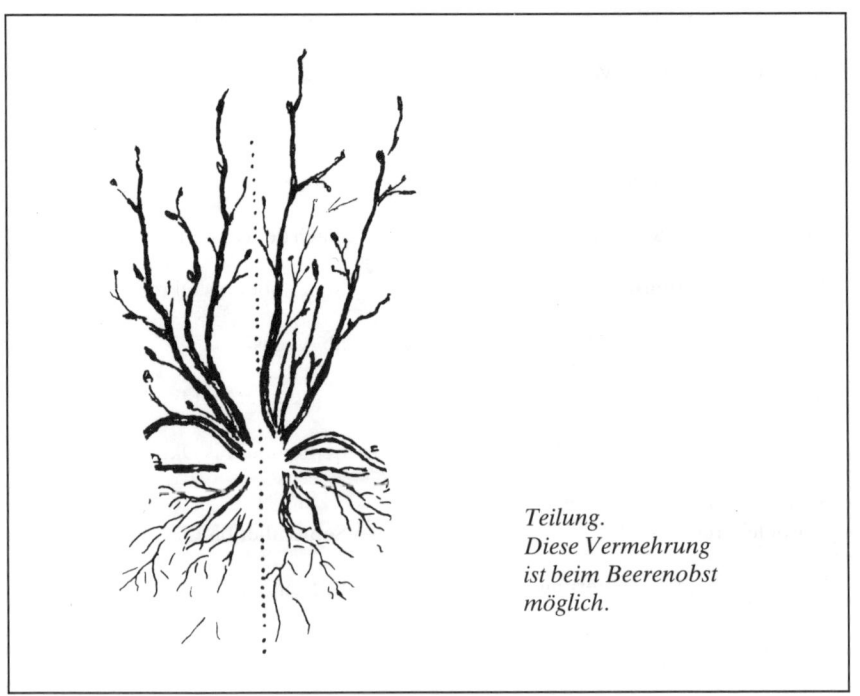

Teilung.
Diese Vermehrung
ist beim Beerenobst
möglich.

Absenker

Im Frühjahr werden einjährige Triebe in möglichst kurzem (wichtig!) Bogen so in die Erde gelegt, festgehakt und mit Erde bedeckt, daß die Spitze herausschaut. Der in der Erde liegende Teil soll im Laufe des Jahres Wurzeln bilden. Er wird im folgenden Frühjahr von der Mutterpflanze getrennt.
Will man einen Busch erzielen, so muß der bewurzelte Trieb nach der Pflanzung handbreit über dem Boden zurückgeschnitten werden.
Zur Erziehung von Stämmchen heftet man den Trieb an einen Bambusstab und kürzt gleichzeitig die Seitentriebe ein.

Absenker.
Links: bewurzelter Absenker;
rechts: abgesenkter Trieb der Mutterpflanze.
Beerenobst, Haselnüsse, Heidelbeeren und Kiwis
lassen sich durch Absenker vermehren.

Ableger

Ein Teil der Mutterpflanze wird im Herbst bis dicht über dem Boden abgeschnitten, damit sich im folgenden Jahr recht lange einjährige Triebe bilden.

Diese werden dann im darauffolgenden Frühjahr heruntergebogen und in einer 10 cm tiefen Rille festgehakt.

Aus den Knospen entwickeln sich nun Jungtriebe, die senkrecht nach oben wachsen und sich im Laufe des Sommers bewurzeln.

Mit dem Wachstum der Jungtriebe wird die Rille nach und nach wieder mit Erde angefüllt.

Ableger.
Links: abgelegter Trieb der Mutterpflanze;
rechts: bewurzelter Ableger.
Die Vermehrung durch Ableger
ist bei Beerenobst und Kiwis möglich.

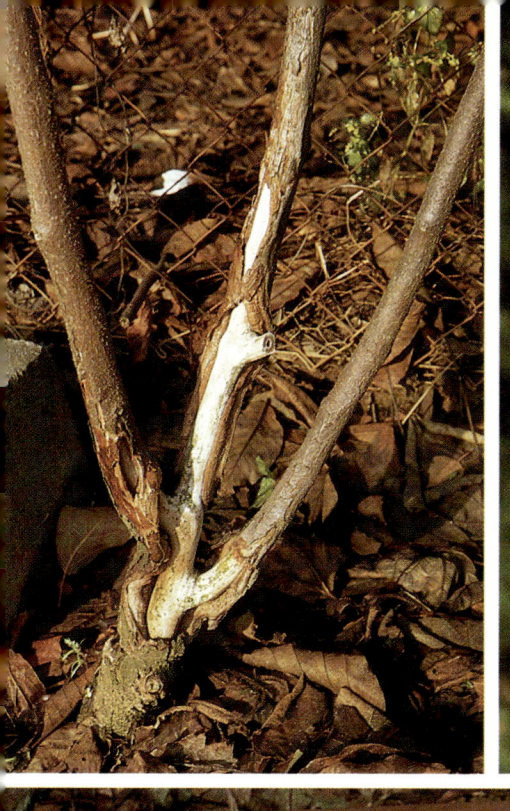

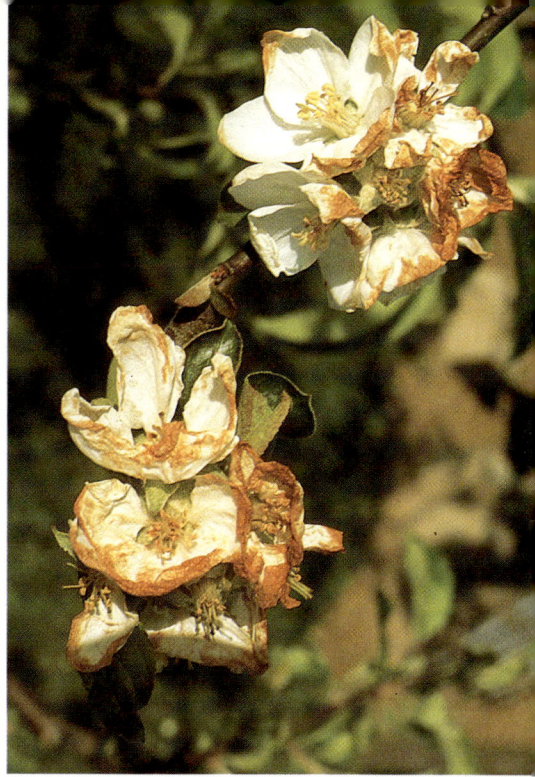

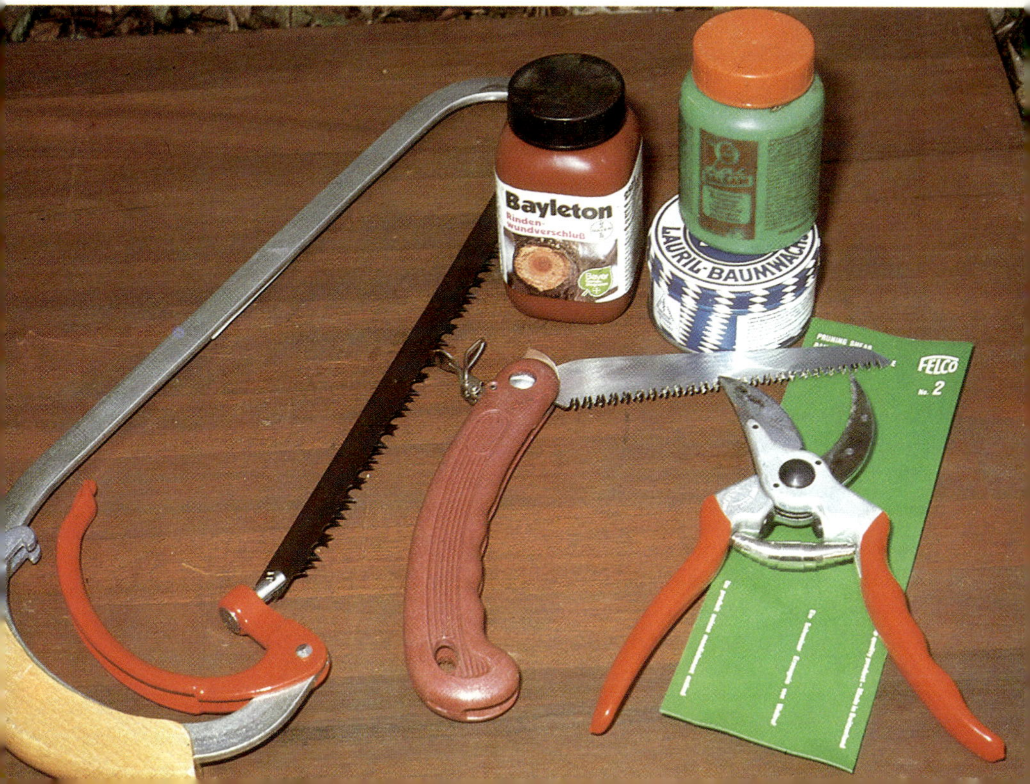
Bayleton
Rinden-
wundverschluß
LAURIL-BAUMWACHS
FELCO
Nr. 2

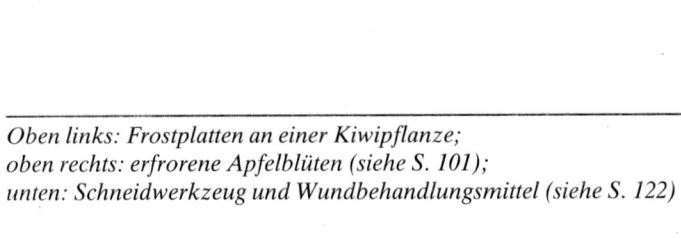

Oben links: Frostplatten an einer Kiwipflanze;
oben rechts: erfrorene Apfelblüten (siehe S. 101);
unten: Schneidwerkzeug und Wundbehandlungsmittel (siehe S. 122)

Steckhölzer

Steckhölzer werden im September und im Spätherbst gewonnen.
Sie müssen von gut ausgereiften, einjährigen Trieben geschnitten sein, die frei von Krankheiten und Schädlingen sind. Rote und schwarze Johannisbeeren, Stachelbeeren, die Apfelrose (Rosa rugosa) und Liguster schneidet man zirka 20–25 cm lang bereits im September, streift das Laub ab und steckt die Hölzer so in die Erde, daß die oberste Knospe gerade dem Erdboden aufliegt.
Von Schmuckgehölzen schneidet man Steckhölzer erst nach dem natürlichen Laubfall bei frostfreier Witterung.

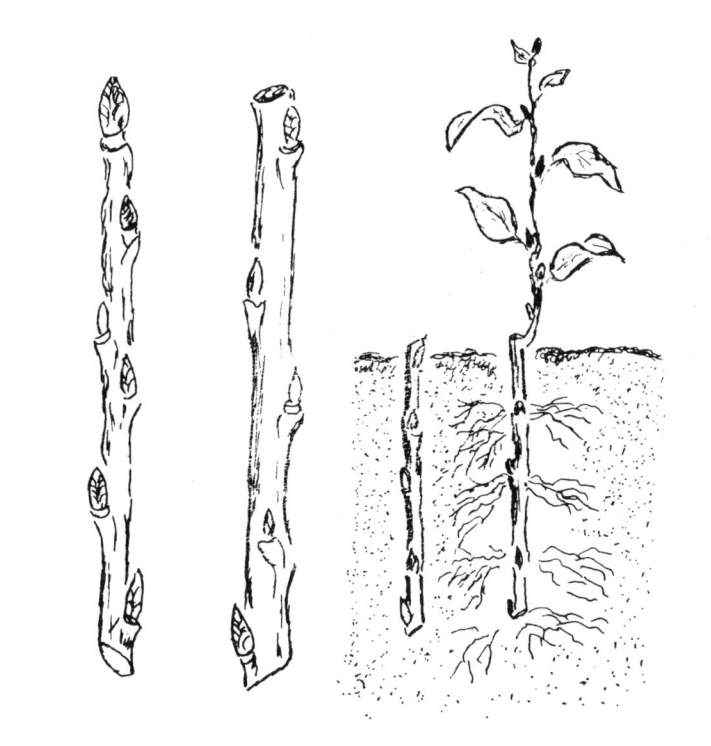

Steckhölzer.
Links und zweites von links: Steckholz;
zweites von rechts: unbewurzeltes Steckholz im Boden;
rechts: bewurzeltes, ausgetriebenes Steckholz.
Johannisbeeren, Stachelbeeren, Holunder und auch die Apfelrose
lassen sich durch Steckhölzer vermehren.

99

Der Boden

Beste Bedingungen für Obstgewächse bieten humose Lehmböden. Sandböden sind noch geeignet für Sauerkirschen, Pflaumen, Pfirsiche und Strauchobst, auch für Kernobst auf stärker wachsenden Unterlagen.
Sehr schwere Böden zwingen die Wurzeln flach zu bleiben und bewirken so eine ungenügende Holzausreife im Herbst. Diese Bäume sind in strengen Wintern von Frost gefährdet.

Bodenmüdigkeit

Hervor-
gerufen

Bodenmüdigkeit wird durch die wiederholte Bestellung einer Kulturfläche mit ein- und derselben Pflanzengattung, zum Beispiel Kernobst nach Kernobst, Erdbeere nach Erdbeere oder Rose nach Rose, hervorgerufen.

Erkennbar

Man erkennt die Bodenmüdigkeit am Kümmerwuchs, der vorzeitigen Vergreisung der Gehölze und dem erhöhten Befall mit Krankheiten und Schädlingen (Schwächeparasiten).

Ursache

Die Ursache ist die Anreicherung kleinster Bodenschädlinge wie Nematoden. Außerdem sind Wurzelausscheidungen der Vorfrucht, einseitiger Nährstoffentzug und bestimmte Pilze und Bakterien beteiligt.

Abhilfe

Im Freizeitgarten muß man mehrjährige Anbaupausen mit Zwischenkulturen bodengesunder Pflanzen, wie Senf, Tagetes, Kapuzinerkresse und Lupine, einlegen.
Möglich ist zum Beispiel: Steinobst nach Kernobst, Kernobst nach Steinobst und Beerenobst nach Baumobst.

Bodenreaktion

Neben einem ausreichenden Nährstoffgehalt brauchen Pflanzen einen für sie optimalen Säuregrad des Bodens, um normal gedeihen zu können. Die gärtnerische Bezeichnung ist „aktuelle Azidität" und wird mit der Kurzform „pH" ausgedrückt.
Unsere Kulturböden haben im allgemeinen eine schwach saure bis schwach alkalische Reaktion, die sich sehr einfach durch sogenannte pH-Meter messen läßt.
Für den Freizeitgärtner reicht das Angebot des Handels vom preiswerten Lackmuspapier mit Farbskala über Hellige-pH-Meter und den Calcitest bis zu recht genauen, aber entsprechend teuren Batteriegeräten.

Der optimale pH-Bereich für die Obstgewächse

Obstart	pH-Wert
Kulturheidelbeeren, Kulturpreiselbeeren	4,5–5,5
Strauchbeerenobst	6,0–6,7
Erdbeeren	6,5–7,5
Äpfel, Birnen, Quitten	6,5–7,3
Aprikosen, Kirschen, Pfirsiche, Pflaumen	6,5–7,5

Klima und Lage

Der Standort und die Bedingungen dort sind von entscheidender Bedeutung für den Obstanbau. Guter Wuchs, wenig Befall von Krankheiten und Schädlingen und ein hoher Ertrag sind nicht nur abhängig von den Bodenbedingungen und der Düngung, sondern auch von den Klimaverhältnissen und der Lage.

Temperatur	Besonders die Temperaturen von Mai bis September beeinflussen die Blütenknospenbildung für das nächste Jahr. Weinreben, Aprikosen und Pfirsiche brauchen die meiste Wärme. Es folgen Birnen, Renekloden, Mirabellen, Brombeeren und schließlich Äpfel, Kirschen, Zwetschen und das Beerenobst. Entscheidend ist die Jahreswärmesumme, nicht kurze Wärmeperioden. Längere Hitzeperioden sind nachteilig.
Luftfeuchte	Häufige Niederschläge und Tau begünstigen einerseits die Pflanzen- und Fruchtentwicklung ('Cox Orange'), andererseits aber auch besonders stark den Befall mit Krankheiten (Schorf) und Schädlingen.
Höhenlagen	Höhenlagen begrenzen den Obstanbau von Pfirsichen, Birnen, späten Pflaumen und Brombeeren. Hinweise für Äpfel sind bei den Sortenempfehlungen zu finden (siehe S. 19–29). Erdbeeranbau ist nur in schneesicheren Lagen empfehlenswert.
Geschlossene Lagen	Windschutz von allen Seiten begünstigt Krankheiten (Kräuselkrankheit, Monilia, Schorf) und Schädlinge, die in gut durchlüfteten Anlagen weniger, in höheren Lagen gar nicht auftreten.
Frostlagen	Frostlagen sind tief gelegene Geländestellen, also Senken und Talsohlen, in denen sich die Kaltluft sammelt. Hier ist die Gefahr der Spät-(Blüten-)fröste besonders groß. Diese Lagen sind für den Obstanbau ungeeignet.

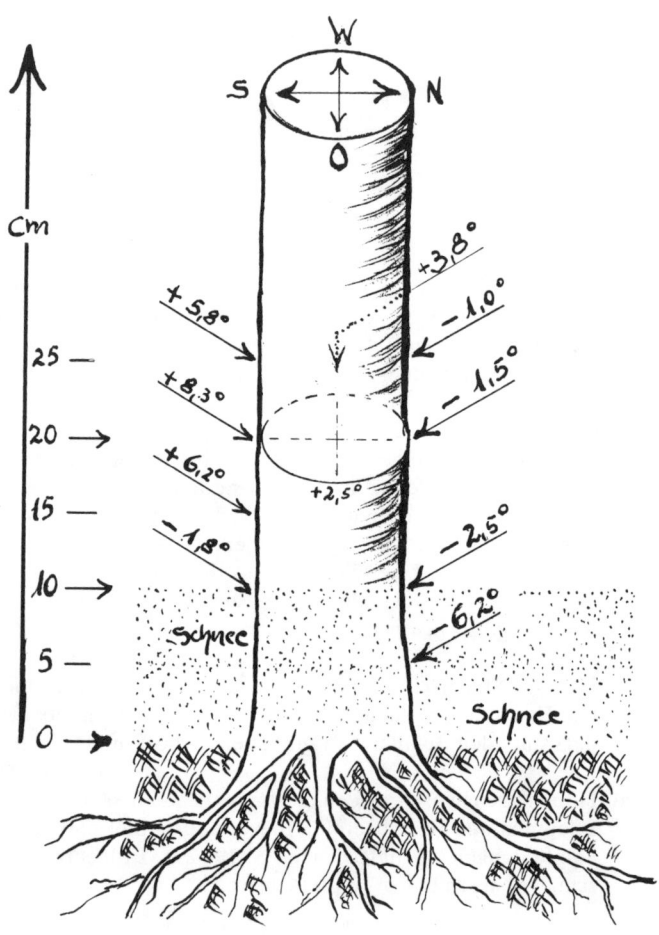

*Die Oberflächentemperaturen am Stamm eines Apfelbaumes
an einem sonnigen Februartag bei − 5 Grad und 10 cm Schnee;
durch die unterschiedlichen Oberflächentemperaturen entstehen
gelegentlich Frostrisse und -platten.
Daher streicht man den Stamm Ende Januar bis Anfang Februar weiß.*

Die Ernährung der Pflanze

Die von der Pflanze benötigten Nährstoffe für den eigenen Stoffaufbau sind in ihrer Wirkung gewissen Gesetzmäßigkeiten unterworfen. So stellte Justus von Liebig fest, daß sich der Ertrag der Pflanzen nach dem Nährstoff richtet, der ihnen in geringster Menge zur Verfügung steht. Dies ist das sogenannte „Gesetz vom Minimum". Der Höchstertrag kann nicht erzielt werden, wenn einer der wichtigen Nährstoffe nicht in ausreichender Menge vorhanden ist, auch wenn die anderen im Überfluß zur Verfügung stehen. Dieses Gesetz gilt auch für die anderen Wachstumsfaktoren Wasser, Luft, Licht und Wärme. Sie bestimmen weitgehend die Höhe des Pflanzenertrages. Aus dieser Erkenntnis wurde von Prof. Mitscherlich das **Gesetz von den physiologischen Beziehungen der Wachstumsfaktoren** aufgestellt.

Die zehn wichtigsten Elemente – oder Makronährstoffe – sind:

Aus der Luft: Kohlenstoff (C), Wasserstoff (H), Sauerstoff (O).

Aus dem Boden: Stickstoff (N), Phosphor (P), Kalium (K) Kalzium (Ca), Magnesium (Mg), Schwefel (S) und Eisen (Fe).

Außerdem sind noch eine Reihe von Mikronährstoffen lebenswichtig.

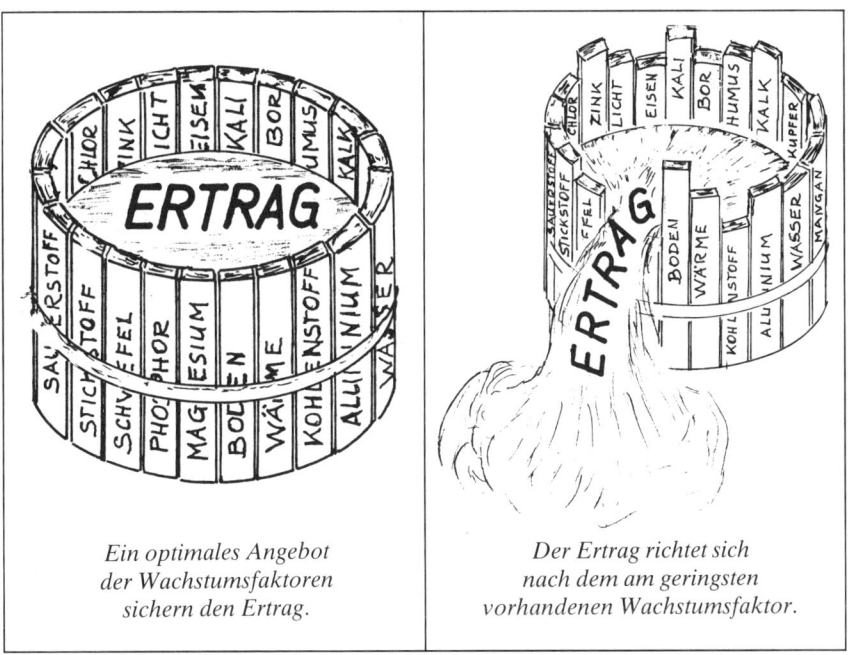

Ein optimales Angebot der Wachstumsfaktoren sichern den Ertrag.

Der Ertrag richtet sich nach dem am geringsten vorhandenen Wachstumsfaktor.

Düngung der Obstgehölze

Zur fachgerechten Behandlung der Obstgehölze gehört neben dem Schnitt und dem Pflanzenschutz vor allem die Ernährung. Man hüte sich aber, die Pflanzen mästen zu wollen, um höhere Erträge zu erzielen. Jede Überernährung ist ein Eingriff in die natürlichen Lebensabläufe der Pflanzen.

So kennt man zahlreiche Schadursachen, die nur darauf zurückzuführen sind, daß zuviel, zum ungünstigen Zeitpunkt oder ein falscher Nährstoff gedüngt wurde. Die meisten Freizeitgärten sind überdüngt.

Nachfolgend wird die Wirkung der einzelnen Pflanzennährstoffe stark vereinfacht vorgestellt.

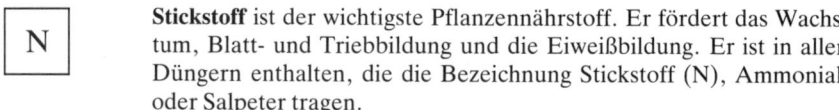

Stickstoff ist der wichtigste Pflanzennährstoff. Er fördert das Wachstum, Blatt- und Triebbildung und die Eiweißbildung. Er ist in allen Düngern enthalten, die die Bezeichnung Stickstoff (N), Ammoniak oder Salpeter tragen.

N-Mangel äußert sich durch gelbgrüne, kleine Blätter, nachlassendes Triebwachstum und geringen Blütenansatz.

N-Überschuß bewirkt mastige, weiche Triebe, erhöhten Krankheitsbefall, Gummifluß bei Steinobst, verstärkten Befall durch Blattläuse und Frostanfälligkeit des Holzes (Frostrisse). Die Früchte lassen sich nicht lange lagern und werden stippig.

Phosphorsäure ist in allen Düngern enthalten, die die Bezeichnung Phosphat tragen, außerdem in Thomas- und in Knochenmehl. Sie fördert in der Pflanze den Blüten- und Fruchtansatz und eine harmonische Fruchtreife.

P-Mangel ist im Obstanbau selten, weil der Nährstoff im Boden kaum ausgewaschen wird. Er äußert sich durch vergleichsweise kleine, dunkelgrüne, glanzlose Blätter, die sich später purpurrot verfärben.

P-Überschuß findet man in den meisten Freizeitgärten. Er führt zur Festlegung wichtiger Spurenelemente im Boden, die dann beim Pflanzenaufbau fehlen und deshalb Mangelkrankheiten verursachen.

Kalium ist außer in Kalisalzen auch in der Holzasche vorhanden. Im Handel erhältliches Gesteinsmehl muß erst im Boden verwittern, damit Kali freigesetzt wird.

Es ist wichtig für die Zucker- und Stärkebildung und für Farbe und Geschmack der Früchte. Kali schafft feste Zellwände und erhöht damit die Widerstandskraft gegen Krankheiten und Schädlinge, verbessert die Lagerfähigkeit und erhöht die Frostresistenz.

K-Mangel ist häufig Ursache für Mehltaubefall. Er äußert sich durch kleinbleibende Blätter, die am Rande eintrocknen.

K-Überschuß zeigt sich durch Zwergwuchs (sogenannte Starrtracht), da Magnesium im Boden festgelegt wird (Mg-Mangel). Weil Pflanzen die Kali-Aufnahme nicht bremsen können, ist Kali-Überschuß in Freizeitgärten recht häufig.

Kaliummangel äußert sich durch
kleinbleibende Blätter, die am Rande eintrocknen.

| Mg |

Magnesium ist ein zentraler Baustein des Chlorophylls. Obwohl es nur in geringen Mengen aufgenommen wird, ist Mg doch sehr wichtig für den Aufbau des Blattgrüns und die Ausfärbung der Früchte.

Es ist in den Handelsdüngern Kieserit, Kalimagnesia (Patentkali) und Magnesiumsulfat (Bittersalz) enthalten. Ist zuviel Kalium im Boden, nimmt die Pflanze weniger Magnesium auf (Antagonismus).

Mg-Mangel ist ohne Kali-Überschuß selten. Er äußert sich durch hellgrüne bis braune ausgedehnte Flächen zwischen den Blattadern und durch vorzeitigen Blattfall, der an der Triebbasis beginnt.

Mg-Überschuß entsteht schnell durch den – meist unsinnigen – Gebrauch von Bittersalz. Die Schäden sind dann kaum wieder gutzumachen.

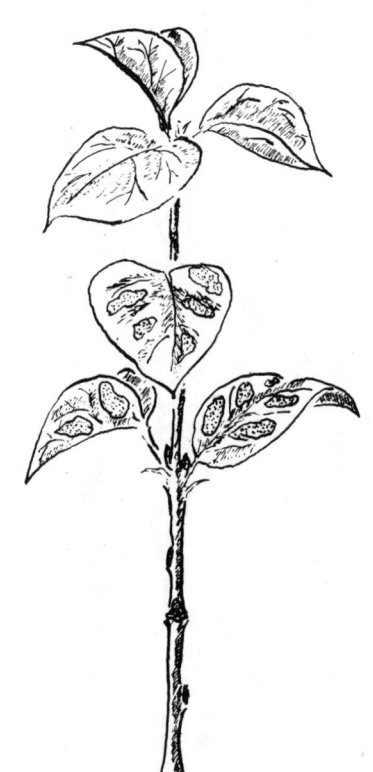

Magnesiummangel zeigt sich durch hellgrüne bis braune Flächen zwischen den Blattadern und durch vorzeitigen Blattfall, der an der Triebbasis beginnt.

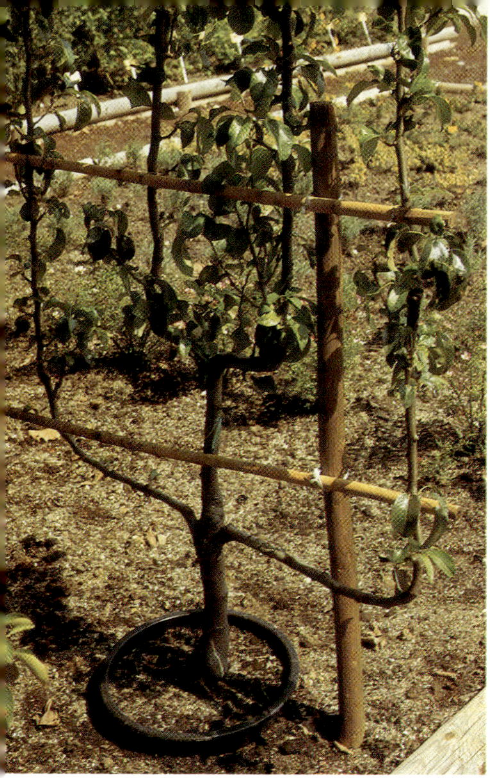
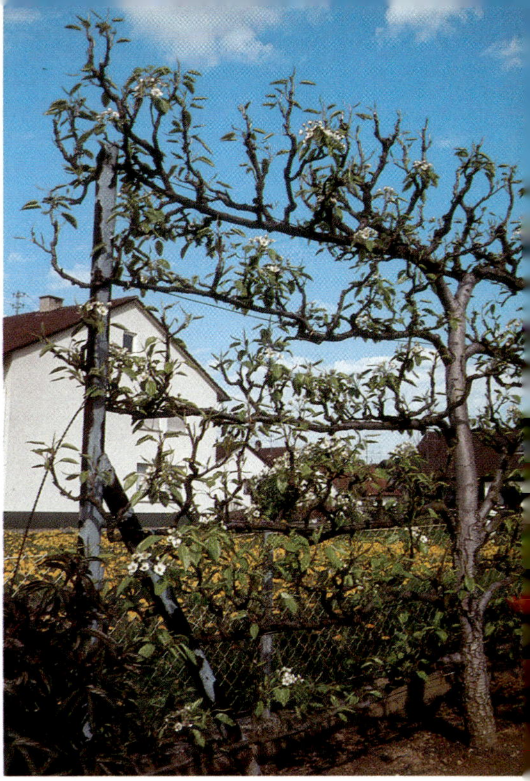
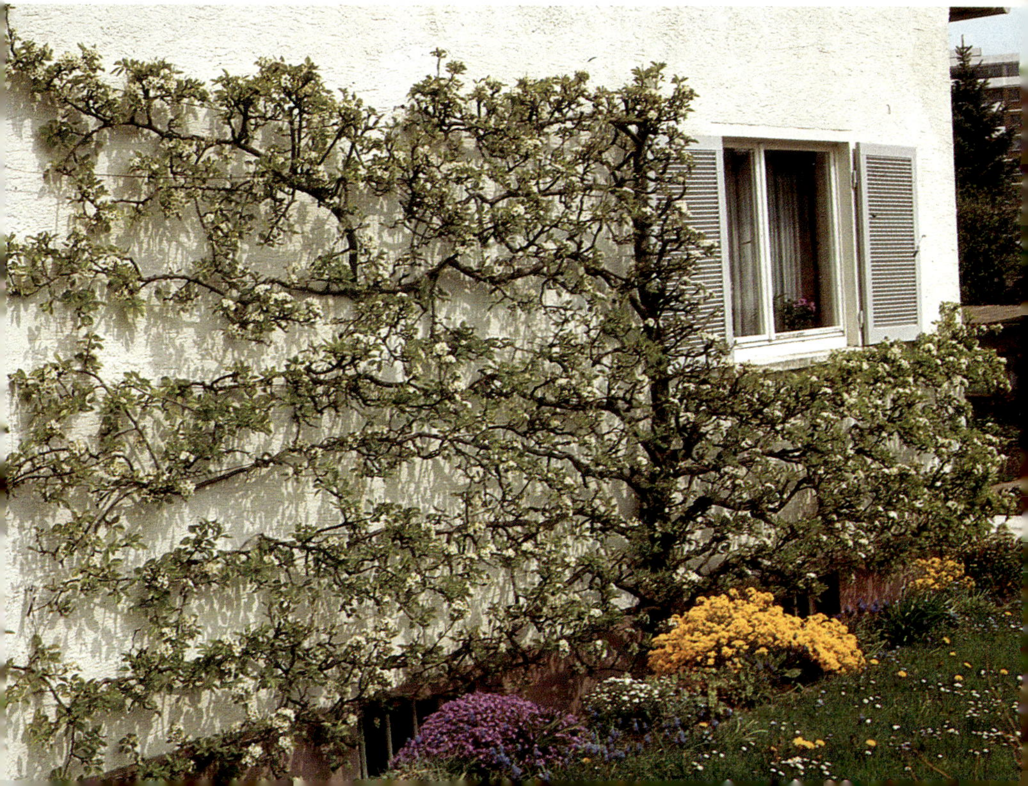

Oben links: Birnenspalier im Kübel;
oben rechts: freies Birnenspalier;
unten: Birnenspalier an der Hauswand (siehe Kapitel „Baumformen" S. 113–115)

Ca

Kalk (Calzium) ist weniger ein Nährstoff als vielmehr ein Katalysator. Er verändert die Bodenreaktion zur alkalischen Seite hin und reguliert die Aufnahme der Mikronährstoffe aus dem Boden.
„Kalk macht reiche Väter, aber arme Söhne" ist ein geläufiges Gärtnerwort. Es besagt, daß der Kalk die Nährstoffe für die Pflanze schnell verfügbar macht, dadurch aber auch den Boden erschöpft.
Er ist in Thomasmehl und Düngern mit der Vorsilbe „Kalk" enthalten.
Ca-Mangel im Boden stellt man durch eine einfache pH-Untersuchung fest. Er ist leicht mit Kalkgaben zu beheben. Es genügen 50 mg kohlensaurer Kalk pro m², um den pH-Wert um 0,5 anzuheben. Ein Mangel äußert sich durch Spitzendürre, Fleckenbildung an den Blättern, Gummifluß und schlechte Steinausbildung bei Steinobst. Kernobst wird am Lager stippig.
Ca-Überschuß ist schwer und nur über längere Zeit zu beseitigen. Hilfreich sind vor allem gute Kompostwirtschaft, Torfgaben und kalkfreie Düngemittel. Über pH 7 werden einige Mikronährstoffe im Boden gebunden und sind für die Pflanzen nicht mehr verfügbar. Bekannte Erscheinungen sind die Blattvergilbungen (Chlorosen) bei Birnen auf Quittenunterlage, Pfirsichen, Weinreben, Himbeeren und Brombeeren.

Düngergaben bleiben nicht in der obersten Bodenschicht, sondern werden mehr oder weniger schnell ausgewaschen. Das gleiche gilt auch für organische Dünger, die erst vom Bodenleben mineralisiert werden müssen, damit sie die Pflanze aufnehmen kann.

Mineralisierte Nährstoffe haben – je nach Bodenart – eine Wanderzeit in 40 cm Tiefe von:
Stickstoff   3–4 Wochen
Phosphorsäure   bis zu 2 Jahren
Kali   6–8 Wochen
Ausnahme: Stickstoff, der in den Wurzelknöllchen der Gründüngungspflanzen gebildet wurde, wird nicht ausgewaschen.

Obstkulturen entziehen an reinen Nährstoffen in g/m² nach Prof. Dr. Tepe:

	N	P	K	Ca
Apfel	6,5	3,5	8,0	8,0
Birne	5,0	2,0	5,0	6,0
Kirsche	7,0	4,0	8,0	9,0
Pfirsich	10,0	5,0	10,0	14,0
Pflaume	4,0	2,0	6,0	6,0
Erdbeere	5,0	3,0	6,0	9,0
Himbeere	8,0	5,0	9,0	11,0
Johannisbeere, rot	13,0	5,0	10,0	16,0
Johannisbeere, schwarz	8,0	3,5	8,0	10,0
Stachelbeere	9,0	4,0	12,0	10,0

Nährstoffgehalte in g/kg Dünger.
Düngerrezepte rechnet man nach den reinen Nährstoffgehalten um.

Organische Dünger	N	P	K	Mg
Stallmist	25	30	50	14
Kama-Orgamin	100	50	50	40
Oscorna-Animalin	60	90	10	
Rizinus-Schrot	60	25	15	zahlreiche Mikronährstoffe
Granulierter Hühnermist	50	40	35	6
Hornspäne	140	—	—	—
Knochenmehl	—	170	—	—

Mineralsalz-Dünger	N	P	K	Mg
Blaukorn	120	120	170	20 und Mikronährstoffe
Osmocote für 3–4 Monate	150	120	150	
Osmocote für 8–9 Monate	160	100	130	

Praxisdüngung

Jährlich, mindestens aber alle drei Jahre ist eine Bodenuntersuchung – unterschieden nach Obst, Gemüse und Zierpflanzen – für den Freizeitgarten anzuraten. Die Proben (je 500 g) sendet man an eines der Bodenuntersuchungsinstitute. Adressen befinden sich am Ende des Buches. Keinesfalls soll man „blind" düngen!

Jahresgabe   Pro Jahr gibt man 150 g eines sogenannten Volldüngers, zum Beispiel Blaukorn, je cm Stammdurchmesser. Wenn man organische Dünger verwendet, benötigt man entsprechend mehr.

Zeitpunkt   Man gibt $1/3$ der Jahresgabe im Oktober und $2/3$ ab Februar bis spätestens Juni in mehreren Gaben in den Bereich der Kronentraufe.

Vergleich   Blaukorn, ein mineralischer Volldünger, trägt die Aufschrift 12-12-17-2. Er enthält also pro kg 120 g Stickstoff
120 g Phosphorsäure
170 g Kalium
und   20 g Magnesium.
Kama-Orgamin, ein organischer Volldünger, trägt die Aufschrift 10-5-5-4. Er enthält also pro kg   100 g Stickstoff
50 g Phosphorsäure
50 g Kalium
und bis   40 g Magnesium.

Wachstum   Nur in der Wachstumszeit der Faserwurzeln, also zwischen Mitte Oktober
und Düngung   und Anfang Juli, wenn nicht Frost oder Trockenperioden das Wachstum unterbrechen, wird gedüngt.
Ab Mitte Juli bis Ende September ruht das Wurzelwachstum, und es werden kaum Nährstoffe aufgenommen.
Düngergaben sind in dieser Zeit meist sinnlos.

Meßzahlen   Wo keine Waage zur Hand ist, gelten folgende Zahlen:
ein Liter mineralischer Volldünger zirka 1000 g;
eine Tasse, $1/5$ Liter   zirka   200 g;
eine geschlossene Handvoll   zirka   50 g;
ein gehäufter Eßlöffel   zirka   30 g.
Organische Dünger wiegen etwa die Hälfte.

Maßnahmen gegen Blattvergilbungen bei Obstgehölzen

Blattvergilbungen (Chlorosen) sind eine Störung des inneren Systems bei der Blattgrünbildung. Wachstumsvorgänge, Kohlehydratbildung und somit der Ertrag der Obstgehölze werden durch diese Schädigung beeinträchtigt oder im Extremfall ganz unterbunden.

Eine der häufigsten Vergilbungsursachen ist die Eisen- oder Kalkchlorose. Sie kommt folgendermaßen zustande:

Eines der Hauptelemente des Blattgrüns ist das Eisen. Fehlt dieses, dann kommt es zur Chlorose und zur Einstellung der Assimilation (Bildung von Kohlehydraten aus der Kohlensäure der Luft und aus Wasser unter Einfluß des Lichtes).

In den meisten Böden ist zwar ausreichend Eisen vorhanden, es wird aber durch zu hohen Kalkgehalt (über pH 7) festgelegt, so daß es beim Aufbau des Blattgrüns fehlt und die Blätter vergilben.

Man hat beobachtet, daß Obstbäume in Gras-(nicht Rasen-)flächen weniger betroffen sind, weil die Wurzeln nicht in tiefere, alkalische Schichten, sondern im Wurzelhorizont der Gräser wachsen. Ähnliche Wirkung hat das Mulchen, also das Bedecken des Bodens mit organischem Material, wie Laub, Stroh, Kompost und Torf.

Die Chlorosebekämpfung über den Boden ist selten erfolgreich, weil Eisenpräparate im alkalischen Bereich für die Pflanzenwurzeln nicht verfügbar sind.

Am schnellsten wirken Eisenpräparate, zum Beispiel Fetrilon oder Sequestren, über das Laub, das heißt, sie werden mit der Rückenspritze 3–5 mal im Abstand von 4–7 Tagen bei trockener, aber trüber Witterung oder abends gespritzt.

Derartige Maßnahmen wirken jedoch nur für eine Vegetationsperiode und müssen jährlich so lange wiederholt werden, bis sich der pH-Spiegel des Bodens durch Kulturmaßnahmen (Bodenbegrünung, Mulchen) so gesenkt hat, daß diese Eisenpräparate entbehrlich werden.

Funktionsunfähigkeit des Blattgrüns durch Chlorose wird auch bei Stickstoff- und Magnesiummangel, außerdem bei Staunässe im Wurzelbereich ausgelöst.

Welche Ursachen eine Chlorose hat, muß vor Anwendung irgendwelcher Mittel erst festgestellt werden, wenn die Behandlung Erfolg haben soll. Man wendet sich mit solchen Problemfällen an die Beratungsstellen.

Baumformen

Bewährte Spalierformen

Spalierformen eignen sich als Ersatz für Zäune, als Windschutz für Gemüsekulturen, als Sichtschutz und für ähnliches. Bei ausreichender Pflege kann man am Spalier wegen der guten Belichtung beste Fruchtqualitäten erzielen. Für Äpfel muß man die Unterlagen M 9 und M 26, für Birnen die Quitte A wählen.

Senkrechter Schnurbaum (Kordon)

Bei dieser Spalierform werden einjährige Veredelungen im Abstand von 80 cm gepflanzt. Die Wuchshöhe am Drahtgerüst beträgt bis zu 400 cm. Im März wird das Seitenholz auf drei Augen geschnitten, im Juni müssen die jungen Triebe entspitzt werden. Eventuell kann man später nochmals auf 3–4 Blätter zurückschneiden. Die Stammverlängerung wird nicht eingekürzt.

Senkrechter Schnurbaum (Kordon)

Bouché-Thomas-Hecke

Die einjährigen Veredelungen werden im Abstand von 100 cm im Winkel von 45 Grad schräg eingepflanzt.

Pro Baum verbleibt ein Leittrieb und ein Seitentrieb an dem 2,20 cm hohen Drahtgerüst mit Bambusstäben. Diese beiden Triebe bleiben unbeschnitten. Das übrige Seitenholz wird, wie beim senkrechten Schnurrbaum beschrieben, geschnitten.

Bei Trieben ohne Seitenholz bringt man mit dem Messer eine halbmondförmige Einkerbung über dem Auge an, welches dadurch austreibt; bei einer Einkerbung unter dem Auge entsteht eine Blütenknospe.

U-Form und Verrier-Palmette

Die einjährigen Veredelungen werden im Abstand von 160–175 cm gepflanzt und an einem 3,50 m hohen Drahtgerüst mit Bambusstäben erzogen.

Die Triebe biegt man im Frühjahr, wenn sie Saft führen, rechtwinklig ab. Dazu hält man den Trieb mit 40 cm Abstand vom Stamm mit der rechten Hand fest und dreht ihn mit der linken Hand so um die Längsachse, daß das Holz längs aufreißt. So läßt sich der Trieb rechtwinklig (U-Form) biegen und anheften, ohne daß die Saftführung unterbrochen wird.

Waagerechter Schnurbaum (Kordon)

Beim waagerechten Schnurbaum handelt es sich um eine einseitige oder zweiseitige Erziehungsform.

Man pflanzt die einjährigen Veredelungen im Herbst mit einem Abstand von 500 bis 600 cm. Die Pflanzen werden an einem 40 cm hohen Spanndraht erzogen.

Das rechtwinklige Abbiegen erfolgt im folgenden Frühjahr. Die Stammverlängerung wird zunächst nicht angeheftet.

Links oben: Bouché-Thomas-Hecke;
rechts oben: U-Form und Verrier-Palmette;
unten: waagerechter Schnurbaum (Kordon)

Der Naschbaum

Der Naschbaum ist ein Obstgehölz, das mehrere Fruchtsorten der gleichen Art tragen kann. Das heißt, durch nachträgliche Pfropfung von Edelreisern in das Astgerüst trägt ein Apfelbaum mehrere Sorten Äpfel unterschiedlicher Reifezeiten, ein Birnbaum mehrere Sorten Birnen, ein Quittenbaum neben Quitten auch noch Birnen, ein Süßkirschenbaum mehrere Sorten, auch Sauerkirschen, und ein Pflaumenbaum neben Pflaumen auch Zwetschen, Mirabellen, Renekloden und Aprikosen.

Pfirsichbäume können nicht gepfropft werden, sie wachsen nur durch eine Okulation im August. Man okuliert dazu Augen verschiedener Sorten, auch von Nektarinen, ausschließlich in die diesjährigen Triebe.

Die Technik des Umveredelns ist leicht zu erlernen. Gartenämter und Landwirtschaftskammern geben Auskunft, wo Kurse beziehungsweise Beratungen stattfinden und wo Edelreiser zu haben sind.

Für junge Familien und Senioren bietet so ein Naschbaum im Garten die Möglichkeit, auf geringstmöglicher Fläche viele Sorten zu kultivieren, ohne daß gleichzeitig größere (oft nicht verwertbare) Erntemengen anfallen.

In Schul- und Lehrgärten lassen sich so auf engstem Raum artentypische Gesetzmäßigkeiten der Obstgewächse erklären und die unterschiedlichen Entwicklungsstadien von Sproß, Blüte und Frucht vergleichend verfolgen.

Selbst ohne eigenen Garten findet ein Topfnaschbaum überall einen Platz.

Topfkultur der Obstbäume

Die Kultur der Obstbäume in den verschiedensten Pflanzgefäßen ist schon sehr alt. In den Herrschaftsgärten kultivierte man früher nicht nur Orangen und Feigen, sondern auch heimische Obstarten im Topf. Heute erinnert man sich wieder der alten Gärtnertechniken.

Topfbäume beleben Balkone, Terrassen, Dachgärten, Innenhöfe und Mauerflächen in Form von Büschen, Stämmchen oder Spalieren. Die heute so beliebten Modekoniferen in Kübeln könnten sehr wohl durch Obstbäumchen ersetzt werden.

In Lehrgärten, Schulen und Kindertagesstätten werden an Topfkulturen die jahreszeitlichen Wachstumsabläufe gezeigt.

Senioren und Behinderten, die keinen Garten bewirtschaften können, macht die Topfkultur große Freude, weil sie so einen angenehmen Hausgenossen haben, der sich in die Nähe rücken läßt und den man bequem pflegen kann.

Gute Baumschulen bieten heute bereits fertige Topfbäume, teilweise auch in Spalierform an.

Beginnt man selbst eine Topfkultur, dann sollte man einige wichtige Voraussetzungen beachten, wenn man die Pflanzen in der Baumschule kauft:
1. Richtige Veredelungsunterlage
   Starkwüchsige Unterlagen scheiden aus.
   Beim Apfel ist M 27 vorzuziehen. Geeignet sind auch M 9 und M 26.

Birnen sollten nur auf Quitte A veredelt sein.
Kirschen wachsen auf der Unterlage Weihroot oder Colt schwächer.
Die Unterlage für Pflaumen sollte Pixy sein; auch St. Julien A ist noch geeignet.
Beim Pfirsich bewährt sich die Ackermannpflaume.

2. Richtige Edelsorte
   Die Sortenwahl sollte weniger vom Geschmack oder Aussehen der Früchte bestimmt sein, sondern mehr von:
   – Widerstandsfähigkeit gegen Krankheiten und Schädlinge.
   – Wuchseigenschaften.
   – Günstigen Befruchtungsverhältnissen.
3. Richtige Befruchtungsverhältnisse
   Fast alle Sorten von Kernobst und Süßkirsche sind selbstunfruchtbar. Weil die Topfobstbäume meist isoliert stehen, muß entweder eine zweite Sorte (Fremdbestäubung) benachbart sein, oder man pfropft nachträglich eine, besser mehrere Sorten nach Art des Naschbaumes ein.
   Viele Sauerkirsch-, Pflaumen-, Pfirsich-, Aprikosen- und Beerenobstsorten sind selbsfruchtbar. Für diese Obstarten braucht man daher keine Befruchtersorte.

Gefäße

Pflanzgefäße haben nur optische oder finanzielle Bedeutung. Für den Baum ist das Material weniger entscheidend.
Es eignen sich Töpfe aus Ton, Steingut, Eternit oder Kunststoff. Auch selbstgebastelte, innen mit Styroporplatten ausgekleidete Kübel aus Jägerzaunlatten sehen sehr gut aus.
Rohes Holz muß mit ungiftigen Mitteln, zum Beispiel Bondex, imprägniert sein. Besser noch kohlt man es innen mit einem Gasflämmgerät an. Dadurch bleibt das Holz sehr lange haltbar.
Eine innere Wandauskleidung von Pflanzgefäßen jeder Art mit dünnen Styroporplatten schützen die empfindlichen Wurzeln vor Frost.
Für eine Erstbepflanzung genügen Töpfe mit einem oberen Durchmesser von 30 cm. Weil die erste Umpflanzung bereits nach zwei Jahren erfolgt, sollten sie nicht größer sein.
Ausreichend große Abzugslöcher am Boden sind sehr wichtig.

Pflanzerde

Die Pflanzerde soll lehmhaltig sein. Am besten eignet sich eine Mischung aus lehmhaltiger Gartenerde und Komposterde zu gleichen Teilen. Käufliche Blumenerde ist meist völlig unbrauchbar.
Zur Erdmischung kann man noch etwas Urgesteinsmehl und zerkleinerte Holzkohle geben, aber keinen Mineraldünger. Steht keine lehmhaltige Erde zur Verfügung, so nimmt man andere, mit einem erhöhten Anteil an Urgesteinsmehl.

Ohne gute Komposterde kann man behelfsmäßig eine Erdmischung herstellen, die je zur Hälfte aus Gartenerde und TKS 2 besteht.
Gedüngt wird erst ab Mai bis spätestens Anfang August. Trocken-Rinderdung bewährt sich dafür sehr gut, auch vergoren als Flüssigdünger.

Pflanzgut

Die Pflanzware sollte bei allen Obstarten möglichst die einjährige Veredelung sein.
Sie muß ausreichend Seitentriebe besitzen.
Notfalls geht bei Kernobst auch die zweijährige Veredelung.
Will man nun einen Jungbaum in in der Baumschule kaufen, lauten die Angaben:
– ein Apfel, Busch, Sorte 'Idared', einjährige Veredelung auf M 27 (ersatzweise Unterlage M 9 oder M 26).
– eine Birne, Busch, Sorte 'Conference', einjährige Veredelung auf Quitte A.

Pflanzschnitt

Größere Wurzeln müssen so stark eingekürzt werden, daß sie die Topfränder beim Einpflanzen nicht erreichen. Faserwurzeln bleiben unbeschnitten. Die Triebe werden grundsätzlich erst im Frühjahr, kurz vor dem Austrieb gekürzt.
Eine Kronenerziehung wie bei Freilandbäumen ist hier weniger zweckmäßig. Man bevorzugt deshalb das System der „Schlanken Spindel", wobei der Leittrieb um etwa ein Drittel, die Seitentriebe um die Hälfte eingekürzt werden.
Dadurch bleibt der Baum – ähnlich wie der „Senkrechte Schnurbaum" – immer mit Seitenholz garniert, und der zukünftige Fruchtbehang ist statisch günstig in Stammnähe.
Sauerkirschen und Pfirsiche müssen noch schärfer als das Kernobst geschnitten werden, weil sie nur am vorjährigen Trieb blühen und fruchten.

Pflanzung

Gepflanzt wird nach Möglichkeit immer im Herbst, weil dann die Wurzelbildung bereits beginnt und der Baum bis zum Wintereintritt schon fest im Topf verwurzelt ist. Als Pfahl eignet sich ein Bambusstab, der unten und in der Mitte fest am Stamm befestigt wird. Er sollte so lang sein, daß der Leittrieb die nächsten Jahre daran geheftet werden kann.

Es wird so hoch eingetopft, daß die Wurzeln mindestens 2 cm mit Erde bedeckt sind, die Veredelungsstelle aber oberhalb des Topfrandes bleibt. Außerdem muß man einen Gießrand vorsehen.

Nach zwei Jahren ist der kleine Topf durchwurzelt, so daß ein größeres Pflanzgefäß nötig wird.

Spätere Umpflanzungen sind bequemer, wenn man jetzt in einen Plastikkorb (etwa 40 m Durchmesser) pflanzt, der einfach in einen größeren Kübel eingestellt wird. Die Hohlräume zwischen den beiden Gefäßen füllt man mit Komposterde oder mit TKS 2. Die Vorteile dieser Korbpflanzung sind:

1. Der Baum kann viele Jahre im Korb bleiben.
2. Beim Umpflanzen – etwa alle zwei Jahre – hebt man den Korb einfach heraus, schneidet die durchgewachsenen Wurzeln ab und erneuert dann nur die äußere Erde.
3. Es gibt keinen Verpflanzschock, weil die Erde im Korb bleibt.

Grundlagen des Obstbaumschnittes

Werkzeuge

Fachgerechte Arbeit ist nur mit Qualitätswerkzeug möglich. Vor dem Einkauf sollte man sich unbedingt beraten lassen.
Man benötigt folgendes:
Baumschere, Baumsäge, Klappsäge, Gärtnermesser, Abziehsteine und Wundmittel.

Scheren als einschneidige Leichtmetallscheren sind vollkommen zerlegbar (zum Schleifen) und mit auswechselbarer Klinge erhältlich. Bewährte Marken sind Both, Felco, Freund, Köller und Tina.

Baumsägen benötigt man für größere Schnitte. Sie besitzen einen Spannhebel, ein drehbares „Immerscharfblatt" und Schwedenbezahnung. Die Blattlänge ist zirka 35 cm.

Klappsägen gebraucht man für kleinere, feine Schnitte und für Sträucher. Bewährte Marken sind Felco und Freund.

Messer in Form von sogenannten Kopulierhippen verwendet man zum Ausschneiden von Stammwunden, zum Glattschneiden von Wundrändern nach großen Sägeschnitten, für Umveredelungen und vieles mehr.

Abziehsteine als Zweischichtenstein, also mit einer groben und einer feinen Seite, benötigt man für ganz feines Nachschleifen der Messer. Bekannt sind die sogenannten „Belgischen Brocken".

Wundmittel sollen das Eindringen von Schadpilzen in das Holz verhindern. Deshalb gibt es Mittel mit Fungizidzusatz. Baumwachs benötigt man weniger beim Baumschnitt, sondern meist für Veredelungen. Größere Sägeschnitte und Stammwunden werden zunächst mit Bondex (Farbton Ebenholz) gestrichen. Nach dem Antrocknen trägt man rindenfarbenes Wundmittel auf.

Handhabung der Schere

Die Finger bewegen den Scherenschenkel mit der Schnittklinge. Der Gegenbacken bleibt ruhig.
Stumpfe Scheren verursachen Quetschwunden unterhalb des Schnittes, die nur sehr schwer verheilen. Deshalb muß man ausschließlich fachgerechtes und scharfes Werkzeug verwenden.
Der Schnitt geht leichter, wenn man den Trieb mit der freien Hand in Schneiderichtung etwas anspannt.

Man darf im Astwinkel niemals von oben nach unten schneiden, weil der Trieb dann in der Regel reißt. Die Schere wird seitlich, mit der Klinge nach unten angesetzt; dann schneidet man auf Astring.
Der Astring ist auch an älteren Ästen deutlich als ringförmige Triebansatzstelle erkennbar. Hier verheilen Schnittwunden am schnellsten.

Handhabung der Säge

Ein glatter Schnitt ist nur mit einem stark gespannten Sägeblatt möglich. Vor dem ersten Gebrauch muß man dies sorgfältig überprüfen.
Stärkere Äste werden grundsätzlich erst auf lange Stummel geschnitten, weil sie meistens unterseits aufreißen. Danach muß man den Stummel auf Astring absägen. Dabei ist das drehbare Blatt der Baumsäge sehr vorteilhaft, weil man so auch in enge Astwinkel kommt.
Folgend sind die Kriterien für den Werkzeuggebrauch aufgelistet:
– Äste bis 2,5 cm – Schere.
– Äste über 2,5 cm – Klappsäge.
– Äste über 5 cm – Baumsäge.

Wann schneiden?

Technik und Zeitpunkt des Obstbaumschnittes wurden im wesentlichen vom Erwerbsanbau auf den Freizeitgarten übertragen. Zwischen beiden Formen des Gartenbaus bestehen jedoch grundsätzliche Unterschiede.
Im Erwerbsanbau bestimmen hauptsächlich arbeitstechnische Merkmale den Betriebsablauf. So können die Schnittarbeiten erst nach den Arbeitsspitzen der Ernte, der Sortierung, der Verpackung und der Vermarktung begonnen werden und ziehen sich dann manchmal bis zum Frühjahr hin.
Im Freizeitgarten dagegen sollte man stets die Pflegemaßnahmen, dazu gehört auch der Gehölzschnitt, dem Lebensrhythmus der Pflanzen anpassen. Nur so sind hohe Ernten und gesunde Bäume möglich.
Ein Obstgehölz schließt in der Regel das Vegetationsjahr mit der Fruchtausreife ab. Zur gleichen Zeit – bei Kernobst noch etwas früher – bildet der Baum auch neue Blütenknospen und Reservestoffe für das neue Jahr. Die Zelltätigkeit ist noch voll im Gange, und dem Baum müssen ausreichend Wasser und Nährstoffe zur Verfügung stehen.
Ein Merksatz lautet:
„Nach der Ernte schneiden". Denn zu dieser Zeit wachsen die Wurzeln noch, und die Verheilung der Schnittwunden kann sofort beginnen. Außerdem ist jetzt die Infektionsgefahr durch den Rotpustelpilz (siehe S. 135) am geringsten.
Das Fruchtholz schneidet man im Spätwinter bei frostfreiem Wetter, bei Aprikosen, Nektarinen und Pfirsichen direkt vor der Blüte.

Schnitt der Obstgehölze

Der Schnitt unserer Obstgehölze ist keine Wissenschaft. Ihm liegen logische Zusammenhänge zugrunde, die sich aus der Erkenntnis natürlicher Gegebenheiten des Pflanzenwachstums und unseren Zielvorstellungen ergeben.
Hier gilt es, einen Mittelweg einzuhalten. Die Pflanze muß dabei stets im Vordergrund stehen; ihre Wachstumsgesetze setzen unseren Wünschen Grenzen. Im Garten lautet unsere Zielvorstellung: Größtmöglicher Ertrag bei bester Fruchtqualität auf kleinster Fläche.

Pflanzschnitt

Mit dem Pflanzschnitt, der im ersten Frühjahr nach der Pflanzung vorgenommen wird, legen wir die Kronengestalt fest, die dann zeitlebens bleibt.
Die Jungkrone wird auf vier, besser auf drei Seitentriebe beschränkt. Den schwächsten dieser Seitentriebe schneidet man bis etwa zur Hälfte, die übrigen auf diese gleiche Höhe zurück. Dadurch stehen sie in Saftwaage.
Der Mitteltrieb bleibt um etwa Scherenlänge länger als die Seitentriebe. Das oberste Auge (Knospe) des Mitteltriebes soll über dem letztjährigen Zapfen stehen. Die Seitentriebe muß man auf ein nach außen weisendes Auge schneiden.

Erziehungsschnitt

Im zweiten Standjahr beginnt der Erziehungsschnitt. Bei diesem Schnitt werden zunächst alle Konkurrenztriebe zur Stammverlängerung und zu den Leitästen entfernt. Die Leitäste werden auf gleiche Höhe eingekürzt. Schwächere Seitenäste bleiben ungeschnitten oder werden ganz entfernt.
Der Erziehungsschnitt wird so lange durchgeführt, bis der Baum in die Ertragsphase kommt. Die Vollertragsphase hängt hauptsächlich von der Wuchskraft der Unterlage ab.

Folgende Richtwerte gelten:

Obstart und Unterlage	Ertragsphase
Äpfel auf M 9	nach 5 – 6 Jahren
auf M 4	nach 6 – 8 Jahren
auf A 2	nach 8 – 10 Jahren
Birnen auf Quitte	nach 6 – 8 Jahren
auf Sämling	nach 8 – 10 Jahren
Pflaumen	nach 6 – 8 Jahren
Sauerkirschen	nach 5 – 6 Jahren

Erhaltungsschnitt

In der Ertragsphase wird kein Trieb mehr eingekürzt. Zu dicht stehende und sich kreuzende Triebe und Äste werden am Astring entfernt.
Leitäste müssen abgeleitet werden. Ableiten bedeutet, daß die Leittriebe auf einen kleineren Seitentrieb zurückgeschnitten werden, der die natürliche Wuchsrichtung der Krone nach außen fortsetzt.
Größere Wunden, ab der Größe eines 10-Pfennig-Stückes, müssen fachgerecht versorgt werden. Dazu schneidet man die Wundflächen mit dem Messer glatt und verstreicht die Schnittfläche mit einem geeigneten Mittel. Wundmittel, die empfohlen werden können sind: Lac-Balsam (graugrün), Bayleton Rinden-Wundverschluß (rotbraun), Novaril (rot), Drawipas (grau) und Alginure Dendro-Heilsalbe, Santar SM, grau.

Verjüngungsschnitt

Der Verjüngungsschnitt dient dem Abbau übermäßiger Fruchtbarkeit und der Anregung zu neuem Holzwachstum.
Bäume, die sich dem Altersstadium nähern – sie zeigen das durch nachlassenden Trieb und Kleinfrüchtigkeit an – müssen gelegentlich zu neuem Holzwachstum angeregt werden. Man schneidet mit der Säge bis weit in das alte Holz zurück und reduziert dadurch gleichzeitig die Wuchshöhe.
Mitunter kann man zur Herstellung einer Hohlkrone die ganze Mittelachse entfernen, was besonders beim Steinobst anzuraten ist.
Wegen der großen Schnittflächen müssen die Wunden besonders gut mit Wundmittel behandelt werden. Es hat sich gut bewährt, zuerst Bondex, Farbton Ebenholz, aufzutragen und danach nochmals ein anderes Wundmittel zu benutzen.

Der Pflanzenschutz

Bakterien als Krankheitserreger

Bakterien sind einzellige Lebewesen, die über Wunden und natürliche Öffnungen, unter anderem auch über die Blüten, in die Pflanze eindringen.
Die Möglichkeiten der Bekämpfung beschränken sich auf vorbeugende Maßnahmen. Dazu zählen die Einhaltung der Anbaupausen und die sofortige Vernichtung befallener Pflanzenteile. Chemische Wirkstoffe stehen nicht zur Verfügung, lediglich Kupferpräparate sind in der Lage, vorbeugend das Eindringen der Bakterien zu erschweren. Man muß jedoch gleichzeitig bedenken, daß auch Bodenlebewesen, besonders Regenwürmer, durch Kupfermittel geschädigt werden.
Krankheiten, die durch Bakterien hervorgerufen werden, sind der Wurzelkropf, der Bakterienbrand an Steinobstbäumen und der Feuerbrand. Kennzeichen ist stets ein verhältnismäßig rasches Absterben der befallenen Pflanzenteile oder der ganzen Pflanze.

Viren als Krankheitserreger

Viren benötigen pflanzliches Gewebe nicht für ihre Ernährung, sondern nur für die eigene Vermehrung. Sie rufen Stoffwechselstörungen in den Pflanzenzellen hervor, welche sich rasch ausbreiten. Weil eine direkte Bekämpfung nicht möglich ist, muß man vermeiden, daß Viren mit dem Pflanzensaft übertragen werden.
Die Bäume können auch durch Blütenpollen infiziert werden. Dies kann man nicht verhindern. Ein mechanisches Übertragen ist möglich durch das Reiben von Zweigen, Blättern oder Wurzeln aneinander, daher müssen ausreichende Pflanzabstände eingehalten werden. Auch über die Schnittwerkzeuge werden Viren verbreitet. Daher müssen sie nach der Arbeit mit Formalin desinfiziert werden.
Saugende Insekten, besonders Blattläuse, nehmen die Viren mit dem Pflanzensaft auf und infizieren bei Wirtswechsel die nächste Pflanze. Rechtzeitige Blattlausbekämpfung ist also eine vorbeugende Maßnahme.
Eine Übertragung ist auch durch Vermehrung, besonders bei der Pfropfung und der Okulation möglich. Man darf also nur Vermehrungsmaterial von gesunden Pflanzen verwenden. Die Pflanzenschutzämter geben Auskunft, woher man gesunde Edelreiser beziehen kann. In den Baumschulen sind Virus freie (rotes Etikett) und Virus getestete (gelbes Etikett) Obstbäume besonders gekennzeichnet.
Viruserkrankungen sind die Valsa- und Ringfleckenkrankheit an Kirschen, Mosaikkrankheiten an allen Obstarten und Scharka an Pflaumen.

Oben links: Amerikanischer Stachelbeermehltau an Früchten (siehe S. 142);
oben rechts: Amerikanischer Stachelbeermehltau an der Triebspitze (siehe S. 142);
unten links: Rotpustelkrankheit (siehe S. 135);
unten rechts: Rutenkrankheit der Himbeere (siehe S. 141)

Mycoplasmen als Krankheitserreger

Daß Mycoplasmen Krankheitserreger sind, ist noch nicht lange bekannt. Die Befallserscheinungen ähneln denen der Viren.

Das bekannteste Krankheitsbild ist die sogenannte Besentriebigkeit an den vorjährigen Langtrieben bei 'Cox Orange', 'Golden Delicious', 'Goldparmäne' und deren Abkömmlingen. Die Früchte sind zwar genießbar, bleiben jedoch sehr klein. Eine direkte Bekämpfung ist nicht möglich. Die Überträger sind möglicherweise Blattläuse und Zikaden.

Pilze als Krankheitserreger

Pilze sind – botanisch betrachtet – schmarotzende Pflanzen, deren Körper aus einem Netzwerk zahlreich verzweigter Fäden, sogenannter Hyphen, besteht. Die häufigsten Krankheiten an unseren Kulturpflanzen werden durch Pilze hervorgerufen.

Einige Schadpilze dringen vom Boden aus über die Wurzeln in die Pflanze ein und verstopfen die Saftleitungsbahnen. Kurze Zeit später welken die Blätter, ohne daß der Befallszeitpunkt erkennbar gewesen wäre.

Dazu gehören Verticillium (Welkekrankheiten) an Kirschen, Pflaumen und Beerenobst, die Kragenfäule an Apfelstämmen, die Lederbeerenfäule an Erdbeeren und die Kohlhernie an Kohlpflanzen.

Die Sporen der Pilze können mehrere Jahre im Boden überdauern, bevor sie, zum Beispiel bei Neupflanzungen, wieder aktiv werden. Deshalb ist es auch so wichtig, die Anbaupausen einzuhalten.

Die größere Anzahl der Pilze befällt die oberirdischen Pflanzenteile.

Für den Obstanbau ist eine Reihe von Pilzkrankheiten bedeutungsvoll, die der Freizeitgärtner an ihren Befallsmerkmalen erkennen sollte, damit er rechtzeitig etwas dagegen unternehmen kann. Dazu gehören Schorf, Mehltau, Lagerfäulen, Zweig- und Fruchtmonilia, Krebs, die Kräuselkrankheit des Pfirsichs, Grauschimmel an Beerenobst und Weinreben, Rotpusteln, die Blattfallkrankheit und Rostkrankheiten.

Diese Pilze schädigen die Pflanze dadurch, daß sie in oder zwischen den Pflanzenzellen leben und Pflanzensaft entziehen, den sie für den eigenen Körperaufbau benötigen. Infolge der Stoffwechselvorgänge werden dann die typischen Befallsmerkmale sichtbar.

Nach einer bestimmten Verweildauer auf oder in der Pflanze bilden dann die Pilze ihre Vermehrungsorgane (Sporenträger) aus, die bei günstiger Witterung aufbrechen und Unmengen von Sporen entlassen, die der Wind verbreitet.

Die Pilzsporen dringen meist an Verletzungen in den Pflanzenkörper ein, keimen dort und bilden neue Pilzfäden aus. Weil sich dieser Vorgang mehrmals während der Wachstumszeit wiederholt, müssen die Kulturpflanzen laufend überwacht und auf Befallsstellen hin untersucht werden.

Grundkenntnisse über die Lebensweise der Schadorganismen sind dabei sehr hilfreich und schaffen die Voraussetzung, daß man auch im Freizeitgarten viele gesunde Früchte ernten kann.

Übersicht pilztötender Mittel (Fungizide) für den Obstanbau, die nicht bienengefährlich und in Kleinmengen erhältlich sind.

Handelsprodukt Hersteller	Wirkstoff	Wartezeit Tage	Anwendung gegen
Antracol Bayer	Propineb	14	Schorf, Schrotschußkrankheit, Sprühflecken
Bayleton spezial Bayer	Triadimefon	14	Apfelmehltau
BioBlatt Mehltaumittel Neudorff	Pflanzliches Pflegeöl	–	Mehltau an allen Obstarten
Cupravit (Ob 21) Bayer	Kupferoxychlorid	21	Vor Austrieb Krebs, Kräuselkrankheit, Schorf
Dithane Ultra Spieß	Mancoceb	28	Schorf, Spinnmilben
Euparen Bayer	Dichlofluanid	7	Blattfallkrankheit, Botrytis, Kräuselkrankheit, Monilia
Netzschwefel	80% Schwefel	7	Kräuselkrankheit, Mehltau, Schorf
Nimrod ICI	Bupirimate	24	Apfelmehltau
Saprol Celamerck	Triforine	14	Mehltau, Monilia, Rostpilze, Schorf, Sprühfleckenkrankheit, Stachelbeermehltau
Saprol Dosierkapseln Celamerck	Triforine	14	
Schachtelhalm-Extrakt Neudorff	Schachtelhalm Droge	–	Verschiedene Pilzkrankheiten

Die wichtigsten Pilzkrankheiten

Apfel- und Birnenschorf

Schorf ist die bedeutendste Pilzkrankheit im Obstbau. Sie wird durch hohe Stickstoffdüngung, hohe Luftfeuchte, zu dichte, ungepflegte oder falsch geschnittene Baumkronen und zu enge Pflanzabstände gefördert.

Infektion
: Die Infektion findet beim Austrieb statt, ausgehend von den Wintersporen am Baum und von alten, infizierten Blättern am Boden. Während der Vegetationszeit ist die weitere Entwicklung abhängig von der Benetzungsdauer in Verbindung mit der Temperatur.

Durchschnittliche Temperatur in °C	bis	5	6	7	8	9	10	11	13	15–24
Für Infektion benötigte Benetzungsdauer in Std.	über 48	25	20	17	15	14	12	11		9

Schadbild
: Bei Befall zeigen sich zunächst Aufhellungen auf den Blättern, die später schwarz werden. Im Extremfall kommt es zum Blattfall, wodurch der nächste Blütenansatz beeinträchtigt wird. Die Früchte zeigen kleine, schwarze Flecken, die sich während des Fruchtwachstums ausdehnen. Die Fruchtschale verhärtet sich und reißt.

Bekämpfung
: Eine Bekämpfung ist mit industriellen Mitteln möglich (siehe Übersicht „Fungizide", S. 130).
  Vorbeugende Maßnahmen sind:
  – Die richtige Sortenwahl.
  – Förderung der Regenwürmer, die infizierte und abgefallene Blätter in den Boden ziehen und dadurch für die Frühjahrsinfektion unschädlich machen; Grasstreifen, Mulchdecken und Kompostgaben bieten gute Lebensbedingungen für Regenwürmer.
  – Verzicht auf Dünger, wie Kalkstickstoff und schwefelsauren Ammoniak, die für den Regenwurm schädlich sind.
  – Fachgerechter Kronenschnitt wegen der besseren Durchlüftung der Bäume, der schnelleren Abtrocknung der Blätter und dadurch der Herabsetzung der Infektionsgefahr.
  – Artengerechte Pflanzabstände; bereits bei der Planung beziehungsweise der Pflanzung muß man die Endgröße der Bäume berücksichtigen, damit ausreichend Licht und Luft die Schorfgefahr mindern.

Eine erfolgreiche Schorfbekämpfung ist nur im Frühstadium der Infektion, also unmittelbar nach einer längeren Benetzungsdauer (Regen, Nebel) möglich.
Die Empfehlungen des Warndienstes (Postversand durch die Pflanzenschutzämter) sind hier sehr hilfreich.

Echter Mehltau

Der Echte Mehltau ist einer der wichtigsten Pilzkrankheiten im Obstanbau. Der Erreger ist der Pilz Podosphaera leucotricha. Anfällige Apfelsorten sind: 'Boiken', 'Boskoop', 'Cox Orange', 'Goldparmäne', 'Gravensteiner', 'Jonagold', 'Jonathan', 'Klarapfel', 'Mantet', 'Ontario' und andere.

Schadbild   Bei Austrieb und im Sommer zeigt sich ein weißer Belag auf Blättern und Jungtrieben. Die Blätter stehen im spitzen Winkel nach oben, verkümmern dann und fallen schließlich ab. Auch die Blüten können erkranken.
Im Winter ist der Befall an hellgrau verfärbten, dünneren Triebspitzen mit typischen „Zipfelknospen" zu kennen. An den Früchten sieht man netzartige, bei stärkerem Befall ganzflächige Berostungen.

Verbreitung   Im Sommer findet eine Verbreitung durch Sporen statt, die auf dem weißen Belag gebildet werden.
Manchmal erfrieren Mehltaupilze im Winter bei starkem Frost. Normalerweise überwintert das Pilzgeflecht in den Knospenschuppen der Bäume, um dann den Neuaustrieb wie einen Strumpf zu überziehen.

Bekämpfung   Mit industriellen Mitteln ist eine Bekämpfung möglich. Eine ausreichende Kaliversorgung im Boden beugt einem Befall vor, ein hoher Stickstoffgehalt fördert ihn.
Folgende Bekämpfungsmaßnahmen können ergriffen werden:
– Graue Mehltauspitzen entfernt man beim Winterschnitt, befallene Grüntriebe müssen sofort abgeschnitten werden.
– Laufende Spritzungen bei Sonnenschein mit Schachtelhalmtee, kombiniert mit Zwiebelschalenbrühe, beugen vor.
– Mit NAB-Spritzmittel der Firma Cohrs kann man Mehltau bekämpfen. Schwefelempfindliche Sorten dürfen nicht mit diesem Mittel gespritzt werden. Das sind 'Ananas-Renette', 'Berlepsch', 'Boskoop', 'Croncels', 'Golden Delicious', 'Jonathan', 'Oldenburg' und 'Ontario'.
– Bei regelmäßig starkem Mehltaubefall sollte man umveredeln, widerstandsfähige Sorten findet man in der Sortenübersicht (siehe S. 19–26, 29).

Obstbaumkrebs

Der Erreger des Obstbaumkrebses ist der Pilz Nectria galligena. Er befällt hauptsächlich Apfelbäume und kann hier über mehrere Jahre wuchern, bevor der Schaden erkannt wird. Anfällige Sorten sind: 'Ananas-Renette', 'Boskoop', 'Cox Orange', 'Goldparmäne', 'Landsberger' und 'Ontario'.

Schadbild — Ein Befall äußert sich zunächst durch eingesunkene, dunkle Rindenpartien in der Umgebung einer Knospe oder einer Schnittstelle. Später bilden sich typische Wucherungen am Rande mit bis ins Holz reichenden Wunden.

Verbreitung — Die Krankheit verbreitet sich vor allem während der Wintermonate durch Sporen. Auf den abgestorbenen Rindenteilen entstehen im Sommer weiße Sporenpolster und im Herbst 0,5 mm große Fruchtkörper, welche die Sporen enthalten. Diese dringen über Verletzungen (Schnitt, Frost, Hagel) ins Holz ein und bilden dort ein Pilzgeflecht. Die Krankheit wird durch milde Winter, regenreiche Wachstumsmonate und hohe Bodenfeuchtigkeit gefördert.

Bekämpfung — Befallene Holzteile müssen sorgfältig bis ins gesunde Holz ausgeschnitten oder -gefräst werden, zum Beispiel mittels eines Fräskopfes an der Handbohrmaschine. Den Abfall muß man sammeln und sofort verbrennen oder vergraben.
Anschließend wird die Wunde mit Wundmittel versorgt. Ein bewährtes Verfahren ist, zunächst Bondex aufzupinseln und nach einigen Tagen Bayleton-Rindenwundenverschluß, Santar SM oder Drawipas aufzutragen.
Die häufig empfohlenen Cupravit-Spritzungen kurz vor und nach dem Laubfall sind zwar vorbeugend wirksam, schaden jedoch auch dem Bodenleben.

Erhaltung — Auch stärker befallene Bäume können durch Überbrückung der Schadstellen erhalten werden. Dazu werden kräftige, einjährige Triebe oberhalb und unterhalb der Schadstelle mit einem T-Schnitt einveredelt. Diese stellen die Wasser- und Nährstoffversorgung auf Umwegen sicher.
Wenn die Schadstellen nur an Ästen oder schwächeren Stammteilen auftreten, sollte man die Möglichkeit einer Umveredelung im Frühjahr prüfen. Anleitung und Edelreiser erhält man bei den Beratungsstellen.

Kragenfäule

Der Erreger der Kragenfäule ist der Pilz Phytophthora cactorum. Er befällt Apfelbäume meist ab dem 10. Standjahr. Anfällige Sorten sind: 'Berlepsch', 'Cox Orange', 'Goldparmäne' und 'James Grieve'.

Phytophthora cactorum ist ein Bodenpilz, der auch die Lederfäule bei Erdbeeren hervorruft und Zierpflanzen, zum Beispiel die Clematis, befällt.

Schadbild	Ein Befall äußert sich durch eine zunächst eng begrenzte, violette Rindenverfärbung über der Veredlungsstelle. Werden denn die ersten Befallsmerkmale übersehen, so zieht sich die erkrankte Stelle (ohne Wucherungen wie bei Krebs) in wenigen Jahren um den ganzen Stamm. Die Blätter vergilben und fallen vorzeitig ab.
Verbreitung	Die Infektion breitet sich durch herabgefallene und tiefhängende Früchte aus. Diese sind der Ausgangspunkt für die Ansteckung des Stammgrundes. Feuchtes Wetter begünstigt die Pilzentwicklung.
Bekämpfung	Befallene Stellen müssen, wie beim Obstbaumkrebs beschrieben, ausgeschnitten werden. Vorbeugende Kupferspritzungen sind zwar wirksam, aber auch dem Bodenleben schädlich. Vorbeugende Maßnahmen sind:

– Abgefallene Früchte müssen, vor allem in Regenperioden, aufgesammelt und vernichtet werden. Man darf sie nicht vergraben oder in den Kompost geben.
– Mechanische Beschädigungen der unteren Stammteile muß man vermeiden. Frostrisse sollten sofort versorgt, besser noch mit einem rechtzeitigen Stammanstrich vermieden werden.
– Man darf keine Erdbeer-Unterkultur anpflanzen.
– Die Baumscheibe muß unkrautfrei gehalten werden. Besonders Lupinen dürfen nicht in Stammhöhe wachsen.

Erhaltung	Befallenen Bäumen hilft man durch eine sogenannte Ammenpflanzung, sofern die Befallsstelle noch nicht vollständig den Stamm umfaßt. Dazu veredelt man oberhalb der Befallsstelle bewurzelte, kräftige Apfeltriebe mit einem T-Schnitt in den Stamm ein. Am besten nimmt man dafür Triebe, die aus der Unterlage herauswachsen. Diese „Ammen", auch „Vorspann" genannt, übernehmen die weitere Wasser- und Nährstoffversorgung des Baumes.

Rotpustelkrankheit

Der Erreger der Rotpustelkrankheit ist der Pilz Nectria cinnabrina. Als typischer Schwächeparasit befällt er alle Holzgewächse, die vorher durch andere Ursachen, zum Beispiel durch Verletzungen, Lichtmangel, Frost, Hitze, schlechte oder übertriebene Nährstoffversorgung, Verpflanzungsschock oder beengten Wurzelraum geschwächt oder geschädigt wurden.
Er befällt aber auch abgestorbenes Holz, wodurch eine ständige Infektionsgefahr besteht. Gut gepflegte Gehölze auf optimalem Standort sind nicht gefährdet.

Schadbild	Ein Befall äußert sich zunächst durch den „Rindenbrand". Die Rinde ist – meist in der Nähe von Aststummeln – verfärbt, eingesunken und reißt vielfach auf, weil der Pilz das Kambium zerstört hat. Es erscheinen dann die typischen roten Fruchtkörper (Rotpusteln) auf der Rinde. Auffällig ist oft eine plötzlich auftretende Blattwelke an einzelnen Trieben oder ganzen Kronenteilen. Sie wird durch das Wachstum des Pilzes im Holzkörper hervorgerufen, der die Saftleitungsbahnen unterbricht.
Verbreitung	Die Pusteln entlassen massenhaft Sporen, die die Pilzinfektion verbreiten. Feuchte Witterung begünstigt den Befall. Die Infektion erfolgt nur über Wunden, die durch Schnitt, Verletzungen, Frostrisse, abgeknickte Äste, erfrorene Triebspitzen, tote Knospen und Blattnarben nach dem Laubfall entstanden sind. Eine intakte Pflanzenoberfläche kann der Pilz nicht durchdringen. Er ist im April/Mai am stärksten, ab September am wenigsten aktiv.
Bekämpfung	Folgende Maßnahmen können ergriffen werden: – Sorgfältige Schnittmaßnahmen mit scharfem, fachgerechtem Werkzeug und Vermeidung von Zapfenbildung. – Verwendung von gut geeigneten Wundverschlußmitteln, wie zum Beispiel Bayleton-Rindenwundverschluß, Drawipas, Lac-Balsam, Negal und Santar SM. – Ständiges Überwachen der Gehölze im Hinblick auf mögliche Infektionsherde. – Vermeiden einseitiger und überhöhter Stickstoffdüngung. – Befallsherde müssen schnellstmöglich bis weit in das gesunde Holz ausgeschnitten und sofort verstrichen werden.

Zweigmonilia an Sauerkirsche und Aprikose

Der Erreger ist der Pilz Monilia laxa. Die anfälligste Sorte ist die Schattenmorelle.

Schadbild   Ein Befall äußert sich dadurch, daß Triebspitzen oder größere Astpartien nach der Blüte plötzlich verdorren. Später werden die Früchte befallen, dadurch tritt dann, wie beim Kernobst, die Ringfäule auf. Anschließend vertrocknen die Früchte (Fruchtmumien).

Verbreitung   Im Frühjahr verbreitet sich der Pilz durch sehr viele Sporen. Die Infektion geht von den Sporenlagern an den abgestorbenen Knospen der zweijährigen Triebe (Peitschen) und von den Fruchtmumien aus. Die Sporen dringen durch die Blüte ins Holz und verstopfen so die Saftleitungsbahnen.
Eine lange Blütezeit im naßkalten Frühjahr fördert die Infektion, man muß dann mit einem starken Befall rechnen.

Bekämpfung   Eine chemische Bekämpfung ist vor der Blüte mit Baycor oder Euparen möglich. Eventuell wird nach der Blüte nochmals gespritzt.
Oftmals wird eine bienenunschädliche Spritzung in die Blüte empfohlen. Diese wirkt zwar gegen Monilia, allerdings meiden Bienen solche Blüten.
Beipflanzungen mit Meerrettich auf die Baumscheibe, die oft empfohlen werden, haben auf den Moniliabefall keinen Einfluß.
Vorbeugende Maßnahmen sind:
– Man muß regelmäßig und scharf entweder sofort nach der Ernte oder kurz vor dem Austrieb schneiden, um die Jungtriebe zu fördern und die knospenlosen „Peitschen" zu entfernen.
– Die Fruchtmumien müssen nach dem Laubfall entfernt werden. Man darf sie nicht kompostieren.

Monilia-Fruchtfäule (Polsterschimmel)

Der Erreger ist der Pilz Monilia fructigena. Er tritt an allen Obstarten auf.

Schadbild   Ein Befall äußert sich an reifenden Früchten durch zunächst braune Faulstellen, auf denen sich später weißliche, ringförmige Sporenlager bilden. Die befallenen Früchte fallen entweder vor der Ernte ab oder trocknen zu sogenannten Fruchtmumien ein und bleiben über Winter am Baum hängen.

Verbreitung   Verbreitet wird diese Krankheit durch Sporen aus den Sporenlagern, die sich auf Fruchtmumien bilden oder durch Wintersporen, die den Zweigen anhaften.
Später werden die Früchte befallen, so weit sie Verletzungen aufweisen. Gesunde Früchte bleiben verschont.
Wespen fressen gerne an den faulenden Früchten und verbreiten so die Krankheit weiter.

Bekämpfung   Die meisten industriellen Mittel vernichten die Schädiger, welche die Verletzungen hervorrufen, also Obstmaden, Fruchtschalenwickler, Sägewespen, Schorf und andere.
Vorbeugende Maßnahmen sind:
– Fruchtmumien müssen noch vor Wintereintritt sorgfältig aufgesammelt und vergraben (nicht kompostiert) werden.
– Wespen soll man bereits im Frühjahr (Königinnen) in enghalsigen Flaschen mit Hilfe einer gärenden Flüssigkeit fangen. Man darf dazu kein Zuckerwasser verwenden, da davon auch die Bienen angelockt werden.

Kräuselkrankheit des Pfirsichs

Der Erreger ist der Pilz Taphrina deformans. Anfällige Sorten findet man in der „Sortenübersicht" (siehe S. 45–46).

Schadbild   Ein Befall äußert sich durch blasenartige Verformungen der Blätter, die sich zunächst gelb oder auch rot verfärben und schließlich von einem reifartigen Belag überzogen werden. Später trocknen sie ein und fallen noch vor dem Hochsommer zusammen mit den meisten jungen Früchten ab.
Der Baum treibt zwar mit gesunden Blättern wieder aus, wird aber durch den Neuaustrieb so geschwächt, daß nur wenige oder gar keine Blütenknospen gebildet werden. Außerdem kann das Holz bis zum Ende der Wachstumsperiode nur unvollständig ausreifen und erfriert deshalb in kalten Wintern.

Verbreitung   Verbreitet wird die Krankheit durch das in den Knospenschuppen überwinternde Pilzgeflecht, das beim Austrieb mit herauswächst und so die Krankheit sichtbar macht. Später werden die Sporen vom Wind verbreitet. Sie setzen sich auf Trieben und Knospen fest, bilden ein Pilzgeflecht und überwintern dort.

Bekämpfung   Wenn die Knospen schwellen (nicht früher und nicht später) spritzt man mit Cupravit. Diese Behandlung muß vor dem Laubfall wiederholt werden. Behandlungsmittel, die das Bodenleben mehr schonen als Cupravit, sind Delan und Euparen.

Vorbeugend sollte man im Winter die Fruchtmumien aufsammeln und vernichten.

Umveredelungen mit widerstandsfähigen Sorten sind beim Pfirsich nicht möglich.

Bisweilen wird die Anpflanzung von Meerrettich auf der Baumscheibe empfohlen. Bei Versuchen hat sich jedoch keine Auswirkung auf den Befall mit der Kräuselkrankheit ergeben.

Grauschimmel an Erdbeeren, Himbeeren und Brombeeren

Der Erreger ist der Pilz Botrytis cinerea. Die Befallsstärke ist weniger von der Sorte abhängig, als vielmehr von den Standortbedingungen und der Witterung.

Schadbild — Ein Befall äußert sich durch hellgraue Pilzrasen auf den Früchten. Diese werden dadurch ungenießbar. In ungünstigen Jahren kann der Ernteausfall bei unbehandelten Pflanzen bis zu 90% betragen.

Verbreitung — Verbreitet wird diese Krankheit durch Sporen, die von den infizierten abgestorbenen Pflanzenteilen gebildet werden. Der Pilz entwickelt sich bei feuchtem Wetter, Temperaturen um 20 Grad, dichtem Pflanzenbestand, Lichtmangel und Stickstoffüberdüngung besonders gut. Die Sporen dringen über die Blütenorgane ein und infizieren den Blütenboden, die spätere Erdbeere.

Bekämpfung — Eine Bekämpfung ist ausschließlich während der Blütezeit erfolgreich. Man spritzt Euparen oder Ronilan, die auch gegen die Weißfleckenkrankheit und die Lederfäule wirken. Es sind 2 bis 3 Behandlungen mit diesen chemischen Mitteln nötig. Die erste Spritzung ist bei beginnender Blüte, die zweite Spritzung bei Vollblüte. Eine dritte Spritzung ist nur bei langanhaltender Blüte nötig.

Auch tiefsitzende und versteckte Blüten müssen gut benetzt werden. Die Dreidüsengabel (Zusatzgerät) an der Rückenspritze ist für diese Maßnahme das richtige Gerät.

Bei Spritzungen mit Schachtelhalmtee dürfen keine anderen Drogen (Ausnahme Baldrianextrakt) beigemischt werden, da die Bienen durch die starken Duftstoffe abgewiesen werden.

Vorbeugende Maßnahmen sind:

– Höchstens dreijährige Kulturzeit.

– Für rasches Abtrocknen der Pflanzen (und Früchte) und gute Belichtung sorgen, denn dichter Bestand erhöht die Infektionsgefahr.

– Zur Blütezeit Langstroh oder Holzwolle unterlegen, damit die Früchte frei und luftig liegen.

– Nach der Ernte das Laub abmähen und zusammen mit dem Stroh kompostieren.

– Mindestens vier Jahre Anbaupause einhalten.

Rutenkrankheit der Himbeere

Bei dieser Krankheit sind mehrere Erreger beteiligt, mindestens aber zwei Pilzarten und in der Regel ein Mycoplast.
Die Stärke des Befalls ist weitgehend von der Kulturweise und dem Standort der Pflanzen abhängig. Bisher ist keine Sorte bekannt, die resistent gegen diese Krankheit ist.

Schadbild   Ein Befall äußert sich durch blauviolette Flecken um die Knospen im Juni/Juli, die sich später vergrößern. Die Rinde platzt dann auf und kann absterben.
Gelb gesprenkelte Blätter treten gleichzeitig mit der Rutenkrankheit auf. Sie sind die Befallsmerkmale des Mycoplasten. Bisweilen kommt auch noch das Himbeermosaik-Virus hinzu.

Verbreitung   Diese Pilzkrankheit verbreitet sich durch Sporen, die im Sommer in den Fruchtkörpern (dunkle Pusteln) im Bereich des kranken Gewebes gebildet werden. An der Verbreitung sind auch Blattläuse, Glasflügler, Himbeer-Rutenmücken und eine Zikadenart beteiligt.

Bekämpfung   Eine chemische Bekämpfung ist mit Cupravit ab einer Rutenlänge von 20 cm, in Abständen von 10 Tagen möglich. Diese Behandlung ist in Freizeitgärten aber kaum durchzuführen. Außerdem schädigt Kupfer das Bodenleben.
Auch Euparen kann gegen den Pilz eingesetzt werden, allerdings werden Viren und Mycoplasten durch dieses Mittel nicht beeinträchtigt.
Vorbeugende Maßnahmen sind:
– Abgetragene Ruten sofort nach der Ernte knapp unterhalb des Erdbodens abschneiden (Stummel sind Infektionsherde); Ruten sofort verbrennen, nicht vergraben oder kompostieren.
– Ständige Bodendecke mit angerottetem Mist, Kompost oder Laub; Sägemehl oder Hobelspäne locken Drahtwürmer an!
– Nicht graben oder hacken, um Wurzelverletzungen zu vermeiden.
– Berücksichtigung der Kulturansprüche, das heißt, ausreichende Bodenfeuchtigkeit, Bodenreaktion pH 6,8–7,0, gute Kaliversorgung (Bodenuntersuchung!) und Humusgaben.
– Für Licht und Luft in den Reihen durch Entfernung schwacher Ruten und die Ausführung notwendiger Bindearbeiten sorgen.

Amerikanischer Stachelbeermehltau

Der Erreger ist der Pilz Sphaerotheca mors-uvae. Der Amerikanische Stachelbeer-mehltau ist die wichtigste Erkrankung der Stachelbeere.

Schadbild   Ein Befall äußert sich durch gestauchte Triebe, welche ebenso wie die jungen Blätter von einem weißen Pilzbelag überzogen sind. Auch die Beeren werden befallen.

Verbreitung   Verbreitet wird dieser Pilz durch Sporen, die von dem weißen Überzug auf den Pflanzenteilen gebildet werden. Warme Witterung verbunden mit hoher Luftfeuchtigkeit begünstigt die Pilzentwicklung und seine Verbreitung (Schönwetterpilz). Die Wintersporen des Pilzes überwintern in den stark verfärbten und gestauchten Triebspitzen. Von hier aus befällt der Pilz im Frühjahr die jungen Blätter und Früchte.

Bekämpfung   Der Pilz kann mit chemischen Mitteln bekämpft werden (siehe S. 130). Befallene Triebspitzen muß man vor dem Austrieb abschneiden und vergraben oder verbrennen. Sie dürfen nicht kompostiert werden. Nach dem Austrieb kann man bei sonnigem Wetter an drei aufeinanderfolgenden Tagen mit Schachtelhalmtee spritzen, der mit Zwiebelbrühe gemischt sein kann. Diese Behandlung sollte man bis zur Ernte etwa alle vier Wochen fortführen. Mitunter wird eine Beipflanzung mit Schnittlauch zu den Sträuchern empfohlen. Bei Versuchen wurde aber praktisch keine Wirkung auf den Befall festgestellt. Es gibt auch unempfindliche Sorten, die man anpflanzen sollte (siehe „Sortenübersicht" S. 66, 69).

Blattfallkrankheit der Johannisbeere und Stachelbeere

Der Erreger ist der Pilz Pseudopeziza ribis.

Schadbild   Ein Befall zeigt sich schon vor der Ernte an den Blättern durch zahlreiche dunkle, 1–3 mm große Flecken. Danach verfärben sich die Blätter, rollen sich ein und fallen vorzeitig ab. Empfindliche Sorten sind im August schon völlig entlaubt. Die Krankheit ist nicht zu verwechseln mit dem Blattfall, der durch Kalimangel verursacht wird. Dieser äußert sich im Gegensatz dazu durch vertrocknete Blattränder.

Verbreitung	Verbreitet wird diese Krankheit durch Sporen, die sich auf den kranken, abgefallenen Blättern bilden und den jungen Austrieb infizieren. Eine stärkere Verbreitung findet allerdings durch die Sommersporen statt, die sich auf dem Sommerlaub bilden (schwarze Flecken). Bei mehrjährigem Befall kümmern die Sträucher und der Ertrag sinkt deutlich.
Bekämpfung	Kurz nach der Blüte wird zweimal im Abstand von zwei Wochen mit Euparen oder Delan gespritzt. Abgefallene kranke Blätter muß man sorgfältig einsammeln und vergraben. Sie dürfen nicht kompostiert werden. Während der Wachstumszeit kann man bei sonnigem Wetter mehrmals mit Schachtelhalmtee, der mit Brennesseljauche vermischt sein kann, gespritzt werden.

Tierische Schädlinge

Es gibt eine ganze Reihe tierischer Schädlinge, die dem Obstgärtner das Leben schwer machen. Sie treten bevorzugt an geschwächten Pflanzen auf. Daher muß man immer darauf achten, daß die Gehölze an den richtigen Standort gepflanzt und ausreichend ernährt und gepflegt werden.

Es ist außerdem sehr wichtig, daß man ein biologisches Gleichgewicht im Garten schafft. Dadurch stellen sich verschiedene Nützlinge ein, die den Gärtner bei der Schädlingsbekämpfung unterstützen. So ist es sogar möglich, ohne chemische Insektenvernichtungsmittel den Obstgarten zu bewirtschaften und gesunde Früchte zu ernten.

Übersicht insektentötender Mittel (Insektizide) für den Obstanbau, die im Fachhandel auch in Kleinmengen erhältlich sind.

Handelsprodukt Hersteller	Wirkstoff	Gefahren-symbol	Wartezeit Tage	Nebenwirkung auf Nützlinge	
Ambush Compo	Permethrin	–	14		stark
Bio-Insektenfrei Spieß	Pyrethrum und Piperonylbutoxid	–	2	keine	fisch-giftig
Decis Hoechst	Deltamethrin	–	7		mittel-stark
Ekamet Dosierfl. Spieß	Etrimfos	–	14		stark
Hostaquick Hoechst	Heptenophos	T	3		stark
Pirimor-Granulat ICI	Pirimicarb	T	10	schwach	
Rubitox-Spritzp. Spieß	Phosalone	Xn	42	schwach	stark auf Regen-würmer
Raupenspritzmittel Neudorff	Bacillus thuringiensis	–	–	keine	
Schädlingsfrei Parexan, Celamerck	Pyrethrum und Piperonylbutoxid	–	2	keine	fisch-giftig
Spruzit flüssig Neudorff	Pyrethrum Extrakt	–	2	keine	fisch-giftig
Unden flüssig Bayer	Propoxur	Xn	4		stark

Kennbuchstaben der Gefahrensymbole:
T = Giftig
C = Ätzend
Xn = Gesundheitsschädlich
Xi = Reizend

Regelmäßig auftretende Nutzinsekten mit Bedeutung für den Obstanbau im Freizeitgarten

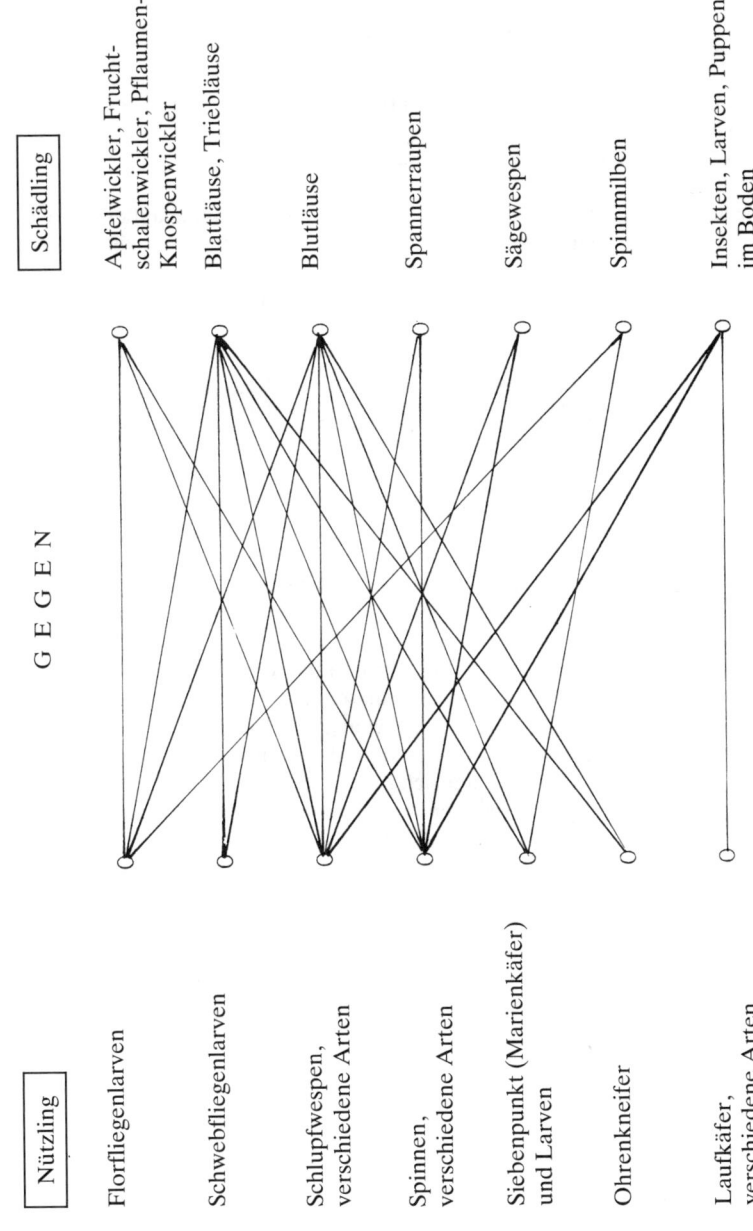

Schädling
Apfelwickler, Frucht-schalenwickler, Pflaumen-, Knospenwickler
Blattläuse, Triebläuse
Blutläuse
Spannerraupen
Sägewespen
Spinnmilben
Insekten, Larven, Puppen im Boden

G E G E N

Nützling
Florfliegenlarven
Schwebfliegenlarven
Schlupfwespen, verschiedene Arten
Spinnen, verschiedene Arten
Siebenpunkt (Marienkäfer) und Larven
Ohrenkneifer
Laufkäfer, verschiedene Arten

Die wichtigsten Schädlinge

Obstbaumspinnmilbe, Rote Spinne

Alle Obstarten, einschließlich Beerenobst und Weinreben, werden von der Obstbaumspinnmilbe befallen. Die Obstgewächse sind je nach Standort, Sorte und Kulturweise mehr oder weniger anfällig.

Schadbild Der Befall mit der Obstbaumspinnmilbe äußert sich durch fahle, glanzlose, besonders in Adernähe fein gesprenkelte Blätter.
Beim gesunden Blatt ist die Wasserverdunstung durch die Spaltöffnungen geregelt; die massenhaften Einstichstellen der saugenden Milben verursachen eine stark erhöhte, ungeregelte Verdunstung. Das führt – besonders in Trockenperioden – zuerst zu Blattvergilbungen und anschließend zu vorzeitigem Blattfall.
Im Winter erkennt man in der Nähe von Knospen und Wachstumsringen die roten Wintereier.

Entwicklung Die Entwicklungsstadien der Obstbaumspinnmilbe sind: Winterei – Larve – Nymphe – erwachsene Milbe. In einem Jahr entwickeln sich bis zu sechs Generationen.
Besonders stark vermehren sich diese Schädlinge während langer heißer Trockenperioden.

Bekämpfung Eine Bekämpfung ist mitunter schwierig, weil Spinnmilben sehr lebenskräftig sind. Aus diesem Grunde bringen auch naturgemäße Mittel nicht immer den gewünschten Erfolg.
Die Austriebsspritzung mit dem Paraffinöl Attraco, Promanal oder Folidolöl richtet sich gegen die Wintereier. Später kann Shell Torque (nützlingsschonend), Kelthane oder Plictran angewendet werden.
Vorbeugende Maßnahmen sind:
– Wiederholte Spritzungen mit Knoblauchbrühe, der man Rainfarn zusetzt.
– Häufigeres Abspritzen mit klarem Wasser bei Sonnenschein; die Blätter müssen schnell wieder abtrocknen, sonst besteht Schorfgefahr.
– Überdüngung mit Stickstoff vermeiden.

Blattläuse

Blattläuse befallen alle Obstgewächse. Deren Anfälligkeit ist jedoch von der Sorte, dem Standort und der Kulturweise abhängig. Wärme und Trockenheit begünstigen die Entwicklung dieser Schädlinge.

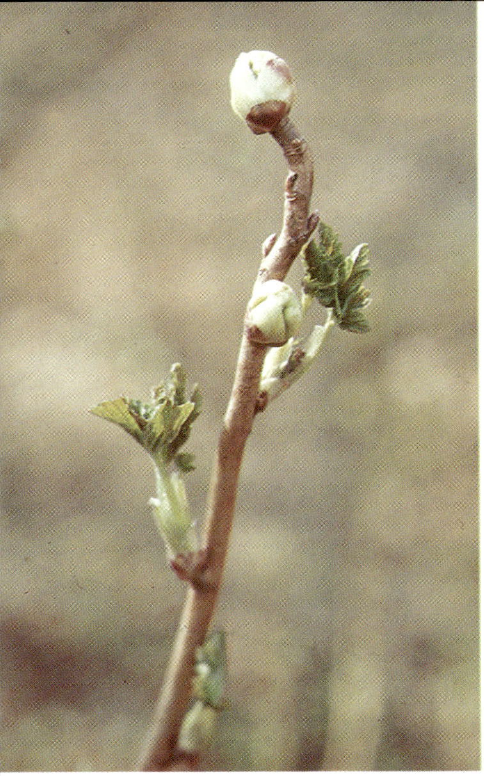
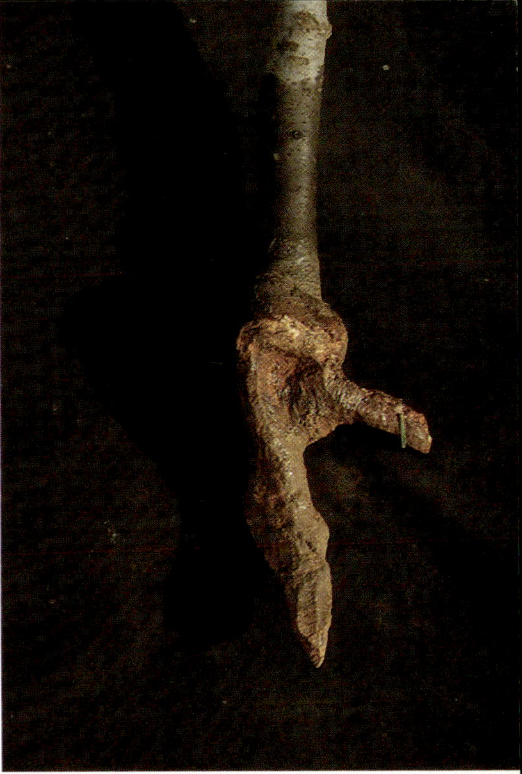
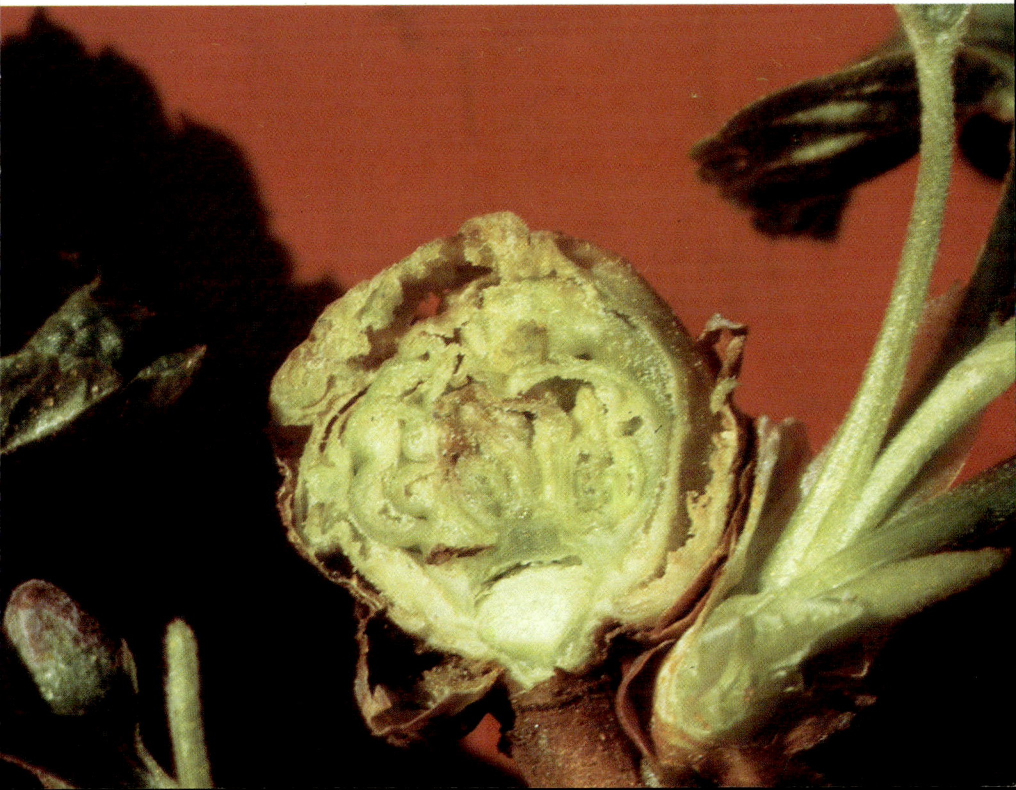

Schadbild	Der Befall äußert sich durch Kräuselung und Einrollen der Blätter und durch Verkümmern der Triebe und Früchte. Die Johannisbeer-Blasenlaus verursacht blasig aufgetriebene Blätter. Läuse saugen meist an den Unterseiten der Blätter und Jungtriebe. Verholzte Pflanzenteile bleiben verschont.
Schädigung	Läuse entziehen den Gewächsen den Pflanzensaft mit den darin enthaltenen Assimilaten und Nährstoffen. Daneben kommt es zu sekundären Schädigungen, die meist noch bedeutender sind. Diese sind: – Um den Zellinhalt besser aufsaugen zu können, geben Läuse Speichelsekrete in die Pflanzenzelle ab, die das Verkrümmen der Blätter verursachen und gleichzeitig auch die Nachbarzellen schädigen. – Blattläuse können mit dem Pflanzensaft aufgenommene Zucker nicht verwerten und scheiden sie durch die Hinterleibsöffnung tropfenweise aus. Ameisen lieben diesen Zuckersaft. Daher „züchten" sie die Blattläuse förmlich und transportieren sie von Blatt zu Blatt. Auf dem Zuckerbelag siedeln sich außerdem oft Pilze, sogenannte Rußtaupilze an, die die Pflanze vor allen Dingen dadurch schädigen, daß der schwarze Belag, den sie verursachen, keine Assimilation mehr zuläßt. – Wirtswechselnde Blattläuse, besonders die Pfirsichblattlaus (auch Zikaden) nehmen mit dem Pflanzensaft Viren oder Mycoplasten auf und verschleppen diese an andere Kulturpflanzen.
Entwicklung	Die Blattlausentwicklung läuft über verschiedene Stadien. Diese werden folgend aufgezählt. 1. Die nicht geflügelte Stammutter schlüpft aus dem Winterei. 2. Sie bringt ohne Befruchtung lebende Jungtiere zur Welt, die schnell fortpflanzungsfähig sind und auch lebende Junge gebären. Dabei entstehen auch geflügelte Tiere, die dann auf anderen Pflanzen neue Kolonien gründen. 3. Gegen Herbst treten weibliche und männliche Tiere auf. 4. Die Weibchen legen nun die Wintereier in Knospennähe ab. So können 12 bis 15 Generationen während einer Wachstumsperiode entstehen.
Bekämpfung	Die Bekämpfung der Blattläuse sollte möglichst mit nützlingsschonenden Mitteln erfolgen. Blattläuse gewöhnen sich allerdings rasch an ein Pflanzenschutzmittel, daher wird man innerhalb einer Wachstumsperiode verschiedene Mittel anwenden. In diesen Fällen müssen blühende Unterkulturen abgedeckt und die angegebenen Wartezeiten unbedingt eingehalten werden. Wer auf den Einsatz industrieller Mittel (siehe „Insektizide" S. 144) verzichten will, muß bereits den Frühbefall erkennen und die Ursachen beheben.

An gut gepflegten Obstgewächsen treten die Schädlinge gewöhnlich nur bei extremen Witterungsbedingungen auf und verschwinden schnell wieder.

Ist der Befall jedoch sehr hoch, müssen in jedem Fall – mit Rücksicht auf den Nachbarn – Maßnahmen zur Bekämpfung getroffen werden. Das sind:

– Vernichtung der Wintereier im Rahmen der Austriebsspritzung (nicht unter 10 Grad) mit Attraco-Paraffinöl oder Promanal. Diese Spritzung wirkt auch gegen die Wintereier der Spinnmilbe.
– Bereits im Frühjahr bei Einzelbefall Läuse zerdrücken.
– Vorhandene Nützlinge fördern.
– Ohrenkneifer anlocken, die nachts die Schädlinge fressen. Man hängt dazu Blumentöpfe, die mit Holzwolle gefüllt sind, auf, um den Ohrenwürmern tagsüber einen dunklen, kühlen Unterschlupf zu bieten.
– Frühmorgens sollte man die Läuse mit einem kalten, scharfen Wasserstrahl abspritzen, besonders bei hohen Bäumen, wo die Rückenspritze nicht hinreicht.
– Mehrere Tage hintereinander mit Kaltwasserauszügen von Brennnesseln gemischt mit Stachelhalmtee spritzen.
– Beobachten, welche Sorten weitgehend blattlausfrei bleiben. Mit Reisern dieser Bäume sollte man die regelmäßig befallenen Sorten umveredeln.
– Auf eine ausreichende und ausgeglichene Ernährung des Baumes achten.

Eine Überdüngung mit Stickstoff bewirkt ein mastiges Wachstum mit weichen Trieben und Blättern. Diese werden von Blatt- und Blutläusen bevorzugt befallen.

Blutläuse

Blutläuse befallen Apfelbäume und hauptsächlich deren junge Triebe, aber auch älteres Holz und ungepflegte Schnittwunden.

Besonders anfällig sind die Sorten 'Cox Orange', 'Goldparmäne', 'James Grieve', 'Landsberger Renette' und 'Ontario'.

Warme, feuchte und windstille Standorte begünstigen den Befall.

Schadbild   Ein Befall äußert sich durch einen weißen, flockigen Wachsbelag. Darunter sitzen die Läuse, welche beim Zerdrücken einen rotbraunen Saft abgeben.

Schädigung   Sie entziehen den Bäumen den Pflanzensaft. Die Speichelsekrete, die
               sie dabei abgeben, verursachen knotenartige Wucherungen, die als
               Blutlauskrebs bekannt sind. Diese Gewebewucherungen durchwach-
               sen die Leitbahnen des Holzes, dadurch kann das Wasser nur noch
               mangelhaft transportiert werden, und die Triebe vertrocknen.
               Sehr starker Befall verursacht bei ungepflegten Bäumen allmähliches
               Absterben ganzer Kronenteile.

Entwicklung   Blutläuse überdauern milde Winter in Kolonien am Stamm. Harte
               Winter läßt sie im Spätjahr zum Stammgrund abwandern. Ab Mai
               können, je nach Witterung, 8–10 Generationen während einer Wachs-
               tumsperiode entstehen.

Bekämpfung   Der Wachsüberzug schützt die Läuse; daher wirken milde Mittel oft
               nur schlecht.
               Folgende Bekämpfungsmaßnahmen können ergriffen werden:
               – Austriebsspritzung mit Folidolöl, Paraffinöl Attraco oder Proma-
                 nal.
               – Spätere Spritzungen mit Pirimor (nützlingsschonend), Unden und
                 Hostaquick.
               – Einzelkolonien mit Farnkrautextrakt abbürsten.
               – Stickstoffüberdüngung vermeiden (siehe auch Blattläuse).
               – Durch ausreichende Pflanzabstände und fachgerechten Kronen-
                 schnitt für gute Durchlüftung sorgen.
               – Anfällige Sorten umveredeln.
               – Mitunter wird die Anpflanzung von Kapuzinerkresse am Stamm-
                 grund empfohlen. Bei Versuchen konnte jedoch keine wesentliche
                 Einwirkung auf den Blutlausbefall festgestellt werden. Bei Jungbäu-
                 men traten sogar geringe Wachstumshemmungen auf.

Apfelwickler (Obstmade)

Der Apfelwickler ist der bedeutendste Apfelschädling. Er tritt hauptsächlich am Apfel, gelegentlich auch an der Birne auf.

Schadbild   Der Befall äußert sich durch Bohrlöcher an vorzeitig abgefallenen
               Früchten. Außerdem sieht man den krümeligen, braunen Kot. In den
               Früchten findet man meist noch die weißlichen Larven mit braunem
               Kopf.

Schädigung   Die Larven fressen in den Früchten, welche massenweise vorzeitig ab-
               fallen. Eine zweite Generation befällt im Spätsommer die übrigen, be-
               reits reifen Früchte, die dadurch ebenfalls unbrauchbar werden.

151

Entwicklung   Der Apfelwickler ist ein grauer bis dunkelbrauner Kleinschmetterling. Er fliegt ab Ende Mai ausschließlich in der Dämmerung, wenn die Nächte wärmer als 10 Grad sind. Der Hauptflug ist Ende Juni/Anfang Juli.
Dieser Schmetterling legt seine Eier einzeln auf Früchte, bisweilen auch auf Blätter. Nach dem Schlüpfen, 8–14 Tage später, kriechen die Larven einige Tage umher (Bekämpfungszeitpunkt) und dringen dann in die Frucht ein. Nach etwa vier Wochen sind sie ausgewachsen und verlassen die Frucht. Ein Teil verpuppt sich in Borkenritzen und legt später als Falter der zweiten Generation erneut Eier auf die nun reifenden Früchte. Die daraus schlüpfenden Larven fressen wieder knapp vier Wochen, seilen sich dann am Spinnfaden ab, und überwintern in Kokons am Stamm.

Bekämpfung   Die Larven bekämpft man zwischen Schlüpfen und Einbohren. Später ist eine Bekämpfung unwirksam. Man muß daher die Flugzeiten genau kennen, um diesen Schädling wirksam bekämpfen zu können.
Dies ist möglich durch:
– Flugkontrolle mittels Pheromonfalle (Sexfalle AW), die von den Firmen Hoechst oder Spieß angeboten werden; die Männchen werden durch das weibliche Sexualhormon angelockt, geraten in die Falle und kleben dort an einer Leimtafel fest.
– Die Warnmeldungen der Pflanzenschutzämter beachten beziehungsweise erfragen.
Folgende Bekämpfungsmaßnahmen können ergriffen werden:
– Chemische Mittel sind Decis oder Unden; beide Mittel sind bienengefährlich, deshalb blühende Unterkulturen abdecken; die Wartezeiten einhalten.
– Die Präparate mit Bacillus thuringiensis, also Dipel oder Thuricide, schonen die Nützlinge.
– Befallene Früchte der ersten Generation auflesen und vernichten.
– Mehrfaches Spritzen mit Rainfarntee zur Zeit des Falterfluges ist bisweilen erfolgreich. Rainfarn besitzt durch seinen Geruch eine abweisende Wirkung.

Fruchtschalenwickler (Apfelschalenwickler)

Der Fruchtschalenwickler befällt meist Äpfel, aber auch Birnen und andere Obstarten. Vor einigen Jahren war dieser Schädling noch bedeutungslos, heute verursacht er oft hohe Ernteverluste.

Schadbild   Der Befall äußert sich durch Schabe- mitunter auch Skelettierfraß auf der Unterseite zusammengesponnener Blätter. An Früchten sieht man muldenförmige Fraßstellen unter den angesponnenen Blättern.

Schädigung   Der Baum verliert Blatt-(Assimilations-)fläche. Durch die Schabe- und Muldenverletzungen an den Früchten dringen Pilzkrankheiten (Frucht- und Lagerfäulen) ein. Dies verursacht die größten Verluste.

Entwicklung   Der Fruchtschalenwickler überwintert als halb ausgewachsene Raupe unter der Borke und in Zweiggabelungen. Die Raupe verläßt ab Mitte März das Versteck, dringt in die sich öffnenden Knospen und frißt den frischen Austrieb. Dort verpuppt sie sich etwa Mitte Mai, um bereits 14 Tage später als ockerfarbener Falter wieder zu erscheinen. Das Weibchen legt etwa 300 Eier zu je 100 Stück auf Blätter, seltener auf Früchte.

Nach 1–2 Wochen schlüpfen die Raupen der Sommergeneration, die zunächst Blätter, später auch an den Früchten fressen. Sie überwintern, noch nicht ganz ausgewachsen, in Verstecken am Stamm.

Bekämpfung   Mit einer Folidolöl-Spritzung im Mausohrstadium der Blätter kann man die Raupen vernichten. Die erste Nachblütenspritzung gegen andere Schädlinge wirkt nicht gegen den Fruchtschalenwickler, weil die Raupen sich bereits verpuppt haben.

Um den richtigen Zeitpunkt für die Bekämpfung herauszufinden, setzt man ab Ende Mai Pheromonfallen (Sexfalle FW) ein oder erfragt die Flugzeiten bei den Pflanzenschutzämtern. Zwei Wochen nach dem Flug erfolgt die Bekämpfung. Man kann Dipel oder Thuricide etwa Mitte Juni einsetzen, diese Mittel schonen die Nützlinge.

Pflaumenwickler (Pflaumenmade)

Der Pflaumenwickler befällt Pflaumen, Zwetschen, Mirabellen und Renekloden. Er ist ein bedeutender Schädling, der oft erhebliche Ernteverluste verursacht.

Schadbild   Der Befall zeigt sich an notgereiften Früchten, die ein Bohrloch mit einem farblosen Gummitröpfchen aufweisen. Die Früchte fallen meist ab.

Schädigung   Die Larven fressen im Fruchtinnern in der Nähe des Steins. Eine zweite Generation befällt die halbreifen Früchte, die dadurch ebenfalls unbrauchbar werden.

Entwicklung   Der Kleinschmetterling ähnelt im Aussehen und in der Lebenweise dem Apfelwickler.

Er fliegt in der Dämmerung etwa 15–25 Tage nach der Blüte und legt uhrglasartige Eier einzeln an die Unterseite der Früchte ab. Nach 9–15 Tagen schlüpfen die Larven und bohren sich bereits nach wenigen Stunden ein. Sie entwickeln sich in den abgefallenen Früchten weiter und verpuppen sich am Boden, seltener am Stamm, um nach 1–2 Wo-

chen als Falter der zweiten Generation erneut Eier an die Früchte zu legen.
Die Larven schlüpfen bereits nach 6–8 Tagen und bohren sich ein. Erwachsen seilen sie sich dann an Spinnfäden auf den Boden ab und überwintern dort in Kokons.
Schädlich ist vor allem diese zweite Generation.

Bekämpfung   Der Bekämpfungszeitpunkt ist kürzer als der gegen den Apfelwickler, weil sich die Larven sehr schnell in die Früchte einbohren. Deshalb ist die genaue Kenntnis der Flugzeit des Falters von besonderer Wichtigkeit.
Der Pflaumenwickler wird genauso bekämpft wie der Apfelwickler (siehe S. 51–52).

Kleiner Frostspanner

Der Kleine Frostspanner befällt Kirschen, Äpfel und Birnen. Er gehört zu den wichtigsten Schädlingen des Obstbaues.

Schadbild   Der Befall äußert sich durch stark befressene junge Blätter, Blüten und Blütenknospen. Auch die jungen Früchte, vorzugsweise Kirschen und Birnen, werden angefressen.

Schädigung   Dieser Schädling frißt Blätter und Blüten. Mitunter tritt auch Kahlfraß auf. Angefressene Kirschen fallen ab. Die Fraßstellen bei Birnen heilen zwar bisweilen, die Früchte werden jedoch im Laufe des Wachstums schief und verkrüppelt.
Häufig dringen auch Pilzsporen der Monilia-Fruchtfäule ein.

Entwicklung   Die Raupen verlassen die Eier, die in Rindenritzen und Knospennähe abgelegt wurden, wenn sich die ersten Blätter entfalten. Sie beginnen sofort zu fressen.
Man erkennt sie an der typischen Fortbewegungsart: „spannend mit Katzenbuckel". Die bis 25 mm großen Raupen besitzen eine grüne bis bräunliche Färbung mit drei weißen und einem dunkelgrünen Mittelstreifen. Erwachsene Raupen seilen sich im Juni an einem Faden ab, verpuppen sich im Boden und verlassen ihr Kokon als Falter, wenn im Herbst die ersten Fröste zu erwarten sind. Das Weibchen ist flugunfähig und muß zur Eiablage am Stamm hochkriechen.

Bekämpfung   Die Raupen werden mit Dipel, Thuricide oder Dimilin 25 WP bekämpft.
Häufig wird empfohlen, Leimringe um den Stamm zu legen, welche verhindern, daß die Falterweibchen am Stamm emporkriechen.
Besser ist es, eine etwa 12 cm breite Wellpappmanschette so um

Stamm und Pfahl zu legen, daß das untere Ende etwas absteht. Die Vögel finden so die Falterweibchen unter der Manschette, ohne sich die Kehle (am Leimring) zu verkleben.

Man kann auch während des Austriebes im Mausohrstadium der Knospen mit Paraffinöl Attraco oder Mineralöl Folidol spritzen. Diese Mittel vernichten die Eier und die gerade geschlüpften Raupen.

Johannisbeer-Gallmilbe

Die Johannisbeer-Gallmilbe befällt überwiegend schwarze Johannisbeeren, seltener rote und weiße.

Schadbild   Der Befall äußert sich bei schwarzen Johannisbeeren durch stark angeschwollene, sogenannte Rundknospen, die bei anderen Johannisbeeren weniger ausgeprägt sind. Das gesamte Wachstum ist gehemmt. Besonders gerne werden ältere, ungepflegte Sträucher befallen.

Schädigung   Der Baum bildet keine Jahrestriebe und daher weniger Blattfläche und Blüten. Die Pflanze wird entscheidend geschwächt. Indirekt werden die Sträucher noch dadurch geschädigt, daß die Milben einen Virus (Brennesselblättrigkeit) übertragen. Dieser verursacht darüber hinaus noch eine Triebhemmung.

Entwicklung   Die Milben – eine ähnliche Lebensweise haben Brombeer-Gallmilben – leben zu mehreren Tausend in je einer Knospe. Diese verlassen sie im Frühjahr bei wärmerer Witterung. Wegen ihrer geringen Größe (etwa 0,2 mm) wird die Auswanderung nur selten beobachtet. Der Wind oder blütenbesuchende Insekten verbreiten die Milben oft über weite Strecken. Sie dringen dann dort in die Knospen ein und verursachen so durch ihre starke Vermehrung die bekannten Merkmale.

Bekämpfung   Eine Bekämpfung dieser Schädlinge ist vor dem Verlassen der Knospen und nach dem Eindringen mit industriellen Mitteln nicht möglich. Folgende Bekämpfungsmaßnahmen können ergriffen werden:
– In Freizeitgärten entfernt man die Rundknospen im Winter und vergräbt sie.
– Während der Winterzeit spritzt man mit Netzschwefel (nur bei trübem Wetter oder abends) kurz vor und etwa zehn Tage nach der Blüte.
– Unter gleichen Voraussetzungen kann man auch eine Behandlung mit Knoblauch probieren.
– Ausgewogene Ernährung, Bodenbedeckung und fachgerechter Schnitt – kurz vor dem Austrieb oder kurz nach der Ernte – verhindern vorzeitige Vergreisung und mindern den Befall.

Die Wühlmaus

Die Wühlmaus tritt in allen Bereichen des Gartenbaues auf, besonders häufig in Kulturflächen, die an Brachland grenzen.

Lebensweise   Wühlmäuse leben überwiegend unterirdisch. Sie graben in unterschiedlicher Tiefe hochovale, (der Maulwurf gräbt flachovale) lange Gänge. Nachts kommen sie bisweilen aus der Erde und fressen Gras und saftige Pflanzenteile. Dabei werden sie gelegentlich von Nachttieren wie Katzen, Wiesel und besonders von Schleiereulen, gefangen. Wühlmäuse haben gerne ihre Ruhe, die sie in den „Faulenzergärten" und in den mißverstandenen „Ökologiegärten" finden. Wo häufig die Erde gehackt und öfters auch mal an Erdpflöcke oder Zaunpfähle geklopft wird, ist es zu unruhig für Wühlmäuse, sie flüchten – zum Nachbarn.

Schadbild   Ein Befall äußert sich durch allgemeine Wachstumsstörungen. Junge Pflanzen treiben noch aus und welken dann plötzlich. Teilweise sind die Gehölze so locker, daß man sie leicht herausziehen kann. Apfelsorten auf M 9 sind besonders betroffen.

Schädigung   Wühlmäuse benagen die Hauptwurzeln von Obstbäumen.

Bekämpfung   Zunächst muß man feststellen, ob es sich bei den Schädlingen wirklich um Wühlmäuse handelt.

Dazu öffnet man den Gang senkrecht. Ist eine Wühlmaus in der Nähe, so wird sie den Gang schnell wieder schließen, weil sie Zugluft nicht mag (sogenannte Verwühlprobe).

Folgende Bekämpfungsmaßnahmen sind zu empfehlen:

– Aufstellen von Schnappfallen und Röhrenfallen; so wird der Gewöhnungseffekt ausgeschaltet; beide Typen sind preiswert; stets mit Handschuhen arbeiten, die mit Erde abgerieben wurden.

Man öffnet den Gang und stellt die Falle so auf, daß der Gang davor und dahinter noch 20 cm gerade verläuft. Dann deckt man die Öffnung mit einer Steinplatte oder einem Brett zugfrei ab.

– Eine gute Katze hält die gesamte Umgebung wühlmausfrei.

– Nachdem sich nachtaktive Greifvögel wieder vermehren, lohnt es sich, etwa 5 m hohe Sitzstangen aufzustellen, die man mit Prunkbohnen oder anderen Schlingern berankt.

– Unterschlupf schaffen für Wiesel durch Aufschichten grober Feldsteine an geschützter Stelle.

– Auslegen von pflanzlichen Giftködern, zum Beispiel Quiritox, Racumin-Fertigköder oder Cumarax-Fertigköder.

– Erhaltung des Baumes durch Ammen-Veredelung, wenn noch Restwurzeln vorhanden sind.

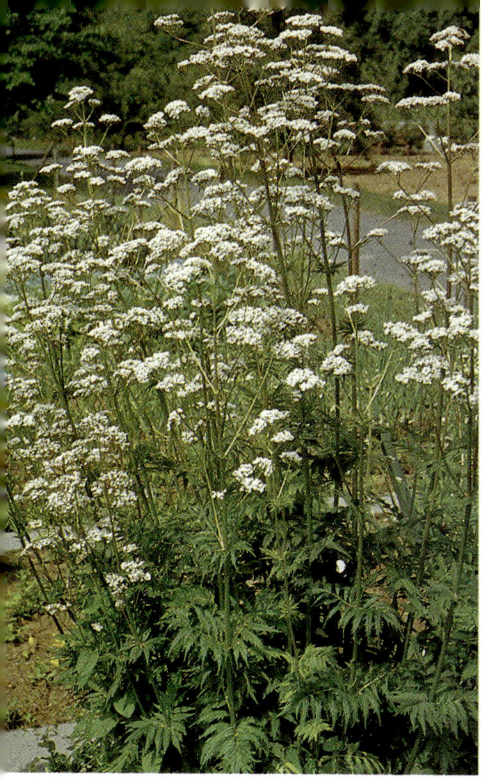
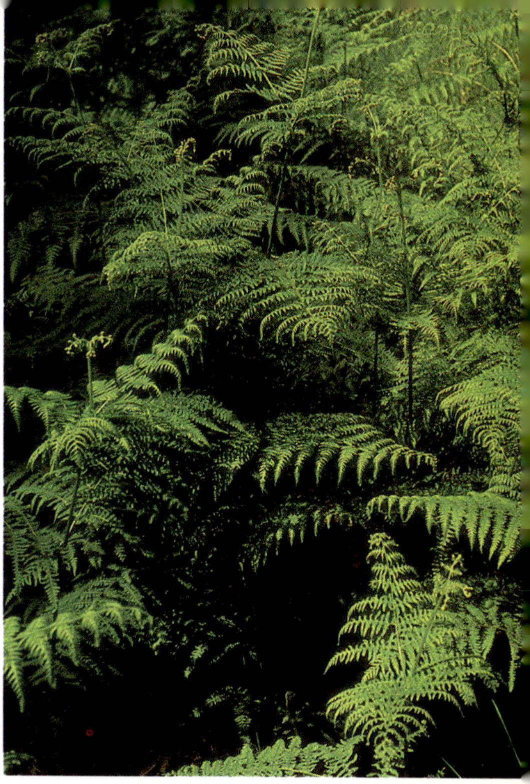
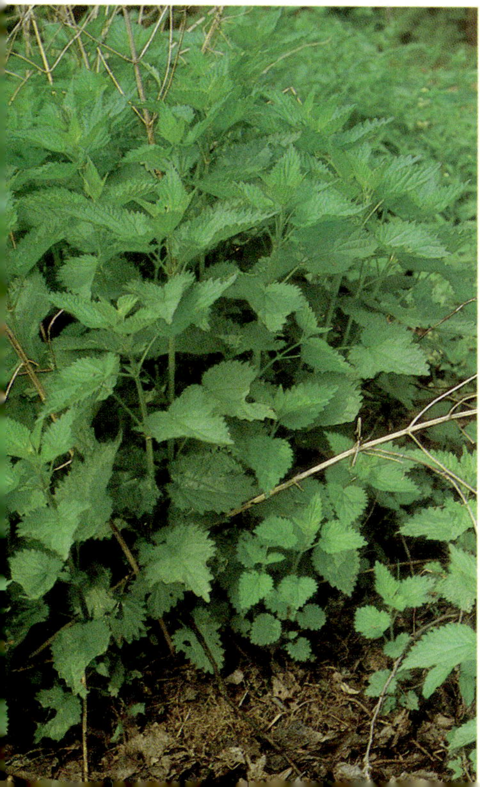
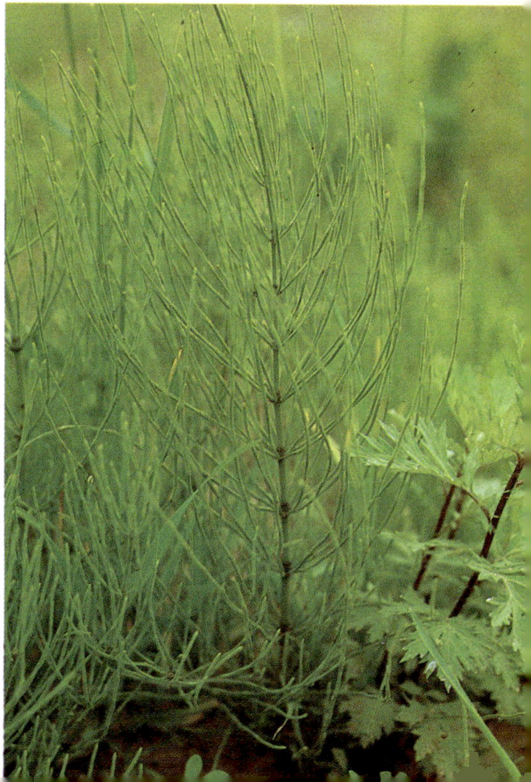

Oben links: blühender Baldrian;
oben rechts: Adlerfarn;
unten links: Brennessel;
unten rechts: Ackerschachtelhalm (siehe Kapitel „Herstellung und Anwendung von
Pflanzenpräparaten" S. 160–162)

Ultraschallgeräte, wie sie in Inseraten angepriesen werden, sind gegen Wühlmäuse wirkungslos. Außerdem ist noch ungeklärt, ob nicht auch nützliche Bodenorganismen durch die Schallwellen vertrieben oder geschädigt werden. Batteriegetriebene Klopfgeräte sollen ebenfalls – laut Anzeigen – für wühlmausfreie Gärten sorgen. Ein Erfolg konnte bei Versuchen nicht festgestellt werden.

Flaschen eingraben, die bei Wind Heultöne verursachen sollen, oder Glasscherben in die Gänge legen, ist nicht nur wirkungslos, sondern auch gefährlich.

Häufig wird bestimmten Pflanzen abschreckende Wirkungen nachgesagt. Es handelt sich dabei unter anderem um die Kaiserkrone, die Wolfsmilch (Euphorbia lathyris), die Hundszunge, Steinklee, Knoblauch und Holunderblätter. Bei Versuchen konnte eine abschreckende Wirkung in manchen Fällen durchaus beobachtet werden, jedoch nur, solange andere Nahrungspflanzen in ausreichendem Maße vorhanden und mühelos zugänglich waren. Bei Nahrungsknappheit im Winter fraßen die Wühlmäuse Kaiserkronen, Knoblauch und auch die unmittelbar benachbarten Baumwurzeln.

Pflanzenschutzmittel

Viele Pflanzenschutzmittel sind gesundheitsschädlich. Man muß daher vorsichtig mit ihnen umgehen und sie genau dosieren. Dosieranweisungen sind auf den jeweiligen Packungen angegeben.

Die Reste dürfen nicht in den Ausguß geschüttet, sondern müssen gesondert beseitigt werden.

Leere Kleinpackungen und Präparatereste bis 100 g/Jahr der Giftabteilung Xn (Xn = gesundheitsschädlich) können in die Mülltonne. Größere Mengen und Reste der Giftabteilungen T und C (T = giftig, C = ätzend) kommen zur Müllverbrennung. Reste von Spritzbrühen gehören in die örtlich ausgewiesenen Beseitigungsanlagen.

Herstellung und Anwendung von Pflanzenpräparaten

Die Wirkung selbst hergestellter Pflanzenpräparate ist bei starkem Befall oft nicht befriedigend. Der Erfolg hängt sehr von der inneren Verfassung der Pflanzen und von den Umweltfaktoren ab. Die Anwendung muß in jedem Fall rechtzeitig und mehrmals erfolgen.

Will man naturgemäß anbauen und die Pflanzen vor Schädlingen schützen, sind gründliche Kenntnisse über die Lebensweise der Schadorganismen sehr wichtig. Wendet man industriell hergestellte Pflanzenbehandlungsmittel an, ist dies nicht so entscheidend.

Brennessel gegen Schädlinge

Man sammelt frische Pflanzen von April bis Juni. Trockenware eignet sich nicht für die Herstellung von Brühen, die gegen Schädlinge helfen sollen. Für einen Kaltwasserauszug setzt man 100 l kaltes Wasser mit 5 kg Frischpflanzen an und läßt diese Mischung höchstens 24 Stunden stehen. Man darf in keinem Fall Metallgefäße verwenden.

Nach 20–24 Stunden wird dieser Auszug gegen saugende und beißende Schädlinge in den Morgenstunden gespritzt. Die Behandlung sollte an mehreren Tagen hintereinander wiederholt werden. Die Schädlinge müssen von der Brühe getroffen werden. Der Wirkstoff ist Nesselgift, das allerdings nach einer Gärung unwirksam wird.

Brennessel als Pflanzenhilfsstoff

Man sammelt die großblättrige Brennessel Urtica dioica von April bis Juni. Etwa 10 kg Frischpflanzen oder 2 kg Trockenware werden mit 100 l Wasser angesetzt. Nach drei Wochen Gärung wird diese Brühe 20fach verdünnt angewendet.

Höhere Konzentrationen können zu Verbrennungen führen. Metallgefäße sollte man nicht verwenden, da sie durch die gärende Brühe angegriffen werden und sich die Wirkung dadurch verändert. Wegen des starken Geruches setzt man hin und wieder etwas Baldrianextrakt und Gesteinsmehl zu. Die Schwebstoffe müssen vor der Anwendung abgesiebt werden. Die Firmen Mesto, Gloria und Holder haben spezielle Grobdüsen zur Ausbringung der Pflanzenpräparate entwickelt.

Man spritzt die verdünnte Brühe etwa alle vier Wochen in den Morgen- oder Abendstunden auf die Blätter. Sie kann auch mit anderen Präparaten gemischt angewendet werden.

Aufgrund ihrer Inhaltsstoffe festigt die Brennesselbrühe das Zellgewebe und macht es nach mehrmaliger Anwendung widerstandsfähiger gegen Krankheiten und Schädlinge. Außerdem sorgt der Eisen- und Magnesiumgehalt dafür, daß die Pflanze verstärkt Blattgrün bildet. Brennesseljauche ist also kein Dünger und kein Schädlingsbekämpfer, sondern steigert in Verbindung mit einer harmonischen Düngung die Qualität und erhöht die Widerstandskraft der Pflanze.

Ackerschachtelhalm gegen Pilzkrankheiten

Die frischen Pflanzen werden ab Ende Mai gesammelt. Etwa 1 kg Frischpflanzen oder 200 g Trockenware setzt man mit 10 l Wasser an. Die Pflanzenteile müssen etwa 24 Stunden in dem heißen Wasser ziehen. Dann kocht man die Mischung 20 Minuten auf und siebt sie danach durch. Die gekochten Festteile gibt man zur Brennesseljauche oder auf die Baumscheiben.
Die Brühe spritzt man an drei Tagen hintereinander bei Sonnenschein (wichtig) gegen Pilzkrankheiten. Sie wirkt auch gegen Milben. Der Wirkstoff ist Silicium in feinster Verteilung.

Zwiebelschalentee gegen Mehltaupilze

Man sammelt die braunen Zwiebelschalen, die in der Küche anfallen, übergießt sie mit kochendem Wasser und läßt sie einige Tage stehen. Dabei kommen 500 g trockene Schalen auf 10 l Wasser. Der Tee wird mehrfach angewendet, allein oder mit Schachtelhalmtee gemischt.

Knoblauch gegen Milben

Man hackt etwa 70 g Knoblauchzehen mit der Schale klein, gießt 1 l kochendes Wasser darüber und läßt diese Mischung über Nacht stehen. Dann fügt man 6 l warmes Wasser zu und siebt die Feststoffe ab.
Der Tee wird allein oder mit Schachtelhalmtee gemischt gegen Milben gespritzt. Er hilft auch gegen Pilzkrankheiten.

Baldrianblütenextrakt

Die noch knosprigen Blütenstände sammelt man von Juni bis Juli. Man dreht sie frisch durch die Fleischmaschine und preßt sie in Leinensäckchen aus. Dieser Extrakt ist in verschlossenen Fläschchen jahrelang haltbar. Man kann ihn auch fertig bei der Firma Cohrs kaufen.
Ein Tropfen dieses Mittels wird auf 1 l Wasser gegeben und 15 Minuten lang gerührt.
Während der Blütezeit und zur Zeit der physiologischen Blütenbildung etwa Mitte Juli wird diese Mischung fein über die Pflanzen gesprüht.
Folgende Wirkung hat dieser Extrakt:
– Er beeinflußt das Blühen, das Fruchten und die Samenbildung.
– Er fördert die Ausreife bei späten Früchten, zum Beispiel bei Brombeeren.
– Er kann die Temperatur in den Blüten erhöhen und dadurch den Blütenfrost min-

dern oder verhüten. In diesem Fall sollte die Spritzung mehrmals wiederholt werden.

Folgend werden andere Pflanzenpräparate vorgestellt, deren Wirkung man unterschiedlich beurteilt. Weil sie aber seit alters in Gebrauch sind, sollen sie zumindest erwähnt werden.

Gegen Blattläuse

1. Man übergießt etwa 1 kg frische Rhabarberblätter mit 6 l kochendem Wasser und läßt sie über Nacht ziehen.
2. Wasser von gekochten Pellkartoffeln.
3. Etwa 75 g getrocknete Rainfarnblätter (Tanecetum vulgare) werden mit 5 l Wasser aufgekocht. Diese Mischung muß dann eine Nacht lang ziehen. Dieser Rainfarntee besitzt durch seinen Geruch auch eine abweisende Wirkung gegen andere fliegende Schadinsekten.
4. Farnkrautextrakt, auch gegen Blut- und Schildläuse. Man übergießt etwa 50 g getrocknetes oder 250 g frisches Farnkraut mit 5 l warmem Wasser und läßt es 24 Stunden ziehen. Man kann die Mischung gleich in Flaschen ansetzen, die bis zum Gebrauch verkorkt werden müssen.
Adler- und Wurmfarn wächst oft massenhaft auf Kahlschlägen im Wald. Wegen des hohen Kaligehaltes eignet er sich als Mulch und beugt außerdem Pilzkrankheiten vor. Früher gab man das Farnkraut in die Nester der Legehennen, um Federmilben fernzuhalten.

Gegen Monilia

Man setzt 50 g kleingehackte Meerrettichblätter mit 10 l kochendem Wasser an und läßt sie über Nacht stehen. Bei Blütenbeginn, in die Vollblüte und nochmals in die abgehende Blüte wird dieser Tee unverdünnt gespritzt.

Pflanzenstärkung und Saatbeize

Man übergießt 250 g frische oder 50 g getrocknete Kamillenblüten mit 10 l kochendem Wasser und läßt sie 24 Stunden stehen. Alle vier Wochen sprüht man diesen Tee einzeln oder als Zusatz zur Pflanzenjauche auf die Blätter der Kulturpflanzen.

Arbeitskalender für den Obstanbau

Januar

Baumpfähle und Baumbindungen prüfen, eventuell auswechseln.

Baumschutz gegen Wildverbiß anlegen; es eignen sich Fichtenreiser, Kunststoffspiralen und spezielle Spritzmittel (Arikal).

Edelreiser für Veredelungen im April schneiden; nur wenn die Temperaturen −5 nicht übersteigen.

Mäusebekämpfung mit Ködermitteln, wie Lepit oder Arrex-E-Köder.

Februar

Abwerfen der Kronen (Unterlagen) für Umveredelungen im April; letzter Termin um Edelreiser zu schneiden.

Düngung entfällt bei Bäumen in Gemüseland, sofern hier ausreichend gedüngt wird; anderenfalls siehe Kapitel „Praxisdüngung" S. 111.

Fruchtmumien beim Baumobst entfernen (Pilzinfektion).

Nistkästen säubern; neue Holzbetonkästen aufhängen; Beratung auch bei den Staatlichen Vogelschutzwarten.

Rundknospen an schwarzen Johannisbeeren (Gallmilben) entfernen.

Stämme mit Baumkratzer reinigen, um die dort überwinternden Schädlinge zu vernichten; lose Borke sammeln, verbrennen oder vergraben, nicht kompostieren.

Stammanstrich gegen die Wintersonne, zur Verhütung von Frostrissen bis in die stärkeren Äste; außerdem dient der Anstrich auch der Stammernährung; Fertigprodukte: Bio-Baumanstrich (Fa. Neudorff) und Preicobakt (Fa. Cohrs); Selbstherstellung: Bentonitmehl, Blutmehl, Natrium-Wasserglas 2%, etwas Tapetenleim für bessere Haftung; die Zutaten mit Wasser verrühren bis ein streichfähiger Brei entsteht.

März

Austriebs-spritzung	erst, wenn die Temperaturen am Tage 10 Grad übersteigen; Sauerkirschen gegen Frucht- und Zweigmonilia behandeln.
Frostrisse	und Frostplatten ausschneiden, beziehungsweise ausfräsen; sie entstehen in der Regel auf der Südseite bei Sonneneinstrahlung nach kalten Frostnächten; anschließend mit Bayleton-Rindenwundverschluß, Santar SM oder Drawipas verstreichen.
Erdbeeren	keinesfalls tief mit dem Spaten bearbeiten, nur leicht hacken; ab Blütenbeginn keine Bodenbearbeitung mehr.
Frucht-schalen-wickler-Raupen	bekämpfen (siehe S. 152–153).
Holz-krankheiten	wie Baumkrebs, Kragenfäule und Rotpusteln bis ins gesunde Holz ausschneiden oder ausfräsen; zunächst mit Bondex behandeln, eine Woche später Wundmittel auftragen.
Johannis-beeren	gegen knospenfressende Finken mit Vogelnetzen überpannen.
Mehltau-spitzen	bei Stachelbeeren abschneiden und verbrennen oder vergraben, nicht kompostieren.
Neu-pflanzung	einjähriger Pfirsichbüsche; andere Obstgehölze wegen des wesentlich besseren Anwachsens möglichst erst im Herbst pflanzen.
Pfirsiche	im Stadium des Knospenschwellens gegen die Kräuselkrankheit behandeln (siehe S. 139–140); Pfirsiche und Aprikosen erst kurz vor der Blüte (Erkennung der Dreifachknospe) oder nach der Ernte schneiden; auf Stellen mit Gummifluß achten; Ursachen sind Bakterienbrand, extreme pH-Werte, Bodenverdichtung, Nährstoffmangel oder -überschuß; diese Stellen ausschneiden und verstreichen; eventuell Beratungsstelle aufsuchen.
Schnitt-arbeiten	an Beerensträuchern, Kirschen und Pflaumen bis zum Blütenbeginn; Fruchtholzschnitt bei Kernobst.
Weinreben	und Kiwis schneiden; möglichst bei abnehmendem Mond – sie bluten dann weniger.

Wellpapp- ringe	an Stamm und Baumpfahl gegen aufkriechende Käfer des Apfel- und Birnenblütenstechers anbringen.
Umver- edelungen	mit der Geißfußtechnik sind jetzt möglich.

April

Anpflanzung	von Aromastauden in der Nähe des Baumobstes locken Nutzinsekten (biologische Schädlingsbekämpfung) an und dienen gleichzeitig als Würz- und Heilkräuter; es eignen sich Salbei, Thymian, Rosmarin, Zitronenmelisse, Weinraute, Dost und Bergbohnenkraut.
Austriebs- spritzung	gegen überwinternde Schädlinge mit Folidolöl, Attraco und Promanal; gegen Pilzkrankheiten setzt man pilztötende Mittel zu (siehe S. 130); während der Blüte oder bei blühenden Unterkulturen dürfen keine bienengefährlichen Mittel eingesetzt werden, notfalls abdecken; Spritzbrühen müssen genau dosiert angesetzt werden; bei Kleinmengen benützt man Einwegspritzen oder Dosiereinrichtungen verschiedener Firmen.
Erdbeer- pflanzung	ist mit getopfter Ware oder auch mit großem Erdballen möglich; August-Pflanzung ist wesentlich besser.
Pfirsich- und Aprikosen- schnitt	„Falsche" Fruchttriebe werden alle entfernt; die „wahren" Fruchttriebe um die Hälfte einkürzen; Pfirsichkerne für die Okulation im August aussäen.
Sauer- kirschen	gegen Frucht- und Zweigmonilia in die Blüte spritzen (Euparen, Ronilan, Baycor), nur bei den Bäumen, bei denen die Herbst- oder Austriebsspritzung versäumt wurde.
Schädlings- bekämpfung	gegen Blutläuse, Raupen des Frostspanners und des Knospenwicklers, Pflaumensägewespen, Stachelbeerblattwespen und Spinnmilben.
Schorf und Mehltau	infizieren jetzt die ersten Blätter; Bekämpfung siehe S. 131–132.
Über- brückungen	bei den Bäumen einveredeln, die Wunden infolge von Kragenfäule, Krebs, Wildverbiß oder Stammverletzungen haben.
Umver- edelungen	hinter die Rinde erst dann, wenn die Rinde gut löst; Reihenfolge: Kirschen, Pflaumen, Birnen, Äpfel.
Weinreben	pflanzt man jetzt am besten als Topfreben, damit sie sicher anwachsen.

Mai

Birnen	Frühbefall von Pockenmilben (längs Blattadern) beachten; bei Befall von Birnengitterrost muß Wacholder (Zwischenwirt) aus der Nähe entfernt werden; Plantvax spritzen.
Blattläuse	bei ganz geringem Befall am Blatt zerdrücken; prüfen, ob Nutzinsekten vorhanden sind, die den Befall begrenzen könnten; abspritzen mit kaltem Wasserstrahl in den Morgenstunden bei höheren Bäumen; Bekämpfung mit industriellen Mitteln siehe „Übersicht" S. 144.
Brennesseln und Ackerschachtelhalm	für die Herstellung von Pflanzenpräparaten sammeln (siehe S. 160 bis 162).
Erdbeeren	gegen Grauschimmel spritzen; erfolgreiche Bekämpfung ist nur möglich bei je einer Spritzung in die beginnende Blüte und in die Vollblüte; bei langer Blütendauer kann eine dritte Spritzung notwendig werden; Erdbeer- und Himbeerblütenstecher (Käfer) und die abgeknickten Blüten mit den Larven absammeln; Stroh oder Holzwolle unterlegen, damit die Früchte luftig und sauber liegen, dadurch weniger Pilzinfektionen; keine Bodenbearbeitung bis nach der Ernte; auf Befall von Schnecken und Tausendfüßlern achten.
Flugzeiten	vom Apfelwickler, Pflaumenwickler und Fruchtschalenwickler mittels Pheromonfallen feststellen; regelmäßiger Bezug des Warndienstes der Pflanzenschutzämter informiert über die termingerechte Bekämpfung; Bekämpfungstermine können auch telefonisch erfragt werden.
Kirschfruchtfliege	fliegt bei beginnender Gelbfärbung der Süßkirschen, um ihre Eier abzulegen; abfangen mit gelben Leimtafeln.
Ohrenkneifer	vernichten Schädlinge; mit Holzwolle gefüllte Töpfe in die Bäume hängen (Unterschlupf).
Schädlingsbekämpfung	gegen Raupen der Stachelbeerblattwespe, des Frostspanners, der Ringelspinner und der Knospenwickler.
Schorf- und Mehltaubefall	rechtzeitig bekämpfen (siehe S. 131–132).
Spinnmilben	an Baumobst und Brombeeren rechtzeitig bekämpfen; bei nicht ausreichenden oder zu späten Maßnahmen befallen sie auch Gurken und Bohnen.

Arbeiten während des Jahres;
oben links: März, Frostplatte vom Vorjahr muß behandelt werden;
oben rechts: Mai, Unterschlupfe für Ohrenkneifer werden in die Bäume gehängt;
unten links: Juni, Rainfarn wird gesammelt (siehe S. 162);
unten rechts: März, gegen den Frostspanner legt man Manschetten aus Wellpappe
um Stamm und Pfahl (siehe S. 154–155)

Umver- edelungen	vom April sollten jetzt deutlich treiben; Neutrieb gegen ein Ausbre- chen stäben; Bast kontrollieren, eventuell nachbinden.
Wässern	der Obstgehölze bei längerer Trockenheit mindert den Junifall (vor- zeitiges Abwerfen der Früchte).

Juni

Ausdünnen	nach dem Junifall bewirkt eine deutliche Qualitätsverbesserung und größere Früchte; bei überreichem Behang beläßt man pro Bukett nur die bestentwickelte Frucht (bei Kernobst).
Blattfall- krankheit	bei Beerenobst behandeln (siehe S. 142–143).
Düngung	letzte Gabe; Wässern nicht vergessen.
Erdbeeren	abranken, mit Ausnahme der (vorher gekennzeichneten) guten Trä- ger für die Weitervermehrung; faule Träger bilden mehr Ranken; Ern- te in den frühen Morgenstunden wegen des Aromas; die Pflanzen nach abgeschlossener Ernte sofort abmähen.
Flugzeiten	siehe Mai; Wellpappringe gegen aufkriechende Larven um Stamm und Pfahl le- gen.
Himbeeren	auslichten; schwache und zu weit seitlich wachsende Triebe ausreißen, so daß nur 10–12 kräftige Ruten pro Meter bleiben.
Junifall	bei Kern- und Steinobst (oft Schädlingsbefall) aufsammeln und ver- nichten, nicht kompostieren; das „Rieseln" der Beerenfrüchte und Weintrauben kommt mitunter bei Trockenheit vor.
Kirschen- ernte	bei Süßkirschen mit Stiel; bei Sauerkirschen ohne Stiel, damit das Auge an der Stielbasis nicht mit abgerissen wird.
Pinzieren	nennt man das Entspitzen der Neutriebe an Kernobst bei Spalierfor- men; man erreicht dadurch die Bildung von Blüten (und Früchten) in Stamm- und Astnähe; Pinzieren bei einer Trieblänge von 20 cm Länge auf 3–4 Blätter mit dem Daumennagel; Schere ist nicht nötig.

Rainfarn	sammeln; Blätter und Blüten als Tee gespritzt wirken abweisend gegen fliegende Insekten.
Raupennester	der Gespinstmotten an Kern- und Steinobst entfernen; bei höheren Bäumen mit einem Wasserstrahl abspritzen.
Schorf- und Mehltaubefall	rechtzeitig bekämpfen (siehe S. 131–132).
Umveredelungen	freistellen, das heißt, zu üppig wachsende Triebe aus der Unterlage müssen in Veredelungsnähe entfernt werden.
Zweigmonilia	bei Sauerkirschen äußert sich durch plötzliches Zweigsterben; nur ein radikaler Rückschnitt ins gesunde Holz verhindert die weitere Ausbreitung.

Juli

Apfelernte	bei 'Discovery', 'George Cave', 'Klarapfel' und 'Starks Earliest'.
Auslichtungsschnitt	bei Steinobst direkt nach der Ernte.
Blattfallkrankheit	bei Beerenobst behandeln (siehe S. 142–143).
Erdbeeren	bewurzelte, auch leicht bewurzelte Absenker von der Mutterpflanze trennen, auf Beete pikieren 5 × 10 cm für die endgültige Pflanzung im August; gut wässern; neue Pflanzen bei Zuchtbetrieben bestellen; Düngung und Kulturarbeiten siehe Kapitel „Erdbeeren" S. 54 bis 56, 59.
Flugzeiten	siehe Mai und Juni; Wellpappringe abnehmen, Schädlinge vernichten.
Herunterbinden	der Steiltriebe bei Spindelbüschen fördert die Blütenbildung; Leittriebe bei Formobst (Spalier) an das Gerüst binden.
Himbeeren	abgetragende Ruten sofort nach der Ernte dicht unter der Erde abschneiden; Jungruten an den Draht heften.

Pfirsiche	werden größer nach ausreichenden Wassergaben (20–30 l/m²); noch zwei Wochen vor der Ernte möglich.
Schädlingsbekämpfung	gegen Raupen der Stachelbeerblattwespe (3. Gen.); Gespinstnester mit Raupen von Goldafter und Gespinstmotten an Kern- und Steinobst entfernen; Blattläuse bekämpfen; besonders auf die Pfirsichblattlaus achten, die auch zahlreiche andere Kulturpflanzen befällt und häufig Viruskrankheiten verschleppt.
Sommerriß	beim Baumobst; man reißt mit kurzem Ruck die noch glasigen, überflüssigen Triebe mit der Basis vom Ast ab; die kleinen Wunden verheilen sehr schnell; so spart man Schnittarbeiten im Winter.
Strauchbeerenobst	ist sehr empfindlich, wenn mit den Fruchtstielen bei der Ernte auch die Basisaugen mit abgerissen werden; gute und gesunde Träger für die Steckholzvermehrung im September markieren.
Vogelfraß	an Kirschen und Beerenobst durch Netze verhüten.
Wespen	abfangen in enghalsigen, halbgefüllten Flaschen mit Gärflüssigkeit; kein Zuckerwasser, sonst werden auch Bienen angelockt (Flaschen bereits ab Mai aufhängen).

August

Apfelernte	bei 'Charlamowski', 'Discovery', 'George Cave', 'Jamba', 'Klarapfel', 'Mantet' und 'Summerred'.
Auslichtungsschnitt	direkt nach der Ernte bei Pfirsichen, Aprikosen und Strauchbeerenobst.
Birnenernte	bei 'Bunte Juli', 'Dr. Guyot', 'Stuttgarter Geißhirtle', 'Frühe Trevoux' und 'Supertrevoux'.
Erdbeeren	Pflanzung gut bewurzelter pikierter Pflanzen mit Ballen und zugekaufter Erdbeerpflanzen ohne Ballen; Anbaupausen einhalten; Kulturmaßnahmen siehe Kapitel „Erdbeeren" S. 54–56, 59; auf Befall der Weißfleckenkrankheit achten; Euparen spritzen.

Mehltau	äußert sich im Sommer auch durch Fruchtberostungen an Äpfeln ('Jonathan', 'Golden Delicious') und befällt die für das nächste Jahr gebildeten Knospen, um hier zu überwintern; Bekämpfung ist wichtig (siehe S. 132).
Okulation	bei Pfirsichen (Pfropfung nicht möglich), Beerenobst-Hochstämmchen und Rosen.
2. Pinzieren	bei Kernobstspalier (siehe Juni).
Schädlingsbekämpfung	ist gelegentlich nötig bei Goldafter-Raupen (2. Generation) und beim Apfelwickler (nach Feststellung der Flugzeiten des Falters); bei Erdbeermilben (Neuaustriebe nach dem Abmähen werden befallen), Spinnmilben und Blutläusen; Wellpappringe kontrollieren.
Schorfinfektion	kurz vor der Ernte zeigt sich erst im Lager (Lagerschorf); Infektionstabelle, vor allem Wartezeiten beachten.
Umveredelung	der Süßkirsche hinter die Rinde.
Wässern	muß Ende des Monats eingestellt werden, um die Holzausreife zu gewährleisten.

September

Anbauplanung	für Neupflanzungen im Oktober, dabei auch Wildobst und nutzbare Schmuckgehölze berücksichtigen.
Apfelernte	bei 'Alkmene', 'Croncels', 'Gravensteiner', 'James Grieve', 'Lobo', 'Rubin' und 'Oldenburg'; die Früchte werden besonders schön, wenn sie, im Gras liegend noch einige Tage nachreifen können.
Auslichtungs- und Rückschnitt	bei Pflaumen, Zwetschen, Reneklöden und Mirabellen.
Birnenernte	bei 'Amanlis', 'Conference', 'Gellerts', 'Gute Luise', 'Herzogin Elsa', 'Highland', 'Rote Williams', 'Triumph von Vienne' und 'Williams'.
Erdbeeren	bilden jetzt die Blütenanlagen für das nächste Jahr, düngen und wässern (siehe auch S. 54–56).

Obstlager	überprüfen; Holzstellagen gegen Pilzsporen mit 5%igem Sodawasser abwaschen.
Steckhölzer	von Johannisbeeren schneiden oder besorgen; kräftige, diesjährige, 25 cm lange Triebe wählen, keine Kopftriebe, entblättern, mit dem Spaten einen Spalt in die lockere Erde stechen, den Trieb bis auf das oberste Auge in den Spalt stecken, andrücken, feucht halten.
Wellpapp-gürtel	gegen aufkriechende Käfer des Birnenknospenstechers um Stamm und Pfahl bei Birnbäumen legen; im letzten Septemberdrittel legt er seine Eier an die Knospen.

Oktober

Auslichtungs- und Rück-schnitt	bei Kernobst kann gegen Ende des Monats beginnen.
Blattdüngung	sofort nach der Ernte verhindert oftmals das Alternieren; als „Alternieren" bezeichnet man den Ernteausfall im Folgejahr nach einer überreichen Ernte, tritt bei 'Berlepsch', 'Boskoop', 'Croncels', 'Goldparmäne', 'Gravensteiner', 'Kaiser Wilhelm', 'Ontario' und 'Schweizer Orange' auf; gute Blattdünger sind: Wuxal Typ 1 Schering oder auch verjauchte Hornspäne mit Brennessel.
Düngung	über den Boden (siehe S. 104–106, 109–112).
Haus-zwetschen	möglichst spät ernten; wenn sie am Stiel schrumpfen sind sie am süßesten.
Neu-pflanzung	der Obst- und nutzbaren Schmuckgehölze erst nach dem natürlichen Laubfall; Grenzabstand einhalten.
Tafeltrauben	mit Netzen gegen Vogelfraß schützen; gegen Wespen bewähren sich Acryl-Vliese.
Werkzeuge	für kommende Schnittarbeiten überprüfen; Wundmittel besorgen; geeignet sind Bayleton-Rindenwundverschluß, Drawipas, Lac-Balsam, Novaril Rot und Santar SM; die Beratungsstellen informieren über geeignete Werkzeuge und Hilfsmittel.

November

Baum-scheiben	säubern; Mulchschicht abräumen, damit sich keine Mäuse einnisten.
Bodenunter-suchungen	müssen vor der Düngung vorgenommen werden.
Obstbaum-schnitt	des Kernobstes beginnt vor dem Laubfall; Grundsatz: Je früher der Schnitt (Oktober), desto stärker der Austrieb. Je später der Schnitt (März), desto schwächer der Austrieb im Frühjahr (siehe S. 124–125); über Termine der Schnittlehrgänge informieren die Beratungsstellen der Gartenämter und der Ämter für Landwirtschaft, außerdem Obst- und Gartenbau- und Kleingartenvereine.
Pfirsiche	und Aprikosen mit Frostschutz versehen; auf Bakterienbrand an Stamm und Ästen achten; er äußert sich durch grindiges Aufreißen der Rinde und Gummifluß; befallene Stellen muß man tief ausschneiden und mit Kupfer behandeln.
Schlupf-winkel	für nützliche Tiere schaffen, zum Beispiel Laubhaufen unter einer Hecke für Igel oder größere Feldsteine aufschichten für Wiesel.
Steckhölzer	nach vollständigem Laubfall von Johannisbeeren, Stachelbeeren und Kulturholunder schneiden; bisweilen gelingen Steckhölzer auch bei Actinidia (Kiwi), Kulturheidelbeeren und Rosen; obwohl gelegentlich Steckhölzer einiger Apfelsorten und Edelrosen weiterwachsen, so ist doch von einer solchen Vermehrung abzuraten, weil der Einfluß durch die Unterlage fehlt.
Weinreben	und Kiwis mit Hilfe von Fichtenreisig am Spalier gegen die Wintersonne schützen (Frostschäden).
Wellpapp-manschetten	gegen aufkriechende Frostspannerweibchen um Stamm und Baumpfahl legen.

174

Dezember

Edelreiser	gegen Monatsende für die Veredelungen im April schneiden; geeignet sind diesjährige, kräftige, ausgereifte Triebe, möglichst von der belichteten Seite der Krone; keine Wasserschosse aus dem Bauminnern; Sorte mit Dymopräger oder ähnlichem dauerhaft etikettieren; im Freien und an schattiger Stelle aufrecht bis zu etwa $1/4$ der Länge in feuchtem Torf oder Sand einstellen; Kühlschrank und Keller sind für die Aufbewahrung ungeeignet.
Futter-stellen	für Vögel einrichten, jedoch erst füttern, wenn Frostwetter mit Schnee einsetzt; die Vögel fliegen sonst die bequemen Futterstellen an, ohne weiter nach Schädlingen zu suchen.
Obstlager	muß wöchentlich auf faulende Früchte kontrolliert werden; an frostfreien Tagen lüften (siehe S. 30–31).
Raupen-nester	und Fruchtmumien (Infektionsherde) entfernen.
Wühlmäuse	müssen jetzt gefangen werden, weil das Nahrungsangebot für sie knapp wird und Baumwurzeln bevorzugt in den Wintermonaten angenommen werden (siehe S. 156, 159).

Bezugsquellen

Dem Freizeitgärtner bieten eine Reihe qualifizierter Betriebe ihre Produkte und Dienstleistungen an. Sie sind auch zur Beratung in Spezialfragen ihrer Angebote gerne bereit.

Baumschulen

Conrad Appel
Brandschneise
6100 Darmstadt-Land
Tel. 0 61 55 - 40 81

Hans Bartsch
Postfach 1250
6222 Geisenheim
Tel. 0 67 22 - 82 20

Brenninger
Hofstarring 57
8251 Steinkirchen
Tel. 0 80 84 -6 67

Heinz Brunner
Friedhofstraße 30
6112 Groß-Zimmern
Tel. 0 60 71 - 4 23 43

Baumschulen Eberle
Bronnen Hauptstraße 13
8949 Salgen
Tel. 0 82 66 - 5 11

Christian Fey
Postfach 1149
5309 Meckenheim
Tel. 0 22 25 - 40 51

Wilhelm Ley
Postfach 1208
5309 Meckenheim
Tel. 02 25 - 40 31

Hermann Lodder
Elvert 5
4409 Buldern 2
Tel. 0 25 90 - 8 74

Hermann Müller
Baumschulenstraße
6460 Gelnhausen
Tel. 0 60 51 - 7 10 15

Oberholz
Dackenheimer Straße 21
6713 Freinsheim
Tel. 0 63 53 - 74 02

Ernst Rostock
Köllner Claussen 136
2200 Kölln-Reisriek
Tel. 0 41 21 - 7 30 01

Hermann Ulmer
Obere Grabenstraße 48–52
7315 Weilheim-Teck
Tel. 0 70 23 - 67 83

Wirtz & Eicke
Lorscher Straße 80
6000 Frankfurt/Main 90
Tel. 0 69 - 78 40 85

Beratungsstellen

Bund deutscher Baumschulen
Postfach 1229
2080 Pinneberg
Tel. 0 41 01 - 2 80 15

Forschungsanstalt
Neßlerstraße 23
7500 Karlsruhe-Durlach
Tel. 07 21 - 4 85 21

Forschungsanstalt (Obstbau)
von Lade-Straße 1
6222 Geisenheim
Tel. 0 67 22 - 50 22 56

Gartenamt Frankfurt,
Versuchs- und Beispielsanlage
Lohrberg
Klingenweg o. Nr.
6000 Frankfurt/Main 60
Tel. 0 69 - 47 99 94

Institut für Obstbau
8050 Weihenstephan-Freising
Tel. 0 81 61 - 7 11

Landwirtschaftskammer Rheinland
Pflanzenschutzamt Bonn
Endenicher Allee 60
5300 Bonn 1
Tel. 02 28 - 37 69 31

Lehr- und Versuchsanstalt für
Gartenbau
Oberzwehrener Straße
3500 Kassel
Tel. 05 61 - 40 20 34

Pflanzenschutzdienst
Friedr.-Wilhelm-von-Steuben-Straße
6000 Frankfurt/Main
Tel. 0 69 - 77 50 51

Bodenanalysen-Institute

Bayerische Hauptversuchsanstalt
für Landwirtschaft
8050 Freising 12
Tel. 0 81 61 - 7 13 81/82

Bodenuntersuchungsinstitut
3001 Koldingen
Tel. 0 51 02 - 20 66

Institut für Bodenökologie
Am Teeberg 5
3111 Bohlsen
Tel. 0 58 08 - 6 05

Landesanstalt
für Landwirtschaftl. Chemie
Emil-Wolff-Straße 14
7000 Stuttgart-Hohenheim
Tel. 07 11 - 4 70 11

Landwirtschaftl. Untersuchungsamt
Am Versuchsfeld 13
3500 Kassel-Harleshausen
Tel. 05 61 - 8 81 41

Landwirtschaftl. Untersuchungsamt
Luxburgstraße 4
8700 Würzburg
Tel. 09 31 - 7 13 25

Landwirtschaftl. Untersuchungs- und
Forschungsanstalt
Weberstraße 61
5300 Bonn
Tel. 02 28 - 22 19 23

Landwirtschaftl. Untersuchungs-
und Forschungsanstalt
Gutenbergstraße 75–77
2300 Kiel
Tel. 04 31 - 1 50 87

Landwirtschaftl. Untersuchungs-
und Forschungsanstalt
Neßlerstraße 23
7500 Karlsruhe-Durlach
Tel. 07 21 - 4 85 21

Landwirtschaftl. Untersuchungs-
und Forschungsanstalt
Obere Langgasse 40
6720 Speyer
Tel. 0 62 32 - 7 56 80

Düngemittel, Bodenhilfsstoffe

aqua-terra Bioprodukte
Konrad-Adenauer-Straße 8
6103 Griesheim/Hess. 1
Tel. 0 61 55 - 6 43 57-8

Meyer Bodenaktivator
Bonsrechtern 18
2849 Visbek 2
Tel. 0 44 45 - 6 55

Erden-Werk Erich Archut
Postfach 50
6420 Lauterbach 4
Tel. 0 66 38 - 5 58

Organ-Dünger GmbH
Postfach 2724
7100 Heilbronn
Tel. 0 71 31 - 1 08 68

Holzmüller Horndünger
Industriehof
3559 Burgwald-Eder 1

Paul Günther GmbH
Weinstraße 19
8520 Erlangen 2
Tel. 0 91 31 - 6 06 40

Hornitex Rindenprodukte
6478 Nidda
Tel. 0 60 43 - 1 22 47

Raiffeisen Hauptgenossenschaft
Ben-Gurion-Ring 174
6000 Frankfurt/Main 56
Tel. 0 69 - 50 03-1

Huminal Vertriebsgesellschaft
Postfach 442
6000 Frankfurt/Main 16
Tel. 0 69 - 23 37 07

Manna Düngerwerk
7403 Ammerbuch 2
Tel. 0 70 73 - 60 22

Metalldünger Jost GmbH
Postfach
5860 Iserlohn
Tel. 0 23 71 - 49 71

Gartenbaubedarf

Asperg Gärtnereibedarf
Postfach 129
7144 Asperg
Tel. 0 71 41 - 6 20 45

Freund-Schneidwerkzeuge
Postfach 260162
5600 Wuppertal 2
Tel. 02 02 - 64 20 21

Paul Hübecker
Rosenstraße 77
5154 Tönisvorst 1
Tel. 0 21 51 - 79 00 33

Metzger GmbH
Heiligenwiesen 6
7000 Stuttgart-Wangen 60
Tel. 07 11 - 40 01 41

Hermann Meyer
Postfach 1180
2084 Rellingen
Tel. 0 41 01 - 2 80 61

Manfred Meyer
Eckenheimer Landstraße 334
6000 Frankfurt/Main
Tel. 0 69 - 54 65 52

Raiffeisen-Hauptgenossenschaft
Ben-Gurion-Ring 174
6000 Frankfurt/Main 56
Tel. 0 69 - 50 03-1

Scharr OHG
Liebknechtstraße 50
7000 Stuttgart-Vaihingen 80
Tel. 07 11 - 7 86 81

Tina Schneidwerkzeuge
Am Heilbrunnen 77/79
7410 Reutlingen

Pflanzenschutzgeräte

Gloria-Werk
4724 Wadersloh
Tel. 0 25 23 - 10 61

Holder GmbH
Postfach 1555
7430 Metzingen
Tel. 0 71 23 - 13 31

Mesto Spritzenfabrik
Postfach 1154
7141 Freiburg-Neckar
Tel. 0 71 41 - 7 10 75

Reinert Abflammgeräte
8821 Weidenbach
Tel. 0 98 26 - 2 26

Register

Unser Tip

Erfolgstips für den Gemüsegarten
Mit naturgemäßem Anbau zu höherem Erfolg
(0674) Von Franz Mühl,
80 Seiten, 30 s/w-Fotos, 4 Zeichnungen, kartoniert,
DM 7,80, S 69,–

Selbstversorgung aus dem eigenen Anbau
Reichen Erntesegen verwerten und haltbar machen
(4182) Von Maren Bustorf-Hirsch, Michael Hirsch,
216 Seiten, 270 Zeichnungen, Pappband,
DM 29,80, S 239,–

Alles über
Einkochen, Einlegen, Einfrieren
(4055) Von Birgit Müller,
152 Seiten, 16 Farbtafeln, 27 s/w-Abbildungen,
kartoniert, **DM 14,80,** S 119,–

Haltbar machen durch
Trocknen und Dörren
Obst · Gemüse · Pilze · Kräuter
(0696) Von Maren Bustorf-Hirsch,
32 Seiten, 42 Farbfotos, Spiralbindung,
DM 7,80, S 69,–

Unser Tip

So wird mein Garten zum Biogarten
Alles über die Umstellung auf
naturgemäßen Anbau
(0706) Von Ingrid Gabriel,
128 Seiten, 73 Farbfotos,
54 Farbzeichnungen, kartoniert,
DM 14,80, S 119,–

Gesunde Pflanzen im Biogarten
Biologische Maßnahmen bei
Schädlingsbefall und Pflanzenkrankheiten
(0707) Von Ingrid Gabriel,
128 Seiten, 126 Farbfotos,
12 Farbzeichnungen, kartoniert,
DM 14,80, S 119,–

**Kosmische Einflüsse auf unsere
Gartenpflanzen**
Sterne beeinflussen Wachstum und
Gesundheit der Pflanzen
(0708) Von Ingrid Gabriel,
112 Seiten, 57 Farbfotos,
43 Farbzeichnungen, kartoniert,
DM 14,80, S 119,–

Der Biogarten unter Glas und Folie
Ganzjährig erfolgreich ernten
(0722) Von Ingrid Gabriel,
128 Seiten, 62 Farbfotos,
45 Farbzeichnungen, kartoniert,
DM 14,80, S 119,–

**Der biologische Zier- und
Wohngarten**
Planen, Bodenvorbereiten, Bepflanzen
und Pflegen
(0748) Von Ingrid Gabriel,
128 Seiten, 72 Farbfotos,
46 Farbzeichnungen, kartoniert,
DM 14,80, S 119,–

Obst und Beeren im Biogarten
Gesunde und schmackhafte Früchte
durch natürlichen Anbau
(0780) Von Ingrid Gabriel,
128 Seiten, 38 Farbfotos,
71 Farbzeichnungen, kartoniert,
DM 14,80, S 119,–

Falls durch besondere Umstände Preisänderungen notwendig werden, erfolgt Auftragserledigung zu dem bei der Lieferung gültigen Preis.

Gesamt-Programm

Essen und Trinken

Köstliche Suppen
für jede Tages- und Jahreszeit. (5122)
Von E. Fuhrmann, 64 S., 38 Farbfotos,
2 Zeichnungen, Pappband.
DM 14,80/S 119.–

Kochen, was allen schmeckt
1700 Koch- und Backrezepte für jede
Gelegenheit. (4098) Von A. und
G. Eckert, 796 S., 60 Farbtafeln,
Pappband. **DM 29,80**/S 239.–

Brunos beste Rezepte
– rund ums Jahr (4154) Von B. Henrich,
136 S., 15 Farbfotos, kart.
DM 14,80/S 119.–

Was koche ich heute?
Neue Rezepte für Fix-Gerichte. (0608)
Von A. Badelt-Vogt, 112 S., 16 Farbtafeln,
kart. **DM 9,80**/S 79.–

Kochen für 1 Person
Rationell wirtschaften, abwechslungsreich und schmackhaft zubereiten.
(0586) Von M. Nicolin, 136 S., 8 Farbtafeln, 23 Zeichnungen, kart.
DM 9,80/S 79.–

Gesunde Kost aus dem Römertopf
(0442) Von J. Kramer, 128 S., 8 Farbtafeln, 13 Zeichnungen, kart.
DM 8,80/S 74.–

Nudelgerichte
– lecker, leichte, leicht zu kochen. (0466)
Von C. Stephan, 80 S., 8 Farbtafeln, kart.
DM 7,80/S 69.–

Lieblingsrezepte
Phantasievoll zubereitet und originell
dekoriert. (4234) Hrsg. P. Diller. 160 S.,
120 Farbfotos, 34 Zeichnungen, Pappband. **DM 24,80**/S 198,–

Was Männer gerne essen
Leibgerichte
(2216) Von C. Arius, 80 S., 55 Farbabb.,
Pappband. **DM 9,80**/S 85,–

Omas Küche und unsere Küche heute
(4089) Von J. P. Lemcke, 160 S., 8 Farbtafeln, 95 Zeichnungen, Pappband.
DM 24,80/S 198.–

Die besten Eintöpfe und Aufläufe
Das Beste aus den Kochtöpfen der Welt
(5079) Von A. und G. Eckert, 64 S.,
50 Farbfotos, Pappband.
DM 14,80/S 119.–

FALKEN-FEINSCHMECKER
Herzhaftes für Leib und Seele
Eintöpfe
(0820) Von P. Klein, 48 S., 30 Farbfotos,
kart. **DM 9,80**/S 79.–

Schnell und gut gekocht
Die tollsten Rezepte für den Schnell-
kochtopf. (0265) Von J. Ley, 96 S.,
8 Farbtafeln, kart. **DM 7,80**/S 69.–

Kochen und backen im Heißluftherd
Vorteile, Gebrauchsanleitung, Rezepte.
(0516) Von K. Kölner, 72 S., 8 Farbtafeln,
kart. **DM 7,80**/S 69.–

Das neue Mikrowellen-Kochbuch
(0434) Von H. Neu, 64 S., 4 Farbtafeln,
16 s/w Zeichnungen, kart.
DM 6,80/S 59.–

Ganz und gar mit Mikrowellen
(4094) Von T. Peters, 208 S., 24 Farbfotos, 12 Zeichnungen, Pappband.
DM 29,80/ S 239.–

FALKEN-FEINSCHMECKER
Schnell auf den Tisch gezaubert
Kochen mit Mikrowellen
(0818) Von A. Danner, 64 S., 52 Farbfotos, Pappband. **DM 9,80**/S 79.–

Haltbar machen durch
Trocknen und Dörren
Obst, Gemüse, Pilze, Kräuter
(0696) Von M. Bustorf-Hirsch, 32 S.,
42 Farbfotos, Spiralbindung.
DM 7,80/ S 69,–

Marmeladen, Gelees und Konfitüre
Köstlich wie zu Omas Zeiten – einfach
selbstgemacht. (0720) Von M. Gutta,
32 S., 23 Farbfotos, 1 Zeichnung,
Pappband. **DM 7,80**/S 69,–

Einkochen
nach allen Regeln der Kunst. (0405) Von
B. Müller, 128 S., 8 Farbtafeln, kart.
DM 9,80/S 79.–

Einkochen, Einlegen, Einfrieren
(4055) Von B. Müller, 27 s/w-Abb., kart.
DM 14,80/S 119.–

Das neue Fritieren
geruchlos, schmackhaft und gesund.
(0365) Von P. Kühne, 96 S., 8 Farbtafeln,
kart. **DM 7,80**/S 69.–

Weltmeister-Soßen
Die Krönung der feinen Küche. (0357)
Von G. Cavestri, 96 S., 4 Farbtafeln,
80 Zeichnungen, kart. **DM 9,80**/S 79.–

FALKEN-FEINSCHMECKER
Die Krönung der feinen Küche
Saucen
(0817) Von G. Cavestri, 48 S., 40 Farbfotos, Pappband. **DM 9,80**/S 79.–

Wildgerichte
einfach bis raffiniert. (5115) Von M.
Gutta, 64 S., 43 Farbfotos, Pappband.
DM 14,80/S 119.–

Geflügel
Die besten Rezepte aus aller Welt. (5050)
Von M. Gutta, 64 S., 32 Farbfotos, Papp-
band. **DM 14,80**/S 119.–

Mehr Freude und Erfolg beim **Grillen**
(4141) Von A. Berliner, 160 S., 147 Farbfotos, 10 farbige Zeichnungen, Pappband. **DM 24,80**/S 198.–

Grillen
Fleisch · Fisch · Beilagen · Soßen. (5001)
Von E. Fuhrmann, 64 S., 38 Farbfotos,
Pappband. **DM 14,80**/S 119.–

Chinesisch kochen
Schmackhafte Rezepte für die abwechs-
lungsreiche Küche. (5011) Von A. und G.
Eckert, 64 S., 57 Farbfotos, Pappband.
DM 14,80/S 119.–

Chinesisch kochen
mit dem Wok-Topf und dem Mongolen-
Topf. (0557) Von C. Korn, 64 S., 8 Farbtafeln, kart. **DM 7,80**/S 69.–

Schlemmerreise durch die
Chinesische Küche
(4184) Von Kuo Huey Jen, 160 S.,
117 Farbfotos, Pappband.
DM 24,80/S 198,–

Ostasiatische Küche
schmackhaft, bekömmlich und vielseitig.
(5066) Von T. Sozuki, 64 S., 39 Farbfotos,
Pappband. **DM 14,80**/S 119.–

Nordische Küche
Speisen und Getränke von der Küste.
(5082) Von J. Kürtz, 64 S., 44 Farbfotos,
Pappband. **DM 14,80**/S 119.–

Deutsche Küche
Schmackhafte Gerichte von der Nordsee
bis zu den Alpen. (5025) Von E. Fuhrmann, 64 S., 52 Farbfotos, Pappband.
DM 14,80/S 119.–

Essen in Hessen
Spezialitäten zwischen Schwalm und
Odenwald
(0837) Von R. Witt, 120 S.,
10 s/w-Zeichnungen, Pappband.
DM 12,80/ S 99.–

Französisch kochen
Eine kulinarische Reise durch Frankreich.
(5016) Von M. Gutta, 64 S., 35 Farbfotos, Pappband. **DM 14,80**/S 114.–

Französische Küche
(0685) Von M. Gutta, 96 S., 16 Farbtafeln, kart. **DM 8,80**/S 74.–

Französische Spezialitäten aus dem Backofen
Herzhafte Tartes und Quiches mit Fleisch,
Fisch, Gemüse und Käse
(5146) Von P. Klein, 64 S., 43 Farbfotos,
Pappband. **DM 16,80**/139,–

Kochen und würzen mit **Knoblauch**
(0725) Von A. und G. Eckert, 96 S.,
8 Farbtafeln, kart. **DM 7,80**/S 69,–

Schlemmern durch die
Italienische Küche
(4172) Von V. Pifferi. 160 S., 109 Farbfotos, Pappband. **DM 24,80**/S 198,–

Italienische Küche
Ein kulinarischer Streifzug mit regionalen
Spezialitäten. (5026) Von M. Gutta,
64 S., 35 Farbfotos, Pappband.
DM 14,80/S 119.–

Portugiesische Küche und Weine
Kulinarische Reise durch Portugal.
(0607) Von E. Kasten, 96 S., 16 Farbtafeln, kart. **DM 9,80**/S 79.–

Köstliche Pizzas, Toasts, Pasteten
Schmackhafte Gerichte schnell zubereitet.
(5081) Von A. und G. Eckert, 64 S.,
46 Farbfotos, Pappband.
DM 14,80/S 119.–

FALKEN-FEINSCHMECKER
Schlemmen wie bei Mamma Maria
Pizzas
(0815) Von F. Faist, 64 S., 62 Farbfotos,
Pappband. **DM 9,80**/S 79.–

Köstliche Pilzgerichte
Rezepte für die meistvorkommenden
Speisepilze. (5133) Von V. Spicker-Noack,
M. Knoop, 64 S., 54 Farbfotos, Papp-
band. **DM 14,80**/S 119.–

Am Tisch zubereitet
Fondues, Raclettes, Flambieren. (4152)
Von I. Otto, 208 S., 12 Farbtafeln, 17 s/w-
Fotos, Pappband. **DM 24,80**/S 198.–

Köstliche Fondues
mit Fleisch, Geflügel, Fisch, Käse, Gemüse und Süßem. (5006) Von E. Fuhrmann,
64 S., 50 Farbfotos, Pappband.
DM 14,80/S 119.–

Fondues
und fritierte Leckerbissen. (0471) Von
S. Stein, 96 S., 8 Farbtafeln, kart.
DM 6,80/S 59.–

FALKEN
VERLAG

Fondues · Raclettes · Flambiertes
(4081) Von R. Peiler und M.-L. Schult, 136 S., 15 Farbtafeln, 28 Zeichnungen, kart. **DM 14,80**/S 119.–

Neue, raffinierte Rezepte mit dem Raclette-Grill
(0558) Von L. Helger, 56 S., 8 Farbtafeln, kart. **DM 7,80**/S 69.–

Rezepte rund um Raclette und Hobby-Rechaud
(0420) Von J. W. Hochscheid, 72 S., 8 Farbtafeln, kart. **DM 7,80**/S 69.–

Fondues und Raclettes
(4253) Von F. Faist, 160 S., 125 Farbfotos, Pappband. **DM 24,80**/S 198.–

Kochen und Würzen mit
Paprika
(0792) Von A. u. G. Eckert, 88 S., 8 Farbtafeln, kart. **DM 8,80**/S 74.–

Kleine Kalte Küche
für Alltag und Feste. (5097) Von A. und G. Eckert, 64 S., 45 Farbfotos, Pappband. **DM 12,80**/S 99.–

Kalte Platten – Kalte Büfetts
rustikal bis raffiniert. (5015) Von M. Gutta, 64 S., 34 Farbfotos, Pappband. **DM 14,80**/S 119.–

Kalte Happen und Partysnacks
Canapés, Sandwiches, Pastetchen, Salate und Suppen. (5029) Von D. Peters, 64 S., 44 Farbfotos, Pappband. **DM 14,80**/S 119.–

Garnieren und Verzieren
(4236) Von R. Biller, 160 S., 329 Farbfotos, 57 Zeichnungen, Pappband. **DM 24,80**/S 198,–

Desserts
Puddings, Joghurts, Fruchtsalate, Eis, Gebäck, Getränke. (5020) Von M. Gutta, 64 S., 41 Farbfotos, Pappband. **DM 14,80**/S 119.–

Crêpes, Omeletts und Soufflés
Pikante und süße Spezialitäten. (5131) Von J. Rosenkranz, 64 S., 45 Farbfotos, Pappband. **DM 14,80**/S 119.–

Backen
(4113) Von M. Gutta, 240 S., 123 Farbfotos, Pappband. **DM 48,–**/S 398.–

Kuchen und Torten
Die besten und beliebtesten Rezepte. (5067) Von M. Sauerborn, 64 S., 79 Farbfotos, Pappband. **DM 14,80**/S 119.–

Tortenträume und Kuchenfantasien
Gebackene Köstlichkeiten originell dekoriert und verziert (0823) Von F. Faist, 80 S., 150 Farbfotos, kart. **DM 19,80**/S 159.–

Schönes Hobby Backen
Erprobte Rezepte mit modernen Backformen. (0451) Von E. Blome, 96 S., 8 Farbtafeln, kart. **DM 7,80**/S 69.–

Backen, was allen schmeckt
Kuchen, Torten, Gebäck und Brot. (4166) Von E. Blome, 556 S., 40 Farbtafeln, Pappband. **DM 24,80**/S 198,–

Meine Vollkornbackstube
Brot · Kuchen · Aufläufe. (0616) Von R. Raffelt, 96 S., 4 Farbtafeln, 12 Zeichnungen, kart. **DM 6,80**/S 59.–

FALKEN-FEINSCHMECKER
Mit Körnern, Zimt und Mandelkern
Vollkorngebäck
(0816) Von M. Bustorf-Hirsch, 48 S., 39 Farbfotos, Pappband.
DM 9,80/ S 79.–

Biologisch Backen
Neue Rezeptideen für Kuchen, Brote, Kleingebäck aus vollem Korn. (4174) Von M. Bustorf-Hirsch, 136 S., 15 Farbtafeln, 47 Zeichnungen, kart. **DM 14,80**/S 119,–

Selbst Brotbacken
Über 50 erprobte Rezepte. (0370) Von J. Schiermann, 80 S., 6 Zeichnungen, 4 Farbtafeln, kart. **DM 6,80**/S 59.–

Mehr Freude und Erfolg beim
Brotbacken
(4148) Von A. und G. Eckert, 160 S., 177 Farbfotos, Pappband.
DM 24,80/S 198,–

Brotspezialitäten
knusprig backen – herzhaft kochen. (5088) Von J. W. Hochscheid und L. Helger, 64 S., 48 Farbfotos, Pappband. **DM 14,80**/S 119.–

Weihnachtsbäckerei
Köstliche Plätzchen, Stollen, Honigkuchen und Festtagstorten. (0682) Von M. Sauerborn, 32 S., 36 Farbfotos, Pappband. **DM 7,80**/S 69.–

Waffeln
süß und pikant. (0522) Von C. Stephan, 64 S., 8 Farbtafeln, kart.
DM 6,80/S 59.–

Kochen für Diabetiker
Gesund und schmackhaft für die ganze Familie. (4132) Von M. Toeller, W. Schumacher, A. C. Groote, 224 S., 109 Farbfotos, 94 Zeichnungen, Pappband. **DM 29,80**/S 239.–

Neue Rezepte für Diabetiker-Diät
Vollwertig – abwechslungsreich – kalorienarm. (0418) Von M. Oehlrich, 120 S., 8 Farbtafeln, kart. **DM 9,80**/S 79.–

Schlemmertips für Figurbewußte
(0680) Von V. Kahn, 64 S., 8 Farbtafeln, kart. **DM 9,80**/S 79.–

Wer schlank ist, lebt gesünder
Tips und Rezepte zum Schlankwerden und -bleiben. (0562) Von R. Mainer, 80 S., 8 Farbtafeln, kart.
DM 8,80/S 74.–

Kalorien – Joule
Eiweiß · Fett · Kohlenhydrate tabellarisch nach gebräuchlichen Mengen. (0374) Von M. Bormio, 88 S., kart., **DM 6,80**/S9.–

Alles mit Joghurt
tagfrisch selbstgemacht. Mit vielen Rezepten. (0382) Von G. Volz, 88 S., 8 Farbtafeln, kart., **DM 7,80**/S 69.–

Die Brot-Diät
Ein Schlankheitsplan ohne Extreme. (0452) Von Prof. Dr. E. Menden und W. Aign, 92 S., 8 Farbtafeln, kart., **DM 7,80**/S 69.–

Gesund leben – schlank werden mit der
Bio-Kur
(0657) Von S. Winter, 144 S., 4 Farbtafeln, kart. **DM 9,80**/S 79.–

Miekes Kräuter- und Gewürzkochbuch
(0323) Von I. Persy und K. Mieke, 96 S., 8 Farbtafeln, kart. **DM 8,80**/S 74,–

Salate
(4119) Von C. Schönherr, 240 S., 115 Farbfotos, gebunden. **DM 48,–**/S 389.–

Delikate Salate
für alle Gelegenheiten rund um's Jahr. (5002) Von E. Fuhrmann, 64 S., 50 Farbfotos, Pappband. **DM 14,80**/S 119.–

Das köstliche knackige Schlemmervergnügen.
Salate
(4165) Von V. Müller. 160 S., 80 Farbfotos, Pappband. **DM 24,80**/S 198,–

111 köstliche Salate
Erprobte Rezepte mit Pfiff. (0222) Von C. Schönherr, 96 S., 8 Farbtafeln, 30 Zeichnungen, kart. **DM 8,80**/S 74.–

Rohkost
Schmackhafte Gerichte für die gesunde Ernährung. (5044) Von I. Gabriel, 64 S., 53 Farbfotos, Pappband.
DM 14.80/S 119.–

Joghurt, Quark, Käse und Butter
Schmackhaftes aus Milch hausgemacht. (0739) Von M. Bustorf-Hirsch. 32 S., 59 Farbfotos, Pappband. **DM 7,80**/S 69,–

Die abwechslungsreiche Vollwertküche
Vitaminreich und naturbelassen kochen und backen. (4229) Von M. Bustorf-Hirsch, K. Siegel, 280 S., 31 Farbtafeln, 78 Zeichnungen, Pappband.
DM 36,–/ S 319,–

Alternativ essen
Die gesunde Sojaküche. (0553) Von U. Kolster, 112 S., 8 Farbtafeln, kart. **DM 9,80**/S 79.–

Das Reformhaus-Kochbuch
Gesunde Ernährung mit hochwertigen Naturprodukten. (4180) Von A. u. G. Eckert, 160 S. 15 Farbtafeln, Pappband. **DM 24,80**/S 198,–

Gesund kochen mit Keimen und Sprossen
(0794) Von M. Bustorf-Hirsch, 104 S., 8 Farbtafeln, 13 s/w-Zeichnungen, kart. **DM 8,80**/S 74,–

Die feine Vegetarische Küche
(4235) Von F. Faist, 160 S., 191 Farbfotos, Pappband. **DM 24,80**/S 198,–

Biologische Ernährung
für eine natürliche und gesunde Lebensweise. (4125) Von G. Leibold, 136 S., 15 Farbtafeln, 47 Zeichnungen, kart. **DM 14,80**/S 119.–

Gesunde Ernährung für mein Kind
(0776) Von M. Bustorf-Hirsch, 96 S., 8 Farbtafeln, 5 s/w Zeichnungen, kart. **DM 9,80**/S 79,–

Vitaminreich und naturbelassen
Biologisch Kochen
(4162) Von M. Bustorf-Hirsch und K. Siegel, 144 S., 15 Farbtafeln, 31 Zeichnungen, kart., **DM 14,80**/S 119.–

Gesund kochen
wasserarm · fettfrei · aromatisch. (4060) Von M. Gutta, 240 S., 16 Farbtafeln, Pappband. **DM 29,80**/S 239,–

Kräuter- und Heilpflanzen-Kochbuch
für eine gesunde Lebensweise. (4066) Von P. Pervenche, 143 S., 15 Farbtafeln. kart. **DM 14,80**/S 119.–

Pralinen und Konfekt
Kleine Köstlichkeiten selbstgemacht. (0731) Von H. Engelke, 32 S., 57 Farbfotos, Pappband. **DM 7,80**/S 69,–

FALKEN-FEINSCHMECKER
Zart schmelzende Versuchungen
Schokolade
(0819) Von J. Schroer, 48 S., 53 Farbfotos, Pappband. **DM 9,80**/S 79.–

Köstlichkeiten für Gäste und Feste
Kalte Platten
(4200) Von I. Pfliegner, 160 S., 130 Farbfotos, Pappband. **DM 24,80**/S 198,–

FALKEN VERLAG

Die Preise entsprechen dem Status beim Druck diese

Kochen für Gäste
Köstliche Menüs mit Liebe zubereitet.
(5149) Von R. Wesseler, 64 S., 40 Farbfotos, Pappband. **DM 14,80**/S 119,–

Das richtige Frühstück
Gesunde Vollwertkost vitaminreich und
naturbelassen.
(0784) Von C. Kratzel und R. Böll, 32 S.,
28 Farbfotos, Pappband. **DM 7,80**/S 69.–

Bocuse à la carte
Französisch kochen mit dem Meister.
(4237) Von P. Bocuse, 88 S., 218 Farbfotos, Pappband. **DM 19,80**/S 159,–
Auch als Video-Kassette erhältlich

Kochschule mit Paul Bocuse
(6016/VHS, 6017/Video 2000,
6018/Beta), 60 Min. in Farbe
DM 69,–/S 619,–
(unverb. Preisempfehlung)

Natursammlers Kochbuch
Wildfrüchte und Gemüse, Pilze, Kräuter –
finden und zubereiten. (4040) Von
C. M. Kerler, 140 S., 12 Farbtafeln, kart.
DM 19,80/S 159,–

Neue Cocktails und Drinks
mit und ohne Alkohol. (0517) Von
S. Späth, 128 S., 4 Farbtafeln, kart.,
DM 9,80/S 79.–

Mixgetränke
mit und ohne Alkohol (5017) Von C. Arius,
64 S., 35 Farbfotos, Pappband.
DM 14.80/S 119.–

Cocktails und Mixereien
für häusliche Feste und Feiern. (0075)
Von J. Walker, 96 S., 4 Farbtafeln, kart.
DM 6,80/S 59.–

**Die besten Punsche, Grogs und
Bowlen**
(0575) Von F. Dingden, 64 S., 2 Farbtafeln, kart. **DM 6,80**/S 59.–

Weine und Säfte, Liköre und Sekt
selbstgemacht. (0702) Von P. Arauner,
232 S., 76 Abb., kart. **DM 16,80**/S 139,–

Mitbringsel aus meiner Küche
selbst gemacht und liebevoll verpackt.
(0668) Von C. Schönherr, 32 S., 30 Farbfotos, Pappband. **DM 7,80**/S 69,–

Weinlexikon
Wissenswertes über die Weine der Welt.
(4149) Von U. Keller, 228 S., 6 Farbtafeln, 395 s/w-Fotos, Pappband.
DM 29,80/S 239.–

Köstliches Lebenselixier Wein
(2204) Von H. Steffan, 80 S., 74 Farbfotos u. Zeichnungen, Pappband.
DM 9,80/S 85.–

Von der Romantik der blauen Stunde
Cocktails und Drinks
(2209) Von S. Späth, 80 S., 25 Farbfotos
und Zeichnungen, Pappband.
DM 9,80/S 85,–

Vom Genuß des braunen Goldes
Kaffee
(2213) Von H. Strutzmann. 80 S.,
49 Fotos, Pappband. **DM 9,80**/S 85,–

Heißgeliebter Tee
Sorten, Rezepte und Geschichten. (4114)
Von C. Maronde, 153 S., 16 Farbtafeln,
93 Zeichnungen, gebunden.
DM 26,80/S 218.–

Tee für Genießer.
Sorten · Riten · Rezepte. (0356) Von M.
Nicolin, 64 S., 4 Farbtafeln, kart.
DM 5,80/S 49.–

Tee
Herkunft · Mischungen · Rezepte. (0515)
Von S. Ruske, 96 S., 4 Farbtafeln,
16 s/w Abbildungen, Pappband.
DM 9,80/S 79.–

Vom höchsten Genuß des Teetrinkens
(2201) Von I. Ubenauf, 80 S., 57 Farbfotos u. Zeichnungen, Pappband.
DM 9,80/S 85.–

Kinder lernen spielend backen
(5110) Von M. Gutta, 64 S., 45 Farbfotos,
Pappband. **DM 14,80**/S 119,–

Kinder lernen spielend kochen
Lieblingsgerichte mit viel Spaß selbst
zubereitet. (5096) Von M. Gutta, 64 S.,
45 Farbfotos, Pappband.
DM 14,80/S 119,–

Hobby

Aquarellmalerei
als Kunst und Hobby.
(4147) Von H. Haack und B. Wersche,
136 S., 62 Farbfotos, 119 Zeichnungen,
gebunden **DM 39,–**/S 319,–

Aquarellmalerei
Materialien · Techniken · Motive.
(5099) Von T. Hinz, 64 S., 79 Farbfotos,
Pappband. **DM 14,80**/S 119,–

Aquarellmalerei leicht gelernt
Materialien · Techniken · Motive.
(0787) Von T. Hinz, R. Braun, B. Zeidler,
32 S., 38 Farbfotos, 1 Zeichnung,
DM 7,80/S 69.–

Origami –
Die Kunst des Papierfaltens. (0280)
Von R. Harbin, 160 S., 633 Zeichnungen,
kart. **DM 9,80**/S 79,–

Hobby Origami
Papierfalten für groß und klein.
(0756) Von Z. Aytüre-Scheele, 88 S.,
über 800 Farbfotos, kart.
DM 19,80/S 159,–

Neue zauberhafte Origami-Ideen
Papierfalten für groß und klein.
(0805) Von Z. Aytüre-Scheele, 80 S.,
720 Farbfotos, kart. **DM 19,80**/S 159.–

Weihnachtsbasteleien
(0667) Von M. Kühnle und S. Beck, 32 S.,
56 Farbfotos, 6 Zeichnungen, Pappband.
DM 7,80/S 69,–

Zeichnen und Malen
(4167) Von B. Bagnall, 336 S., 1154 Farbabb., Pappband. **DM 68,–**/S 549,–

Naive Malerei
Materialien · Motive · Techniken
(5083) Von F. Krettek, 64 S., 76 Farbfotos, Pappband. **DM 14,80**/S 119,–

Bauernmalerei
als Kunst und Hobby. (4057) Von A. Gast
und H. Stegmüller, 128 S., 239 Farbfotos, 26 Riß-Zeichnungen, Pappband.
DM 39,–/S 319,–

Hobby Bauernmalerei
(0436) Von S. Ramos und J. Roszak,
80 S., 116 Farbfotos und 28 Motivvorlagen, kart. **DM 19,80**/S 159,–

Bauernmalerei
Kreatives Hobby nach alter Volkskunst
(5039) Von S. Ramos, 64 S., 85 Farbfotos, Pappband. **DM 14,80**/S 119,–

Glasmalerei
als Kunst und Hobby. (4088) Von
F. Krettek und S. Beeh-Lustenberger,
132 S., 182 Farbfotos, 38 Motivvorlagen,
Pappband. **DM 39,–**/S 319,–

Naive Hinterglasmalerei
Materialien · Techniken · Bildvorlagen
(5145) Von F. Krettek, 64 S., 87 Farbfotos, 6 Zeichnungen, Pappband.
DM 16,80/S 139,–

Glasritzen
Materialien · Formen · Motive. (5109)
Von G. Mégroz, 64 S., 110 Farbfotos,
15 Zeichnungen, Pappband.
DM 14,80/S 119,–

Kalligraphie
Die Kunst des schönen Schreibens
(4263) Von C. Hartmann, 120 S.,
44 Farbvorlagen, 29 s/w-Vorlagen,
2 s/w-Zeichnungen, 38 Farbfotos,
Pappband. **DM 49,–**/S 398.–

Kunstvolle Seidenmalerei
Mit zauberhaften Ideen zum Nachgestal-
ten. (0783) Von I. Demharter, 32 S.,
56 Farbfotos, Pappband.
DM 7,80/S 74,–

Zauberhafte Seidenmalerei
Materialien · Techniken · Gestaltungs-
vorschläge. (0664) Von E. Dorn, 32 S.,
62 Farbfotos, Pappband.
DM 7,80/S 69,–

Hobby Seidenmalerei
(0611) Von R. Henge, 88 S.,
106 Farbfotos, 28 Zeichnungen, kart.
DM 19,80/S 159,–

Hobby Stoffdruck und Stoffmalerei
(0555) Von A. Ursin, 80 S., 68 Farbfotos,
68 Zeichnungen, kart.
DM 19,80/S 159,–

Stoffmalerei und Stoffdruck
Materialien · Techniken · Ideen · Modelle
(5074) Von H. Gehring, 64 S., 110 Farbfotos, Pappband. **DM 14,80**/S 119,–

Batik
leicht gemacht. Materialien ·Färbe-
techniken · Gestaltungsideen. (5112) Von
A. Gast, 64 S., 105 Farbfotos, Pappband.
DM 14,80/S 119,–

Textilfärben
Färben so einfach wie Waschen. (0693)
Von W. Siegrist, P. Schärli, 32 S., 47 Farb-
fotos, 3 Zeichnungen, Spiralbindung.
DM 7,80/S 69,–

Kreatives Bilderweben
Materialien – Vorlagen – Motive
(0814) Von A. Schulte-Huxel, 32 S.,
58 Farbfotos, 8 Zeichnungen, Pappband.
DM 9,80/S 79.–

Schöne Geschenke selbermachen
(4128) Von M. Kühnle, 128 S.,
278 Farbfotos, 85 farbige Zeichnungen,
gebunden. **DM 39,–**/S 319,–

Flechten
mit Bast, Stroh und Peddigrohr. (5098)
Von H. Hangleiter, 64 S., 47 Farbfotos,
76 Zeichnungen, Pappband.
DM 14,80/S 119,–

Makramee
Knüpfarbeiten leicht gemacht. (5075)
Von B. Pröttel, 64 S., 95 Farbfotos,
Pappband. **DM 12,80**/S 99,–

Häkeln und Makramee
Techniken · Geräte · Arbeitsmuster.
(0320) Von M. Stradal, 104 S., 191 Abb.
und Schemata, kart. **DM 6,80**/S 59,–
Falken-Handbuch

Häkeln
ABC der Häkeltechniken und Häkelmuster
in ausführlichen Schritt-für-Schritt-
Bildfolgen.
(4194) Von H. Fuchs, M. Natter, 288 S.,
597 Farbfotos, 476 farbige Zeichnungen.
DM 39,–/S 319,–

Häkeln
Schritt für Schritt für Rechts- und Links-
händer. (5134) Von H. Klaus, 64 S.,
120 Farbfotos, 144 Zeichnungen,
Pappband. **DM 14,80**/S 119,–

Klöppeln
Schritt für Schritt leicht gelernt. (0788)
Von U. Seiffer, 32 S., 42 Farb-, 1 s/w-
Foto, 25 Zeichnungen, mit Klöppelbriefen,
Pappband. **DM 9,80**/S 79,–

Sticken
Schritt für Schritt für Rechts- und Links-
händer. (5135) Von U. Werner, 64 S.,
196 Farbfotos, 96 Zeichnungen, Pappband. **DM 14,80**/S 119,–

Monogrammstickerei
Mit Vorlagen für Initialen, Vignetten und
Ornamente. (5148) Von H. Fuchs, 64 S.,
50 Farbfotos, 50 Zeichnungen, Pappband. **DM 14,80**/S 119,–

Falken-Handbuch
**ABC der Stricktechniken und Strick-
muster in ausführlichen Schritt-für-
Schritt-Bildfolgen.** (4137) Von M. Natter,
312 S., 106 Farb- und 922 s/w-Fotos,
318 Zeichnungen, Pappband.
DM 36,–/S 298,–

Bestrickend schöne Ideen
Pullover, Westen, Ensembles, Jacken
(4178) Von R. Weber, 208 S., 220 Farbfotos, 358 Zeichnungen, Pappband.
DM 29,80/S 239,–

Chic in Strick
Neue Pullover
Westen · Jacken · Kleider · Ensembles.
(4224) Hrsg. R. Weber, 192 S., 255 Farbabb., Pappband. **DM 29,80**/S 239,–

Perfekt Stricken
(4250) Von H. Jaacks, 256 S.,
703 Farbfotos, 169 Farb- und
121 s/w-Zeichnungen, Pappband.
DM 29,80/ S 239,–

Videokassette Stricken
(6007/VHS, 6008/Video 2000,
6009/Beta). Von P. Krolikowski-Habicht,
H. Jaacks, 51 Min., in Farbe.
DM 49,80/S 448,–
(unverbindl. Preisempf.)

Stricken
Schritt für Schritt für Rechts- und Links-
händer. (5142) Von S. Oelwein-Schefczik,
64 S., 148 Farbfotos, 173 Zeichnungen,
Pappband. **DM 14,80**/S 119,–

**Die schönsten Handarbeiten zum
Verschenken**
(4225) Von B. Wenzelburger, 128 S.,
156 Farbfotos, 70 2-farbige Zeichnungen, Pappband. **DM 39,–**/S 319,–

Kuscheltiere stricken und häkeln
Arbeitsanleitungen und Modelle. (0734)
Von B. Wehrle, 32 S., 60 Farbfotos,
28 Zeichnungen, Spiralbindung.
DM 7,80/S 69,–

Hobby Patchwork und Quilten
(0768) Von B. Staub-Wachsmuth, 80 S.,
108 Farbabb., 43 Zeichnungen, kart.
DM 19,80/S 159,–

Textiles Gestalten
Weben, Knüpfen, Batiken, Sticken,
Objekte und Strukturen. (5123) Von
J. Fricke, 136 S., 67 Farb- und 189 s/w-
Fotos, 15 Zeichnungen, kart.
DM 16,80/S 139,–

Gestalten mit Glasperlen
fädeln · sticken · weben (0640) Von
A. Köhler, 32 S., 55 Farbfotos, Spiralbindung. **DM 6,80**/S 59,–

Neue zauberhafte Salzteig-Ideen
(0719) Von I. Kiskalt, 80 S., 320 Farbfotos, 12 Zeichnungen, kart.
DM 19,80/S 159,–

Hobby Salzteig
(0662) Von I. Kiskalt, 80 S., 150 Farbfotos, 5 Zeichnungen, Schablonen, kart.
DM 19,80/S 159,–

Gestalten mit Salzteig
formen · bemalen · lackieren. (0613) Von
W.-U. Cropp, 32 S., 56 Farbfotos,
17 Zeichnungen, Pappband.
DM 7,80/S 69,–

Originell und dekorativ
Salzteig mit Naturmaterialien
(0833) Von A. und H. Wegener, 80 S.,
166 Farbfotos, kart. **DM 19,80**/S 159.–

**Buntbemalte Kunstwerke aus
Salzteig**
Figuren, Landschaften und Wandbilder.
(5141) Von G. Belli, 64 S., 165 Farbfotos,
1 Zeichnung, Pappband.
DM 14,80/S 119.–

Kreatives Gestalten mit Salzteig
Originelle Motive für Fortgeschrittene.
(0769) Hrsg. I. Kiskalt, 80 S., 168 Farbfotos, kart. **DM 19,80**/S 159.–

Videokassette Salzteig
(6010/VHS, 6011/Video 2000,
6012/Beta) Von I. Kiskalt, Dr. A. Teuchert,
in Farbe, ca. 35 Min. **DM 69,–**/ S 619.–
(Unverb. Preisempfehlung)

Tiffany-Spiegel selbermachen
Materialien · Arbeitsanleitung · Vorlagen.
(0761) Von R. Thomas, 32 S., 53 Farbfotos, Pappband. **DM 7,80**/S 69,–

Tiffany-Lampen selbermachen
Arbeitsanleitung · Materialien · Modelle.
(0684) Von I. Spliethoff, 32 S., 60 Farbfotos, Pappband. **DM 7,80**/S 69,–

Hobby Glaskunst in Tiffany-Technik
(0781) Von N. Köppel, 80 S., 194 Farbfotos, 6 s/w-Abb., kart.,
DM 19,80/S 159,–

Kerzen und Wachsbilder
gießen · modellieren · bemalen. (5108)
Von Ch. Riess, 64 S., 110 Farbfotos,
Pappband. **DM 14,80**/S 119,–

Hobby Holzschnitzen
Von der Astholzfigur zur Vollplastik.
(5101) Von H.-D. Wilden, 112 S., 16 Farbtafeln, 135 s/w-Fotos, kart.
DM 16,80/S 139,–

Bastelspaß mit der Laubsäge
Mit Schnittmusterbogen für viele Modelle
in Originalgröße. (0741) Von L. Giesche,
M. Bausch, 32 S., 61 Farbfotos, 7 Zeich-
nungen, Schnittmusterbogen, Pappband.
DM 9,80/S 79,–

Falken-Heimwerker-Praxis
Tapezieren
(0743) Von W. Nitschke, 112 S., 186 Farbfotos, 9 Zeichnungen, kart.
DM 19,80/S 159,–

Falken-Heimwerker-Praxis
Anstreichen und Lackieren
(0771) Von P. Müller, 120 S., 186 Farbfotos, 2 s/w Fotos, 3 Zeichnungen, kart.
DM 19,80/S 159,–

Falken-Heimwerker-Praxis
Fahrrad-Reparaturen
(0796) Von R. van der Plas, 112 S.,
140 Farbfotos, 113 farbige Zeichnungen,
kart. **DM 19,80**/S 159,–

Falken-Handbuch
Heimwerken
Reparieren und Selbermachen in Haus
und Wohnung – über 1100 Farbfotos.
Praktische Tips vom Profi: Selbermachen
– Reparieren, Renovieren, Kostensparen.
(4117) Von Th. Pochert, 440 S.,
1103 Farbfotos. 100 ein- und zweifarbige
Abb., Pappband. **DM 49,–**/S 398,–

Restaurieren von Möbeln
Stilkunde, Materialien, Techniken,
Arbeitsanleitungen in Bildfolgen.
(4120) Von E. Schnaus-Lorey, 152 S.,
37 Farbfotos, 75 s/w Fotos, 352 Zeichnungen, Pappband. **DM 39,–**/ S 319,–

**Möbel aufarbeiten, reparieren und
pflegen**
(0386) Von E. Schnaus-Lorey, 96 S.,
28 Fotos, 101 Zeichnungen, kart.,
DM 9,80/S 79,–

**Vogelhäuschen, Nistkästen, Vogel-
tränken** mit Plänen und Anleitungen
zum Selbstbau. (0695) Von J. Zech,
32 S., 42 Farbfotos, 5 Zeichnungen,
Pappband. **DM 7,80**/S 69,–

Papiermachen
ein neues Hobby. (5105) Von R. Weiden-
müller, 64 S., 84 Farbfotos, 9 s/w-Fotos,
14 Zeichnungen, Pappband.
DM 16,80/S 139,–

**Schmuck und Objekte aus Metall und
Email**
(5078) Von J. Fricke, 120 S., 183 Abb.,
kart. **DM 16,80**/S 139,–

Strohschmuck selbstgebastelt
Sterne, Figuren und andere Dekorationen
(0740) Von E. Rombach, 32 S., 60 Farbfotos, 17 Zeichnungen, Pappband.
DM 7,80/S 69,–

Das Herbarium
Pflanzen sammeln, bestimmen und
pressen. (5113) Von I. Gabriel, 96 S.,
140 Farbfotos, Pappband.
DM 16,80/S 139,–

Gestalten mit Naturmaterialien
Zweige, Kerne, Federn, Muscheln und
anderes. (5128) Von I. Krohn, 64 S.,
101 Farbfotos, 11 farbige Zeichnungen,
Pappband. **DM 14,80**/S 119,–

Dauergestecke
mit Zweigen, Trocken- und Schnittblumen.
(5121) Von G. Vocke, 64 S., 57 Farbfotos,
Pappband. **DM 14,80**/S 119,–

Ikebana
Einführung in die japanische Kunst des
Blumensteckens. (0548) Von G. Vocke,
152 S., 47 Farbfotos, kart.
DM 19,80/S 159,–

Blumengestecke im Ikebanastil
(5041) Von G. Vocke, 64 S., 37 Farbfotos, viele Zeichnungen, Pappband.
DM 14,80/S 119,–

Hobby Trockenblumen
Gewürzsträuße, Gestecke, Kränze,
Buketts. (0643) Von R. Strobel-Schulze,
88 S., 170 Farbfotos, kart.
DM 19,80/S 159,–

Hobby Gewürzsträuße
und zauberhafte Gebinde nach Salz-
burger Art. (0726) Von A. Ott, 80 S.,
101 Farbfotos, 51 farbige Zeichnungen,
kart. **DM 19,80**/S 159,–

Trockenblumen und Gewürzsträuße
(5084) Von G. Vocke, 64 S., 63 Farbfotos, Pappband. **DM 12,80**/S 99,–

Arbeiten mit Ton
Töpfern mit und ohne Scheibe.
(5048) Von J. Fricke, 128 S., 15 Farbtafeln, 166 s/w-Fotos, kart.
DM 14,80/S 119,–

Töpfern
als Kunst und Hobby. (4073) Von
J. Fricke, 132 S., 37 Farbfotos, 222 s/w-
Fotos, gebunden. **DM 39,–**/S 319,–

Schöne Sachen modellieren
Originelles aus Cernit – ideenreich
gestaltet. (0762) Von G. Thelen, 32 S.,
105 Farbfotos, Pappband.
DM 7,80/S 69,–

Modellieren
mit selbsthärtendem Material. (5085)
Von K. Reinhardt, 64 S., 93 Farbfotos,
Pappband. **DM 14,80**/S 119,–

Porzellanpuppen
Zauberhafte alte Puppen selbst nach-
bilden. (5138) Von C. A. und D. Stanton,
64 S., 58 Farbfotos, 22 Zeichnungen,
Pappband. **DM 16,80**/S 139,–

Marionetten
entwerfen · gestalten · führen (5118) Von
A. Krause und A. Bayer, 64 S., 83 Farbfotos, 2 s/w-Fotos, 40 Zeichnungen,
Pappband. **DM 14,80**/S 119,–

Stoffpuppen
Liebenswerte Modelle selbermachen.
(5150) Von I. Wolff, 56 S., 115 Farbfotos,
15 Zeichnungen, mit Schnittmusterbogen,
Pappband. **DM 16,80**/S 139,–

Hobby Puppen
Bezaubernde Modelle selbst gestalten.
(0742) Von B. Wenzelburger, 88 S.,
163 Farbfotos, 41 Zeichnungen,
11 Schnittmuster, kart.
DM 19,80/S 159,–

**Puppen und Figuren aus Kunst-
porzellan**
gießen, bemalen und gestalten. (0735)
Von G. Baumgarten, 32 S., 86 Farbfotos,
Pappband. **DM 9,80**/ S 79,–

Die liebenswerte Welt der Puppen
(2212) Von U. D. Damrau, 80 S., 60 Farbfotos, Pappband. **DM 9,80**/S 85,–

Selbstgestrickte Puppen
Materialien und Arbeitsanleitungen.
(0638) Von B. Wehrle, 32 S., 23 Farbfotos, 24 Zeichnungen, Pappband.
DM 9,80/S 79,–

Dekorative Rupfenpuppen
Arbeitsanleitungen und Gestaltungsvor-
schläge. (0733) Von B. Wenzelburger,
32 S., 57 Farbfotos, 14 Zeichnungen,
Spiralbindung. **DM 7,80**/S 69,–

Phantasiepuppen stricken und häkeln
Märchenhafte Modelle mit Arbeitsanleitungen. (0813) Von B. Wehrle, 32 S.,
26 Farbfotos, 30 einfarbige und 16 drei-
farbige Zeichnungen, Pappband.
DM 9,80/ S 79,–

**Schritt für Schritt zum Scheren-
schnitt**
Materialien · Techniken · Gestaltungsvor-
schläge. (0732) Von H. Klingmüller,
32 S., 38 Farbfotos, 34 Vorlagen, Spiralbindung. **DM 7,80**/S 69,–

Garagentore selbst bemalt
Techniken und Motive. (0786) Von
H. u. Y. Nadolny, 32 S., 24 Farbfotos,
12 s/w-Zeichnungen, Pappband.
DM 9,80/S 79,–

Alle Jahre wieder...
Advent und Weihnachten
Basteln – Backen – Schmücken – Singen
– Vorlesen – Feiern
(4260) Von H. und Y. Nadolny, 256 S.,
105 Farbfotos, 130 Zeichnungen,
Pappband. **DM 25,–**/S 200.–

Freizeit

Aktfotografie
Interpretationen zu einem unerschöpf-
lichen Thema.
Gestaltung · Technik · Spezialeffekte.
(0737) Von H. Wedewardt, 88 S.,
144 Farb- und 6 s/w-Fotos, 6 Zeichnungen, kart. **DM 19,80**/S 159,–

Videokassette Aktfotografie
Laufzeit ca. 60 Min. In Farbe.
(6001/VHS, 6002/Video 2000,
6003/Beta) **DM 69,–**/S 619,–
(unverb. Preisempfehlung)

So macht man bessere Fotos
Das meistverkaufte Fotobuch der Welt.
(0614) Von M. L. Taylor, 192 S., 457 Farbfotos, 15 Abb., kart. **DM 14,80**/S 119,–

Falken-Handbuch
Dunkelkammerpraxis
Laboreinrichtung · Arbeitsabläufe ·
Fehlerkatalog. (4140) Von E. Pauli,
200 S., 54 Farbfotos, 239 s/w-Fotos,
171 Zeichnungen, Pappband.
DM 39,–/S 319,–

Falken-Handbuch **Trickfilmen**
Flach-, Sach- und Zeichentrickfilme – von
der Idee zur Ausführung. (4131) Von
H.-D. Wilden, 144 S., über 430 überwie-
gend farbige Abb., Pappband.
DM 39,–/S 319,–

Moderne Schmalfilmpraxis
Ausrüstungen · Drehbuch · Aufnahme
Schnitt · Vertonung. (4043) Von U. Ney,
328 S., 29 Farbfotos, 177 s/w-Fotos,
57 Zeichnungen, gebunden.
DM 29,80/S 239,–

Schmalfilmen
Ausrüstung · Aufnahmepraxis · Schnitt
Ton. (0342) Von U. Ney, 108 S., 4 Farb-
tafeln, 25 s/w-Fotos, kart.
DM 9,80/S 79,–

Schmalfilme selbst vertonen
(0593) Von U. Ney, 96 S., 57 s/w-Fotos,
14 Zeichnungen, kart. **DM 9,80**/S 79,–

Fotografie – Das Schöne als Ziel
Zur Ästhetik und Psychologie der visuel-
len Wahrnehmung. (4122) Von E. Stark,
208 S., 252 Farbfotos, 63 Zeichnungen,
Ganzleinen. **DM 78,–**/S 624,–

Ferngelenkte Motorflugmodelle
bauen und fliegen. (0400) Von W. Thies,
184 S., mit Zeichnungen und Detail-
plänen, kart. **DM 16,80**/S 139,–

Modellflug-Lexikon
(0549) Von W. Thies, 280 S.,
98 s/w-Fotos, 234 Zeichnungen,
Pappband. **DM 36,–**/S 298,–

Flugmodelle
bauen und einfliegen. (0361) Von W.
Thies und Willi Rolf, 160 S., 63 Abb.,
7 Faltpläne, kart. **DM 12,80**/S 99,–

CB-Code
Wörterbuch und Technik. (0435) Von
R. Kerler, 120 S., 5 s/w-Fotos, 9 Zeich-
nungen, kart. **DM 9,80**/S 79,–

Kleine Welt auf Rädern
Das faszinierende Spiel mit **Modelleisenbahnen** (4175) Von F. Eisen, 256 S.,
72 Farb- und 180 s/w-Fotos, 25 Zeichnungen, Pappband. **DM 29,80**/S 239,–

Modelleisenbahnen im Freien
Mit Volldampf durch den Garten. (4245)
Von F. Eisen, 96 S., 115 Farb-, 4 s/w-
Fotos, 5 Zeichnungen, Pappband.
DM 29,80/S 239,–

Raketen auf Rädern
Autos und Motorräder an der Schall-
grenze. (4220) Von H. G. Isenberg, 96 S.,
112 Farbfotos, 21 s/w-Fotos, Pappband.
DM 24,80/S 198,–

Die rasantesten Rallyes der Welt
(4213) Von H. G. Isenberg und D.
Maxeiner, 96 S., 116 Farbfotos,
Pappband. **DM 24,80**/S 198,–

Trucks
Giganten der Landstraßen in aller Welt.
(4222) Von H. G. Isenberg, 96 S.,
131 Farbfotos, Pappband.
DM 24,80/S 198,–

Die Super-Trucks der Welt
(4257) Von H. G. Isenberg, 194 S.,
205 Farbfotos, 87 s/w-Fotos, 7 Farbzeichnungen, 4 Ausklapptafeln,
Pappband. **DM 39,–**/S 319,–

Ferngelenkte Elektromodelle
bauen und fahren. (0700) Von W. Thies,
144 S., 52 s/w-Fotos, 50 Zeichnungen,
kart. **DM 16,80**/139.–

Schiffsmodelle
selber bauen. (0500) Von D. und R. Loch-
ner, 200 S., 93 Zeichnungen, 2 Faltpläne,
kart. **DM 14,80**/S 119,–

Dampflokomotiven
(4204) Von W. Jopp, 96 S., 134 Farbfotos, Pappband. **DM 24,80**/S 198,–

Zivilflugzeuge
Vom Kleinflugzeug zum Überschall-Jet.
(4218) Von R. J. Höhn und H. G.
Isenberg, 96 S., 115 Farbfotos,
Pappband. **DM 24,80**/S 198,–

Ferngelenkte Segelflugmodelle
bauen und fliegen. (0446) Von W. Thies,
176 S., 22 s/w-Fotos, 115 Zeichnungen,
kart. **DM 14,80**/S 119,–

Die schnellsten Motorräder der Welt
(4206) Von H. G. Isenberg und D.
Maxeiner, 96 S., 100 Farbfotos,
Pappband. **DM 24,80**/S 198,–

Motorrad-Hits
Chopper, Tribikes, Heiße Öfen. (4221)
Von H. G. Isenberg, 96 S., 119 Farbfotos,
Pappband. **DM 24,80**/S 198,–

Die Super-Motorräder der Welt
(4193) Von H. G. Isenberg, 192 S.,
170 Farb- und 100 s/w-Fotos, 8 Zeichnungen, Pappband. **DM 39,–**/S 319,–

Motorrad-Faszination
Heiße Öfen, von denen jeder träumt.
(4223) Von H. G. Isenberg, 96 S.,
103 Farb- und 20 s/w-Fotos, Pappband.
DM 24,80/S 198,–

Autos, die die Welt bewegten
Oldtimer
(2217) Von H. G. Isenberg, 80 S.,
32 Farb- und 22 s/w-Fotos, Pappband.
DM 9,80/S 85,–

Münzen
Ein Brevier für Sammler. (0353) Von
E. Dehnke, 128 S., 4 Farbtafeln, 17 s/w-
Abb., kart. **DM 9,80**/S 79.–

Astronomie als Hobby
Sternbilder und Planeten erkennen und
benennen. (0572) Von D. Block, 176 S.,
16 Farbtafeln, 49 s/w-Fotos, 93 Zeichnungen, kart. **DM 14.80**/S 119.–

Der Bart
Die individuelle Note des Mannes. (2222)
Von H. Strutzmann, 80 S., 58 Farbfotos,
Pappband. **DM 9,80**/S 85,–

Gitarre spielen
Ein Grundkurs für den Selbstunterricht.
(0534) Von A. Roßmann, 96 S., 1 Schall-
folie, 150 Zeichnungen, kart.
DM 24,80/S 198.–

Falken-Handbuch Zaubern
Über 400 verblüffende Tricks. (4063)
Von F. Stutz, 368 S., 1200 Zeichnungen,
Pappband. **DM 36,–**/S 298.–

Zaubern
einfach – aber verblüffend. (2018) Von
D. Buoch, 84 S., 41 Zeichnungen, kart.
DM 6,80/S 59.–

Zaubertricks
Das große Buch der Magie. (0282) Von
J. Zmeck, 244 S., 113 Abb., kart.
DM 14,80/S 119.–

Magische Zaubereien
(0672) Von W. Widenmann, 64 S.,
31 Zeichnungen, kart. **DM 7,80**/S 69.–

Pfeife rauchen
Die hohe Kunst, Tabak zu genießen.
(2203) Von W. Hufnagel, 80 S., 77 Farbfotos, 4 s/w-Fotos, 11 Zeichnungen,
Pappband. **DM 9,80**/S 85.–

Mit vollem Genuß
Pfeife rauchen
Alles über Tabaksorten, Pfeifen und
Zubehör. (4227) Von H. Behrens,
H. Frickert, 168 S., 127 Farbfotos,
18 Zeichnungen, Pappband.
DM 39,–/S 319.–

Mineralien, Steine und Fossilien
Grundkenntnisse für Hobby-Sammler.
(0437) Von D. Stobbe, 96 S., 16 Farbtafeln, 14 s/w-Fotos, 10 Zeichnungen,
kart. **DM 9,80**/S 79.–

Vom verführerischen Feuer der
Edelsteine
(2221) Von H. A. Mehler, R. Klotz, 80 S.,
46 Farbfotos, Pappband.
DM 9,80/S 85,–

Freizeit mit dem Mikroskop
(0291) Von M. Deckart, 132 S., 8 Farbtafeln, 64 s/w Abb., 2 Zeichnungen, kart.
DM 9,80/S 79.–

Briefmarken
sammeln für Anfänger. (0481) Von
D. Stein, 120 S., 4 Farbtafeln,
98 s/w-Abb., kart. **DM 9,80**/S 79.–

Wir lernen tanzen
Standard- und lateinamerikanische
Tänze. (0200) Von E. Fern, 168 S.,
118 s/w-Fotos, 47 Zeichnungen, kart.
DM 9,80/S 79,–

Tanzstunde
Das Welttanzprogramm · Party-Tanz-
stunde. (5018) Von G. Hädrich, 172 S.,
443 s/w-Fotos, 140 Zeichnungen,
Pappband. **DM 19.80**/S 159,–

So tanzt man Rock'n'Roll
Grundschritte · Figuren · Akrobatik.
(0573) Von W. Steuer und G. Marz,
224 S., 303 Abb., kart.
DM 16,80/ S 139,–

Disco-Tänze
(0491) Von B. und F. Weber, 104 S.,
104 Abb., kart. **DM 6,80**/S 59,–

Tanzen überall
Discofox, Rock'n'Roll, Blues, Langsamer
Walzer, Cha-Cha-Cha zum Selberlernen.
(0760) Von H. M. Pritzer, 112 S.,
128 Farbfotos, kart. **DM 19,80**/S 159,–

Videokassette **Tanzen überall**
Discofox, Rock'n'Roll, Blues. (6004/VHS,
6005/Video 2000, 6006/Beta) Von
H. M. Pritzer, G. Steinheimer, in Farbe,
ca. 45 Min. **DM 69,–**/S 619,–
(unverb. Preisempfehlung)

**Unser schönes Deutschland
neu gesehen**
(4199) Hrsg. U. Moll, 208 S., 800 Farbfotos, Pappband. **DM 29,80**/S 239,–

Schwarzwald-Romantik
Vom Zauber einer deutschen Landschaft.
(4232) Hrsg. A. Rolf, 184 S., 273 Farbfotos, Pappband. **DM 29,80**/S 239,–

Sport

Judo
Grundlagen des Stand- und Boden-
kampfes. (4013) Von W. Hofmann,
244 S., 589 Fotos, Pappband.
DM 29,80/S 239.–

Neue Lehrmethoden der Judo-Praxis
(0424) Von P. Herrmann, 223 S.,
475 Abb., kart. **DM 16,80**/S 139.–

Judo
Grundlagen – Methodik. (0305) Von
M. Ohgo, 208 S., 1025 Fotos, kart.
DM 14,80/S 119.–

Fußwürfe
für Judo, Karate und Selbstverteidigung.
(0439) Von H. Nishioka, 96 S., 260 Abb.,
kart. **DM 9,80**/S 79.–

Karate für alle
Karate-Selbstverteidigung in Bildern.
(0314) Von A. Pflüger, 112 S., 356 s/w-
Fotos, kart. **DM 9,80**/S 79.–

Karate für Frauen und Mädchen
Sport und Selbstverteidigung. (0425)
Von A. Pflüger, 168 S., 259 s/w-Fotos,
kart. **DM 12,80**/S 99.–

Nakayamas Karate perfekt 1
Einführung. (0487) Von M. Nakayama,
136 S., 605 s/w-Fotos, kart.
DM 19,80/S 159.–

Nakayamas Karate perfekt 2
Grundtechniken. (0512) Von
M. Nakayama, 136 S., 354 s/w-Fotos,
53 Zeichnungen, kart.
DM 19,80/S 159.–

Nakayamas Karate perfekt 3
Kumite 1: Kampfübungen. (0538) Von
M. Nakayama, 128 S., 424 s/w-Fotos,
kart. **DM 19,80**/S 159.–

Nakayamas Karate perfekt 4
Kumite 2: Kampfübungen. (0547) Von
M. Nakayama, 128 S., 394 s/w-Fotos,
kart. **DM 19,80**/S 159.–

Nakayamas Karate perfekt 5
Kata 1: Heian, Tekki. (0571) Von
M. Nakayama, 144 S., 1229 s/w-Fotos,
kart. **DM 19,80**/S 159.–

Nakayamas Karate perfekt 6
Kata 2: Bassai-Dai, Kanku-Dai,
(0600) Von M. Nakayama, 144 S.,
1300 s/w-Fotos, 107 Zeichnungen, kart.
DM 19,80/S 159.–

Nakayamas Karate perfekt 7
Kata 3: Jitte, Hangetsu, Empi. (0618)
Von M. Nakayama, 144 S., 1988 s/w-
Fotos, 105 Zeichnungen, kart.
DM 19,80/S 159.–

Nakayamas Karate perfekt 8
Gankaku, Jion. (0650) Von
M. Nakayama, 144 S., 1174 s/w-Fotos,
99 Zeichungen, kart. **DM 19,80**/S 159.–

Kontakt-Karate
Ausrüstung · Technik · Training. (0396)
Von A. Pflüger, 112 S., 238 s/w-Fotos,
kart. **DM 14,80**/S 119.–

Karate-Do
Das Handbuch des modernen Karate.
(4028) Von A. Pflüger, 360 S., 1159 Abb.,
Pappband. **DM 39,–**/S 319.–

Bo-Karate
Kukishin-Ryu – die Techniken des Stock-
kampfes. ((0447) Von G. Stiebler, 176 S.,
424 s/w-Fotos, 38 Zeichnungen, kart.
DM 16,80/S 139.–

Karate I
Einführung · Grundtechniken. (0227)
Von A. Pflüger, 148 S., 195 s/w-Fotos,
120 Zeichnungen, kart.
DM 9,80/S 79.–

Karate II
Kombinationstechniken · Katas. (0239)
Von A. Pflüger, 176 S., 452 s/w-Fotos
und Zeichnungen, kart.
DM 9,80/S 79.–

Karate Kata 1
Heian 1-5, Tekki 1, Bassai Dai. (0683)
Von W.-D. Wichmann, 164 S., 703 s/w-
Fotos, kart. **DM 19,80**/S 159,–

Karate Kata 2
Jion, Empi, Kanku-Dai, Hangetsu.
(0723) Von W.-D. Wichmann, 140 S.,
661 s/w Fotos, 4 Zeichnungen, kart.
DM 19,80/S 159.–

Ninja 1
Die Lehre der Schattenkämpfer. (0758)
Von S. K. Hayes, 144 S., 137 s/w-Fotos,
kart. **DM 16,80**/S 139,–

Ninja 2
Die Wege zum Shoshin (0763) Von
S. K. Hayes, 160 S., 309 s/w-Fotos, kart.
DM 16,80/S 139,–

Ninja 3
Der Pfad des Togakure-Kämpfers.
(0764) Von S. K. Hayes, 144 S., 197 s/w-
Fotos, 2 Zeichnungen, kart.
DM 16,80/S 139,–

Ninja 4
Das Vermächtnis der Schattenkämpfer.
(0807) Von S. K. Hayes, 196 S., 466 s/w-
Fotos, kart. **DM 16,80**/S 139,–

Der König des Kung-Fu
Bruce Lee
Sein Leben und Kampf. (0392) Von
seiner Frau Linda. 136 S., 104 s/w-Fotos,
kart. **DM 19,80**/S 159.–

Bruce Lees Kampfstil 1
Grundtechniken. (0473) Von B. Lee und
M. Uyehara, 109 S., 220 Abb., kart.
DM 9,80/S 79.–

Bruce Lees Kampfstil 2
Selbstverteidigungs-Techniken. (0486)
Von B. Lee und M. Uyehara, 128 S.,
310 Abb., kart. **DM 9,80**/S 79.–

Bruce Lees Kampfstil 3
Trainingslehre. (0503) Von B. Lee und
M. Uyehara, 112 S., 246 Abb., kart.
DM 9,80/S 79.–

Bruce Lees Kampfstil 4
Kampftechniken. (0523) Von B. Lee und
M. Uyehara, 104 S., 211 Abb., kart.
DM 9,80/S 79.–

Bruce Lees Jeet Kune Do
(0440) Von B. Lee, 192 S., mit 105 eigen-
händigen Zeichnungen von B. Lee, kart.
DM 19,80/S 159.–

Ju-Jutsu 1
Grundtechniken – Moderne Selbstverteidigung. (0276) Von W. Heim und
F. J. Gresch, 160 S., 460 s/w-Fotos,
8 Zeichnungen, kart. **DM 9,80**/S 79.–

Ju-Jutsu 2
für Fortgeschrittene und Meister. (0378)
Von W. Heim und F. J. Gresch, 164 S.,
798 s/w-Fotos, kart. **DM 19,80**/S 159.–

Ju-Jutsu 3
Spezial-, Gegen- und Weiterführungs-Techniken. (0485) Von W. Heim und F. J. Gresch, 214 S., über 600 s/w-Fotos, kart. **DM 19,80**/S 159.–

Ju-Jutsu als Wettkampf
(0826) Von G. Kulot, 168 S., 418 s/w-Fotos, 2 Zeichnungen, kart. **DM 19,80**/S 159.–

Nunchaku
Waffe · Sport · Selbstverteidigung. (0373) Von A. Pflüger, 144 S., 247 Abb., kart. **DM 16,80**/S 139.–

Shuriken · Tonfa · Sai
Stockfechten und andere bewaffnete Kampfsportarten aus Fernost. (0397) Von A. Schulz, 96 S., 253 s/w-Fotos, kart. **DM 12,80**/S 99.–

Illustriertes Handbuch des Taekwon-Do
Koreanische Kampfkunst und Selbstverteidigung. (4053) Von K. Gil, 248 S., 1026 Abb., Pappband. **DM 29,80**/S 239.–

Taekwon-Do
Koreanischer Kampfsport. (0347) Von K. Gil, 152 S., 408 Abb., kart. **DM 12,80**/S 99.–

Aikido
Lehren und Techniken des harmonischen Weges. (0537) Von R. Brand, 280 S., 697 Abb., kart. **DM 19,80**/S 159.–

Kung-Fu und Tai-Chi
Grundlagen und Bewegungsabläufe. (0367) Von B. Tegner, 182 S., 370 s/w-Fotos, kart. **DM 14,80**/S 119.–

Kung-Fu
Theorie und Praxis klassischer und moderner Stile. (0376) Von M. Pabst, 160 S., 330 Abb., kart. **DM 12,80**/S 99.–

Shaolin-Kempo – Kung-Fu
Chinesisches Karate im Drachenstil. (0395) Von R. Czerni und K. Konrad. 246 S., 723 Abbildungen, kart. **DM 19,80**/S 159.–

Hap Ki Do
Grundlagen und Techniken koreanischer Selbstverteidigung. (0379) Von Kim Sou Bong, 112 S., 153 Abb., kart. **DM 14,80**/S 119.–

Dynamische Tritte
Grundlagen für den Zweikampf. (0438) Von C. Lee, 96 S., 398 s/w-Fotos, 10 Zeichnungen, kart. **DM 9,80**/S 79.–

Kickboxen
Fitneßtraining und Wettkampfsport. (0795) Von G. Lemmens, 96 S., 208 s/w-Fotos, 23 Zeichnungen, kart. **DM 16,80**/S 139.–

Muskeltraining mit Hanteln
Leistungssteigerung für Sport und Fitness. (0676) Von H. Schulz, 108 S., 92 s/w-Fotos, 2 Zeichnungen, kart. **DM 9,80**/ S 79.–

Leistungsfähiger durch Krafttraining
Eine Anleitung für Fitness-Sportler, Trainer und Athleten (0617) Von W. Kieser, 100 S., 20 s/w-Fotos, 62 Zeichnungen, kart. **DM 9,80**/S 79.–

Bodybuilding
Anleitung zum Muskel- und Konditionstraining für sie und ihn. (0604) Von R. Smolana. 160 S., 171 s/w-Fotos, kart. **DM 9,80**/S 79.–

Hanteltraining zu Hause
(0800) Von W. Kieser, 80 S., 71 s/w-Fotos, 4 Zeichnungen, kart. **DM 9,80**/S 79,–

Fit und gesund
Körpertraining und Bodybuilding zu Hause. (0782) Von H. Schulz, 80 S., 100 Farbfotos, 3 Zeichnungen, kart. **DM 14,80**/S 119.–
Video-Kassette:

Fit und gesund
VHS (6013), Video 2000 (6014), Beta (6015), Laufzeit 30 Minuten, in Farbe. **DM 49,80**/ S 448,–
(unverb. Preisempf.)
Package (Buch und Kassette)
(6019/VHS, 6020/Video 2000, 6021/Beta). Von H. Schulz, **DM 69,–**/S 619,–
(unverbindl. Preisempf.)

Bodybuilding für Frauen
Wege zu Ihrer Idealfigur (0661) Von H. Schulz, 108 S., 84 s/w-Fotos, 4 Zeichnungen, großes farbiges Übungsposter, kart. **DM 14,80**/S 119.–

Isometrisches Training
Übungen für Muskelkraft und Entspannung. (0529) Von L. M. Kirsch, 140 S., 162 s/w-Fotos, kart. **DM 9,80**/S 79.–

Spaß am Laufen
Jogging für die Gesundheit. (0470) Von W. Sonntag, 140 S., 41 s/w-Fotos, 1 Zeichnung, kart. **DM 9,80**/S 79.–

Mein bester Freund, der Fußball
(5107) Von D. Brüggemann und D. Albrecht, 144 S., 171 Abb., kart. **DM 16,80**/S 139.–

Fußball
Training und Wettkampf. (0448) Von H. Obermann und P. Walz, 166 S., 92 s/w-Fotos, 15 Zeichnungen, 29 Diagramme, kart. **DM 12,80**/S 99.–

Handball
Technik · Taktik · Regeln. (0426) Von F. und P. Hattig, 128 S., 91 s/w-Fotos, 121 Zeichnungen, kart. **DM 14,80**/S 119.–

Volleyball
Technik · Taktik · Regeln. (0351) Von H. Huhle, 104 S., 330 Abb., kart. **DM 9,80**/S 79.–

Basketball
Technik und Übungen für Schule und Verein. (0279) Von C. Kyriasoglou, 116 S., mit 252 Übungen zur Basketballtechnik, 186 s/w-Fotos und 164 Zeichnungen, kart. **DM 12,80**/S 99.–

Hockey
Technische und taktische Grundlagen. (0398) Von H. Wein, 152 S., 60 s/w-Fotos, 30 Zeichnungen, kart. **DM 16,80**/S 139.–

Eishockey
Lauf- und Stocktechnik, Körperspiel, Taktik, Ausrüstung und Regeln (0414) Von J. Čapla, 264 S., 548 s/w-Fotos, 163 Zeichnungen, kart. **DM 19,80**/S 159.–

Badminton
Technik · Taktik · Training. (0699) Von K. Fuchs, L. Sologub, 168 S., 51 Abb., kart., **DM 16,80**/S 139.–

Golf
Ausrüstung · Technik · Regeln. (0343) Von J. C. Jessop, übersetzt von H. Biemer, mit einem Vorwort von H. Krings, Präsident des Deutschen Golf-Verbandes, 160 S., 65 Abb., Anhang Golfregeln des DGV, kart. **DM 16,80**/S 139.–

Pool-Billard
(0484) Herausgegeben vom Deutschen Pool-Billard-Bund, von M. Bach und K.-W. Kühn, 88 S., mit über 80 Abb., kart. **DM 7,80**/S 69.–

Sportschießen
für jedermann. (0502) Von A. Kovacic, 124 S., 116 s/w-Fotos, kart. **DM 14,80**/S 119.–

Fechten
Florett · Degen · Säbel. (0449) Von E. Beck, 88 S., 219 Fotos und Zeichnungen, kart. **DM 11,80**/S 94.–

Reiten
Dressur · Springen · Gelände. (0415) Von U. Richter, 168 S., 235 Abb., kart. **DM 12,80**/S 99.–

Fibel für Kegelfreunde
Sport- und Freizeitkegeln · Bowling. (0191) Von G. Bocsai, 72 S., 62 Abb., kart. **DM 5,80**/S 49.–

Beliebte und neue Kegelspiele
(0271) Von G. Bocsai, 92 S., 62 Abb., kart. **DM 5,80**/S 49.–

111 spannende Kegelspiele
(2031) Von H. Regulski, 88 S., 53 Zeichnungen, kart., **DM 7,80**/S 69.–

Ski-Gymnastik
Fit für Piste und Loipe. (0450) Von H. Pilss-Samek, 104 S., 67 s/w-Fotos, 20 Zeichnungen, kart. **DM 6,80**/S 59.–

Die neue Skischule
Ausrüstung · Technik · Trickskilauf · Gymnastik. (0369) Von C. und R. Kerler, 128 S., 100 Abb., kart. **DM 9,80**/S 79.–

Skilanglauf, Skiwandern
Ausrüstung · Techniken · Skigymnastik. (5129) Von T. Reiter und R. Kerler, 80 S., 8 Farbtafeln, 85 Zeichnungen, s/w-Fotos, kart. **DM 14,80**/S 119,–

Alpiner Skisport
Ausrüstung · Techniken · Skigymnastik (5130) Von K. Meßmann, 128 S., 8 Farbtafeln, 93 s/w-Fotos, 45 Zeichnungen, kart. **DM 14,80**/S 119.–

Die neue Tennis-Praxis
Der individuelle Weg zu erfolgreichem Spiel. (4097) Von R. Schönborn, 240 S., 202 Farbzeichnungen, 31 s/w-Abb., Pappband. **DM 39,–**/S 319.–

Erfolgreiche Tennis-Taktik
(4086) Von R. Ford Greene, übersetzt von M. R. Fischer, 182 S., 87 Abb., kart. **DM 19,80**/S 159.–

Moderne Tennistechnik
(4187) Von G. Lam, 192 S., 339 s/w-Fotos, 91 Zeichnungen, kart. **DM 24,80**/S 198.–

Tennis kompakt
Der erfolgreiche Weg zu Spiel, Satz und Sieg. (5116) Von W. Taferner, 128 S., 82 s/w-Fotos, 67 Zeichnungen, kart. **DM 14,80**/S 119.–

Tennis
Technik · Taktik · Regeln. (0375) Von H. Elschenbroich, 112 S., 81 Abb., kart. **DM 6,80**/S 59.–

Tischtennis-Technik
Der individuelle Weg zu erfolgreichem Spiel. (0775) Von M. Perger, 144 S., 296 Abb. kart. **DM 16,80**/S 139,–

Squash
Ausrüstung · Technik · Regeln. (0539) Von D. von Horn und H.-D. Stünitz, 96 S., 55 s/w-Fotos, 25 Zeichnungen, kart. **DM 8,80**/S 74.–

Sporttauchen
Theorie und Praxis des Gerätetauchens.
(0647) Von S. Müßig, 144 S., 8 Farbtafeln, 35 s/w-Fotos, 89 Zeichnungen,
kart., **DM 14,80**/S 119.–

Windsurfing
Lehrbuch für Grundschein und Praxis.
(5028) Von C. Schmidt, 64 S., 60 Farbfotos, Pappband. **DM 12,80**/S 99.–

Segeln
Der neue Grundschein – Vorstufe zum
A-Schein – Mit Prüfungsfragen.
(5147) Von C. Schmidt, 80 S., 8 Farbtafeln, 18 Farbfotos, 82 Zeichnungen,
kart., **DM 14,80**/S 119,–

Sportfischen
Fische – Geräte – Technik. (0324) Von
H. Oppel, 144 S., 49 s/w-Fotos, 8 Farbtafeln, kart. **DM 9,80**/S 79.–

Falken-Handbuch Angeln
in Binnengewässern und im Meer. (4090)
Von H. Oppel, 344 S., 24 Farbtafeln,
66 s/w-Fotos, 151 Zeichnungen,
gebunden. **DM 39,–**/S 319.–

Angeln
Kleine Fibel für den Sportfischer. (0198)
Von E. Bondick, 96 S., 116 Abb., kart.
DM 8,80/S 74.–

Die Erben Lilienthals
Sportfliegen heute
(4054) Von G. Brinkmann, 240 S.,
32 Farbtafeln, 176 s/w-Fotos, 33 Zeichnungen, gebunden. **DM 39,–**/S 319.–

Einführung in das Schachspiel
(0104) Von W. Wollenschläger und
K. Colditz, 92 S., 116 Diagramme, kart.
DM 6,80/S 59.–

Schach mit dem Computer
(0747) Von D. Frickenschmidt, 140 S.,
112 Diagramme, 29 s/w-Fotos, 5 Zeichnungen, **DM 16,80**/S 139,–

Spielend Schach lernen
(2002) Von T. Schuster, 128 S., kart.
DM 6,80/S 59.–

Kinder- und Jugendschach
Offizielles Lehrbuch des Deutschen
Schachbundes zur Erringung der Bauern-,
Turm- und Königsdiplome. (0561) Von
B. J. Withuis und H. Pfleger, 144 S.,
220 Zeichnungen u. Diagramme, kart.
DM 12,80/S 99.–

Neue Schacheröffnungen
(0478) Von T. Schuster, 108 S.,
100 Diagramme, kart. **DM 8,80**/S 74.–

Schach für Fortgeschrittene
Taktik und Probleme des Schachspiels.
(0219) Von R. Teschner, 96 S., 85 Diagramme, kart. **DM 5,80**/S 49.–

Taktische Schachendspiele
(0752) Von J. Nunn, 200 S., 151 Diagramme, kart. **DM 16,80**/S 139,–

Schach-WM '85 Karpow – Kasparow.
Mit ausführlichen Kommentaren zu allen
Partien. (0785) Von H. Pfleger, O. Borik,
M. Kipp-Thomas, 128 S., zahlreiche Abb.
und Diagramme, kart. **DM 14,80**/S 119,–

Schachstrategie
Ein Intensivkurs mit Übungen und ausführlichen Lösungen. (0584) Von
A. Koblenz, dt. Bearb. von K. Colditz,
212 S., 240 Diagramme, kart.
DM 16,80/S 139.–

Falken-Handbuch Schach
(4051) Von T. Schuster, 360 S., über
340 Diagramme, gebunden. **DM 36,–**/S 298.–

**Die besten Partien deutscher
Schachgroßmeister**
(4121) Von H. Pfleger, 192 S.,
29 s/w-Fotos, 89 Diagramme,
Pappband. **DM 29,80**/S 239.–

Turnier der Schachgroßmeister '83
Karpow · Hort · Browne · Miles ·
Chandler · Garcia · Rogers · Kindermann.
(0718) Von H. Pfleger, E. Kurz, 176 S.,
29 s/w-Fotos, 71 Diagramme, kart.
DM 16,80/S 139.–

**Lehr-, Übungs- und Testbuch der
Schachkombinationen**
(0649) Von K. Colditz, 184 S., 227 Diagramme, kart. **DM 14,80**/S 119.–

**Zug um Zug
Schach für jedermann 1**
Offizielles Lehrbuch des Deutschen
Schachbundes zur Erringung des Bauerndiploms. (0648) Von H. Pfleger und
E. Kurz, 80 S., 24 s/w-Fotos,
8 Zeichnungen, 60 Diagramme, kart.
DM 6,80/S 59.–

**Zug um Zug
Schach für jedermann 2**
Offizielles Lehrbuch des Deutschen
Schachbundes zur Erringung des Turmdiploms. (0659) Von H. Pfleger und
E. Kurz, 132 S., 8 s/w-Fotos,
14 Zeichnungen, 78 Diagramme, kart.
DM 9,80/S 79.–

**Zug um Zug
Schach für jedermann 3**
Offizielles Lehrbuch des Deutschen
Schachbundes zur Erringung des Königdiploms. (0728) Von H. Pfleger, G. Treppner, 128 S., 4 s/w-Fotos, 84 Diagramme,
10 Zeichnungen, kart. **DM 9,80**/S 79.–

Schachtraining mit den Großmeistern
(0670) Von H. Bouwmeester, 128 S.,
90 Diagramme, kart. **DM 14,80**/ S 119.–

Schach als Kampf
Meine Spiele und mein Weg. (0729) Von
G. Kasparow, 144 S., 95 Diagramme,
9 s/w-Fotos, kart. **DM 14,80**/S 119,–

Spiele, Denksport, Unterhaltung

Kartenspiele
(2001) Von C. D. Grupp, 144 S., kart.
DM 9,80/S 79.–

**Neues Buch der
siebzehn und vier Kartenspiele**
(0095) Von K. Lichtwitz, 96 S., kart.
DM 6,80/S 59.–

Alles über Pokern
Regeln und Tricks. (2024) Von C. D.
Grupp, 120 S., 29 Kartenbilder, kart.
DM 8,80/S 74.–

Rommé und Canasta
in allen Variationen. (2025) Von C. D.
Grupp, 124 S., 24 Zeichnungen, kart.,
DM 9,80/S 79.–

**Schafkopf, Doppelkopf, Binokel,
Cego, Gaigel, Jaß, Tarock und andere
„Lokalspiele".**
(2015) Von C. D. Grupp, 152 S., kart.
DM 12,80/S 99.–

Spielend Skat lernen
unter freundlicher Mitarbeit des deutschen
Skatverbandes. (2005) Von Th. Krüger,
156 S., 181 s/w-Fotos, 22 Zeichnungen,
kart. **DM 9,80**/S 79,–

Das Skatspiel
Eine Fibel für Anfänger. (0206) Von
K. Lehnhoff, überarb. von P.A. Höfges,
96 S., kart. **DM 6,80**/S 59.–

Black Jack
Regeln und Strategien des Kasinospiels.
(2032) Von K. Kelbratowski, 88 S., kart.
DM 9,80/S 79,–

Falken-Handbuch Patiencen
Die 111 interessantesten Auslagen. (4151)
Von U. v. Lyncker, 216 S., 108 Abbildungen, Pappband. **DM 29,80**/S 239.–

Patiencen
in Wort und Bild. (2003) Von I. Wolter,
136 S., kart. **DM 7,80**/S 69.–

Falken-Handbuch Bridge
Von den Grundregeln zum Turnierspiel.
(4092) Von W. Voigt und K. Ritz, 276 S.,
792 Zeichnungen, gebunden.
DM 39,–/S 319.–

Spielend Bridge lernen
(2012) Von J. Weiss, 108 S., 58 Zeichnungen, kart. **DM 7,80**/S 69.–

Spieltechnik im Bridge
(2004) Von V. Mollo und N. Gardener,
deutsche Adaption von D. Schröder,
216 S., kart. **DM 16,80**/S 139.–

Besser Bridge spielen
Reiztechnik, Spielverlauf und Gegenspiel.
(2026) Von J. Weiss, 144 S., 60 Diagramme, kart. **DM 14,80**/S 119.–

Herausforderung im Bridge
200 Aufgaben mit Lösungen. (2033) Von
V. Mollo, 152 S., kart. **DM 19,80**/S 159,–

Kartentricks
(2010) Von T. A. Rosee, 80 S., 13 Zeichnungen, kart. **DM 6,80**/S 59.–

Mah-Jongg
Das chinesische Glücks-, Kombinationsund Gesellschaftsspiel. (2030) Von
U. Eschenbach, 80 S., 30 s/w-Fotos,
5 Zeichnungen, kart. **DM 9,80**/S 79.–

Neue Kartentricks
(2027) Von K. Pankow, 104 S., 20 Abb.,
kart. **DM 7,80**/S 69,–

Backgammon
für Anfänger und Könner. (2008) Von
G. W. Fink und G. Fuchs, 116 S., 41 Abb.,
kart. **DM 9,80**/S 79.–

Würfelspiele
für jung und alt. (2007) Von F. Pruss,
112 S., 21 s/w-Zeichnungen, kart.
DM 7,80/S 69.–

Gesellschaftsspiele
für drinnen und draußen. (2006) Von
H. Görz, 128 S., kart. **DM 6,80**/S 59.–

Spiele für Party und Familie
(2014) Von Rudi Carrell, 160 S., 50 Abb.,
kart. **DM 9,80**/S 79.–

Dame
Das Brettspiel in allen Variationen.
(2028) Von C. D. Grupp, 104 S.,
122 Diagramme, kart. **DM 9,80**/S 79.–

Das japanische Brettspiel Go
(2020) Von W. Dörholt, 104 S., 182 Diagramme, kart. **DM 9,80**/S 79.–

Roulette richtig gespielt
Systemspiele, die Vermögen brachten.
(0121) Von M. Jung, 96 S., zahlreiche
Tabellen, kart. **DM 7,80**/S 69.–

**So gewinnt man gegen
Video- und Computerspiele**
(0644) Von C. Kerler, 160 S., 25 Zeichnungen, 30 s/w-Fotos, kart.
DM 6,80/S 59.–

Denksport und Schnickschnack
für Tüftler und fixe Köpfe. (0362) Von
J. Barto, 100 S., 45 Abb., kart.
DM 6,80/S 59.–

Rätselspiele, Quiz- und Scherzfragen
für gesellige Stunden. (0577) Von K.-H.
Schneider, 168 S., über 100 Zeichnungen,
Pappband. **DM 16,80** /S 139.–

Knobeleien und Denksport
(2019) Von K. Rechberger, 142 S.,
105 Zeichnungen, kart. **DM 7,80** /S 69.–

Quiz
Mehr als 1500 ernste und heitere Fragen
aus allen Gebieten. (0129) Von R. Sautter
und W. Pröve, 92 S., 9 Zeichnungen,
kart. **DM 7,80** /S 69,–

500 Rätsel selberraten
(0681) Von E. Krüger, 272 S., kart.
DM 9,95 /S 79.–

Das Super-Kreuzwort-Rätsel-Lexikon
Über 150.000 Begriffe. (4126) Von
H. Schiefelbein, 684 S., Pappband.
DM 19,80 /S 159.–

365 Schwedenrätsel
(4173) Von Günther Borutta, 336 S.,kart.
DM 16,80 /S 139,–

501 Rätsel selberraten
(0711) Von E. Krüger, 272 S., kart.
DM 9,95 /S 79,–

Riesen-Kreuzwort-Rätsel-Lexikon
über 250.000 Begriffe. (4197) Von
H. Schiefelbein, 1024 S., Pappband.
DM 29,80 /S 239.–

Das große farbige Kinderlexikon
(4195) Von U. Kopp, 320 S., 493 Farbabb.,
17 s/w-Fotos, Pappband.
DM 29,80 /S 239,–

Das große farbige
Bastelbuch für Kinder
(4254) Von U. Barff, I. Burkhardt,
J. Maier, 224 S., 157 Farbfotos,
430 Farb- und 69 s/w-Zeichnungen,
Pappband- **DM 29,80** /S 239.–

Punkt, Punkt, Komma, Strich
Zeichenstunden für Kinder. (0564) Von
H. Witzig, 144 S., über 250 Zeichnungen,
kart. **DM 6,80** /S 59.–

Einmal grad und einmal krumm
Zeichenstunden für Kinder. (0599) Von
H. Witzig, 144 S., 363 Abb., kart.
DM 6,80 /S 59.–

Kinderspiele
die Spaß machen. (2009) Von H. Müller-
Stein, 112 S., 28 Abb., kart.
DM 6,80 /S 59.–

Spiele für Kleinkinder
(2011) Von D. Kellermann, 80 S.,
23 Abb., kart. **DM 5,80** /S 49.–

Kasperletheater
Spieltexte und Spielanleitungen · Bastel-
tips für Theater und Puppen. (0641) Von
U. Lietz, 136 S., 4 Farbtafeln,
12 s/w-Fotos, 39 Zeichnungen, kart.
DM 9,80 /S 79.–

Kindergeburtstag
Vorbereitung, Spiel und Spaß. (0287)
Von Dr. I. Obrig, 104 S., 40 Abb.,
11 Zeichnungen, 9 Lieder mit Noten, kart.
DM 5,80 /S 49.–

Kindergeburtstage die keiner vergißt
Planung, Gestaltung, Spielvorschläge.
(0698) Von G. und G. Zimmermann, 102 S.,
80 Vignetten, kart. **DM 9,80** / S 79,–

Kinderfeste
daheim und in Gruppen. (4033) Von
G. Blechner, 240 S., 320 Abb., kart.
DM 9,80 /S 159.–

Scherzfragen, Drudel und Blödeleien
gesammelt von Kindern. (0506) Hrsg.
von W. Pröve, 112 S., 57 Zeichnungen,
kart. **DM 5,80** /S 49.–

Kein schöner Land...
**Das große Buch unserer beliebtesten
Volkslieder.** (4150) 208 S., 108 Farb-
zeichnungen, Pappband. **19,80** /S 159.–

Komm mit ins Land der Lieder
Das große Buch der Kinder-, Volks- und
Chorlieder. (4261) Hrsg. von H. Rauhe,
176 S., 146 Farbzeichnungen, Pappband.
DM 25,– /S 200.–

**Die schönsten Wander- und Fahrten-
lieder**
(0462) Hrsg. von F. R. Miller, empfohlen
vom Deutschen Sängerbund, 80 S., mit
Noten und Zeichnungen, kart.
DM 5,80 /S 49.–

Die schönsten Volkslieder
(0432) Hrsg. von D. Walther, 128 S.,
mit Noten und Zeichnungen, kart.
DM 6,80 /S 55.–

Neue Spiele für Ihre Party
(2022) Von G. Blechner, 120 S., 54 Zeichnungen, kart. **DM 9,80** /S 79.–

Lustige Tanzspiele und Scherztänze
für Parties und Feste. (0165) Von
E. Bäulke, 80 S., 53 Abb., kart.
DM 6,80 /S 59.–

Straßenfeste, Flohmärkte und Basare
Praktische Tips für Organisation und
Durchführung. (0592) Von H. Schuster,
96 S., 52 Fotos, 17 Zeichnungen, kart.
DM 12,80 /S 99.–

Humor

Großes Wilhelm Busch Album
mit 1.700 farbigen Bildern. (4249) Von
W. Busch, 400 S., 1700 Farbzeichnungen,
Pappband. **DM 16,80** /S 139.–

Es ist ein Brauch von alters her...
Lebensweisheiten
(2214) Von W. Busch, 80 S., 38 Zeichnungen, Pappband. **DM 9,80** /S 79,–

Heitere Vorträge und witzige Reden
Lachen, Witz und gute Laune. (0149) Von
E. Müller, 104 S., 44 Abb., kart.
DM 9,80 /S 79.–

Tolle Sketche
mit zündenden Pointen – zum Nachspielen. (0656) Von E. Cohrs, 112 S.,
kart. **DM 9,80** /S 79.–

Vergnügliche Sketche
(0476) Von H. Pillau, 96 S., mit
7 lustigen Zeichnungen, kart.
DM 6,80 /S 59.–

Heitere Vorträge
(0528) Von E. Müller, 128 S., 14 Zeichnungen, kart. **DM 9,80** /S 79.–

Die große Lachparade
Neue Texte für heitere Vorträge und
Ansagen. (0188) Von E. Müller, 108 S.,
kart. **DM 6,80** /S 59.–

So feiert man Feste fröhlicher
Heitere Vorträge und Gedichte.
(0098) Von Dr. Allos, 96 S., 15 Abb.,
kart. **DM 7,80** /S 69.–

Lustige Vorträge für fröhliche Feiern
(0284) Von Karl Lehnhoff, 96 S., kart.
DM 6,80 /S 59.–

Vergnügliches Vortragsbuch
(0091) Von J. Plaut, 192 S., kart.
DM 8,80 /S 74.–

**Tolle Sachen zum Schmunzeln und
Lachen**
Lustige Ansagen und Vorträge. (0163)
Von E. Müller, 92 S., kart.
DM 6,80 /S 59.–

Locker vom Hocker
Witzige Sketche zum Nachspielen.
(4262) Von W. Giller, 144 S., 41 Zeichnungen, Pappband. **DM 19,80** /S 159.–

Fidele Sketche und heitere Vorträge
Humor zum Nachspielen. (0157) Von
H. Ehnle. 96 S., kart. **DM 6,80** /S 59.–

Sketche und spielbare Witze
für bunte Abende und andere Feste.
(0445) Von H. Friedrich, 120 S., 7 Zeichnungen, kart. **DM 6,80** /S 59.–

Sketche
Kurzspiele zu amüsanter Unterhaltung.
(0247) Von M. Gering, 132 S., 16 Abb.,
kart., **DM 6,80** /59.–

Dalli-Dalli-Sketche
aus dem heiteren Ratespiel von und mit
Hans Rosenthal. (0527) Von H. Pillau,
144 S., 18 Zeichnungen, kart.
DM 9,80 /S 79.–

Witzige Sketche zum Nachspielen
(0511) Von D. Hallervorden, 160 S., kart.
DM 14,80 /S 119.–

Gereimte Vorträge
für Bühne und Bütt. (0567) Von G. Wagner,
96 S., kart. **DM 7,80** /S 69.–

Damen in der Bütt
Scherze, Büttenreden, Sketche.
(0354) Von T. Müller, 136 S., kart.
DM 8,80 /S 74.–

Narren in der Bütt
Leckerbissen aus dem rheinischen
Karneval. (0216) Zusammengestellt von
T. Lücker, 112 S., kart.
DM 8,80 /S 74.–

Rings um den Karneval
Karnevalsscherze und Büttenreden.
(0130) Von Dr. Allos, 136 S., kart.
DM 9,80 /S 79.–

Helau und Alaaf 1
Närrisches aus der Bütt.
(0304) Von E. Müller, 112 S., kart.
DM 6,80 /S 59.–

Helau und Alaaf 2
Neue Büttenreden.
(0477) Von E. Luft, 104 S., kart.
DM 7,80 /S 69.–

Helau und Alaaf 3
Neue Reden für die Bütt. (0832) Von
H. Fauser, 144 S., 13 Zeichnungen, kart.
DM 9,80 /S 79.–

Humor und Stimmung
Ein heiteres Vortragsbuch. (0460) Von
G. Wagner, 112 S., kart. **DM 6,80** /S 59.–

Humor und gute Laune
Ein heiteres Vortragsbuch.
(0635) Von G. Wagner, 112 S., 5 Zeichnungen, kart. **DM 8,80** /S 74.–

Das große Buch der Witze
(0384) Von E. Holz, 320 S., 36 Zeichnungen, Pappband. **DM 16,80** /S 139.–

Da lacht das Publikum
Neue lustige Vorträge für viele Gelegenheiten. (0716) Von H. Schmalenbach,
104 S., kart. **DM 9,80** /S 79,–

Witzig, witzig
(0507) Von E. Müller, 128 S., 16 Zeichnungen, kart. **DM 6,80** /S 59,–

**Die besten Witze und Cartoons des
Jahres 1**
(0454) Hrsg. von K. Hartmann, 288 S.,
125 Zeichnungen, geb. **DM 16,80** /S 139.–

Die besten Witze und Cartoons des Jahres 2
(0488) Hrsg. von K. Hartmann, 288 S., 148 Zeichnungen, geb. **DM 16,80** / S 139.–

Die besten Witze und Cartoons des Jahres 3
(0524) Hrsg. von K. Hartmann, 288 S., 105 Zeichnungen, Pappband.
DM 16,80 / S 139.–

Die besten Witze und Cartoons des Jahres 4
(0579) Hrsg. von K. Hartmann, 288 S., 140 Zeichnungen, Pappband.
DM 16,80 / S 139.–

Die besten Witze und Cartoons des Jahres 5
(0642) Hrsg. von K. Hartmann, 288 S., 88 Zeichnungen, Pappband.
DM 16,80 / S 139.–

Das Superbuch der Witze
(4146) Von B. Bornheim, 504 S., 54 Cartoons, Pappband.
DM 16,80 / S 139.–

Witze
Lachen am laufenden Band (4241) Von J. Burkert, D. Kroppach, 400 S., 41 Zeichnungen, Pappband.
DM 15,– / S 120,–

Die besten Beamtenwitze
(0574) Hrsg. von W. Pröve, 112 S., 59 Cartoons, kart. **DM 5,80** / S 49.–

Die besten Kalauer
(0705) Von K. Frank, 112 S., 12 Zeichnungen, kart., **DM 5,80** / S 49.–

Robert Lembkes Witzauslese
(0325) Von Robert Lembke, 160 S., mit 10 Zeichnungen von E. Köhler, Pappband.
DM 14,80 / S 119.–

Fred Metzlers Witze mit Pfiff
(0368) Von F. Metzler, 120 S., kart.
DM 6,80 / S 59.–

O frivol ist mir am Abend
Pikante Witze von Fred Metzler. (0388) Von F. Metzler, 128 S., mit Karikaturen, kart. **DM 5,80** / S 49.–

Herrenwitze
(0589) Von G. Wilhelm, 112 S., 31 Zeichnungen, kart. **DM 5,80** / S 49.–

Witze am laufenden Band
(0461) Von F. Asmussen, 118 S., kart.
DM 6,80 / S 59.–

Horror zum Totlachen
Gruselwitze
(0536) Von F. Lautenschläger, 96 S., 44 Zeichnungen, kart. **DM 5,80** / S 49.–

Die besten Ostfriesenwitze
(0495) Hrsg. von O. Freese, 112 S., 17 Zeichnungen, kart. **DM 5,80** / S 49.–

Die Kleidermotte ernährt sich von nichts, sie frißt nur Löcher
Stilblüten, Sprüche und Widersprüche aus Schule, Zeitung, Rundfunk und Fernsehen. (0738) Von P. Haas, D. Kroppach, 112 S., zahlr. Abb., kart. **DM 6,80** / S 59,–

Olympische Witze
Sportlerwitze in Wort und Bild.
(0505) Von W. Willnat, 112 S., 126 Zeichnungen, kart. **DM 5,80** / S 49.–

Ich lach mich kaputt! Die besten Kinderwitze
(0545) Von E. Hannemann, 128 S., 15 Zeichnungen, kart. **DM 5,80** / S 49.–

Lach mit!
Witze für Kinder, gesammelt von Kindern. (0468) Hrsg. von W. Pröve, 128 S., 17 Zeichnungen, kart. **DM 6,80** / S 59,–

Die besten Kinderwitze
(0757) Von K. Rank, 120 S., 28 Zeichnungen, kart. **DM 6,80** / S 59,–

Lustige Sketche für Jungen und Mädchen
Kurze Theaterstücke für Jungen und Mädchen. (0669) Von U. Lietz und U. Lange, 104 S., kart. **DM 7,80** / S 69,–

Spielbare Witze für Kinder
(0824) Von H. Schmalenbach, 128 S., 30 Zeichnungen, kart. **DM 9,80** / S 79.–

Natur

Faszination Berg
zwischen Alpen und Himalaya.
(4214) Von T. Hiebeler, 96 S., 100 Farbfotos, Pappband. **DM 24,80** / S 198.–

Hilfe für den Wald
Ursachen, Schadbilder, Hilfsprogramme. Was jeder wissen muß, um unser wichtigstes Öko-System zu retten. (4164) Von K. F. Wentzel, R. Zundel, 128 S., 178 Farb- und 6 s/w-Fotos, 60 Zeichnungen, kart.
DM 19,80 / S 159,–

Gefährdete und geschützte Pflanzen
erkennen und benennen. (0596) Von W. Schnedler und K. Wolfstetter. 160 S., 120 Farbfotos, 4 Zeichnungen, kart.
DM 19,80 / S 159,–

Beeren und Waldfrüchte
erkennen und benennen, eßbar oder giftig? (0401) Von J. Raithelhuber, 120 S., 90 Farbfotos, 40 Zeichnungen, kart. **DM 16,80** / S 139.–

Pilze
erkennen und benennen. (0380) Von J. Raithelhuber, 136 S., 110 Farbfotos, kart. **DM 14,80** / S 119.–

Falken-Handbuch Pilze
Mit über 250 Farbfotos und Rezepten. (4061) Von M. Knoop, 276 S., 250 Farbfotos, Pappband. **DM 39,–** / S 319.–

Das Gartenjahr
Arbeitsplan für den Hobbygärtner.
(4075) Von G. Bambach, 152 S., 16 Farbtafeln, 141 Abb., kart. **DM 14,80** / S 119.–

Gartenteiche und Wasserspiele
planen, anlegen und pflegen. (4083) Von H. R. Sikora, 160 S., 31 Farb- und 31 s/w-Fotos, 73 Zeichnungen, Pappband.
DM 29,80 / S 239.–

Wasser im Garten
Von der Vogeltränke zum Naturteich – Natürliche Lebensräume selbst gestalten. (4230) Von H. Hendel, 240 S., 247 Farbfotos, 68 Zeichnungen, Pappband.
DM 59,– / S 479,–

Gärtnern
(5004) Von I. Manz, 64 S., 38 Farbfotos, Pappband. **DM 14,80** / S 119.–

Gärtner Gustavs Gartenkalender
Arbeitspläne · Pflanzenporträts · Gartenlexikon. (4155) Von G. Schoser, 120 S., 146 Farbfotos, 13 Tabellen, 203 farbige Zeichnungen, Pappband.
DM 24,80 / S 198.–

Ziersträucher und -bäume im Garten
(5071) Von I. Manz, 64 S., 91 Farbfotos, Pappband. **DM 14,80** / S 119.–

Das Blumenjahr
Arbeitsplan für drinnen und draußen. (4142) Von G. Vocke, 136 S., 15 Farbtafeln, kart. **DM 14,80** / S 119.–

Der richtige Schnitt von Obst- und Ziergehölzen, Rosen und Hecken
(0619) Von E. Zettl, 88 S., 8 Farbtafeln, 39 Zeichnungen, 21 s/w-Fotos, kart.
DM 7,80 / S 69.–

Blumenpracht im Garten
(5014) Von I. Manz, 64 S., 93 Farbfotos, Pappband. **DM 14,80** / S 119.–

Vom betörenden Zauber der Rosen
(2206) Von H. Steinhauer, 80 S., 89 Farbfotos und Zeichnungen, Pappband. **DM 9,80** / S 85,–

Blütenpracht in Haus und Garten
(4145) Von M. Haberer, u. a., 352 S., 1012 Farbfotos, Pappband.
DM 39,– / S 319,–

Das bunte Blütenparadies der Blumen
(2219) Von B. Zeidelhack, 80 S., 72 Farbabb., Pappband. **DM 9,80** / S 85,–

Sag's mit Blumen
Pflege und Arrangieren von Schnittblumen. (5103) Von P. Möhring, 64 S., 68 Farbfotos, 2 s/w-Abb., Pappband. **DM 14,80** / S 119.–

Grabgestaltung
Bepflanzung und Pflege zu jeder Jahreszeit. (5120) Von N. Uhl, 64 S., 77 Farbfotos, 2 Zeichnungen, Pappband. **DM 16,80** / S 139.–

Leben im Naturgarten
Der Biogärtner und seine gesunde Umwelt. (4124) Von N. Jorek, 128 S., 68 s/w-Fotos, kart. **DM 14,80** / S 119.–

So wird mein Garten zum Biogarten
Alles über die Umstellung auf naturgemäßen Anbau. (0706) Von I. Gabriel, 128 S., durchgehend 4farbig, 73 Farbfotos, 54 Farbzeichnungen, kart.
DM 14,80 / S 119.–

Gesunde Pflanzen im Biogarten
Biologische Maßnahmen bei Schädlingsbefall und Pflanzenkrankheiten. (0707) Von I. Gabriel, 128 S., durchgehend 4farbig, 126 Farbfotos, 12 Farbzeichnungen, kart. **DM 14,80** / S 119,–

Der Biogarten unter Glas und Folie
Ganzjährig erfolgreich ernten. (0722) Von I. Gabriel, 128 S., durchgehend 4farbig, 62 Farbfotos, 45 Farbzeichnungen, kart. **DM 14,80** / S 119,–

Obst und Beeren im Biogarten
Gesunde und schmackhafte Früchte durch natürlichen Anbau. (0780) Von I. Gabriel, 128 S., 38 Farbfotos, 71 Farbzeichnungen, kart. **DM 14,80** / S 119,–

Neuanlage eines Biogartens
Planung, Bodenvorbereitung, Gestaltung. (0721) Von I. Gabriel, 128 S., durchgehend 4farbig, 73 Farbfotos, 39 Zeichnungen, kart.
DM 14,80 / S 119,–

Der biologische Zier- und Wohngarten
Planen, Vorbereiten, Bepflanzen und Pflegen. (0748) Von I. Gabriel, 128 S., 72 Farbfotos, 46 Farbzeichnungen, kart.
DM 14,80 / S 119,–

Das Bio-Gartenjahr
Arbeitsplan für naturgemäßes Gärtnern. (4169) Von N. Jorek, 128 S., 8 Farbtafeln, 70 s/w-Abb. kart.
DM 14,80 / S 119,–

Selbstversorgung aus dem eigenen Anbau
Reichen Erntesegen verwerten und haltbar machen. (4182) Von M. Bustorf-Hirsch, M. Hirsch, 216 S., 270 Zeichnungen, Pappband. **DM 29,80** / S 239,–

Mischkultur im Nutzgarten
Mit Jahreskalender und Anbauplänen. (0651) Von H. Oppel, 112 S., 8 Farbtafeln, 23 s/w-Fotos, 29 Zeichnungen, kart. **DM 9,80** / S 79,–

Die Preise entsprechen dem Status beim Druck dieses

Erfolgstips für den Gemüsegarten
Mit naturgemäßem Anbau zu höherem
Ertrag. (0674) Von F. Mühl, 80 S.,
30 s/w-Fotos, 4 Zeichnungen, kart.
DM 7,80/ S 69.–

Erfolgstips für den Obstgarten
Gesunde Früchte durch richtige Sortenwahl und Pflege. (0827) Von F. Mühl,
184 S., 16 Farbtafeln, 33 Zeichnungen,
kart. **DM 14,80**/S 119.–

Der erfolgreiche Obstgarten
Pflanzung · Veredelung und Schnitt.
(5100) Von J. Zech, 64 S., 54 Farbfotos,
Pappband. **DM 14,80**/S 119.–

**Gemüse, Kräuter, Obst aus dem
Balkongarten**
– Erfolgreich ernten auf kleinstem Raum.
(0694) Von S. Stein, 32 S., 34 Farbfotos,
6 Zeichnungen, Spiralbindung,
kart.**DM 7,80**/S 69.–

Keime, Sprossen, Küchenkräuter
am Fenster ziehen – rund ums Jahr.
(0658) Von F. und H. Jantzen, 32 S.,
55 Farbfotos, Pappband.
DM 6,80/S 59.–

Balkons in Blütenpracht
zu allen Jahreszeiten.
(5047) Von N. Uhl, 64 S., 80 Farbfotos,
Pappband. **DM 14,80**/S 119.–

Kübelpflanzen
für Balkon, Terrasse und Dachgarten.
(5132) Von M. Haberer, 64 S., 70 Farbfotos, Pappband. **DM 14,80**/S 119.–

Kletterpflanzen
Rankende Begrünung für Fassade, Balkon
und Garten. (5140) Von M. Haberer,
64 S., 70 Farbabb., 2 Zeichnungen,
Pappband. **DM 14,80**/S 119.–

**Mein Kräutergarten
rund ums Jahr**
Täglich schnittfrisch und gesund würzen.
(4192) Von Prof. Dr. G. Lysek, 136 S.,
15 Farbtafeln, 91 Zeichnungen, kart.
DM 16,80/S 139,–

Blühende Zimmerpflanzen
94 Arten mit Pflegeanleitungen. (5010)
Von R. Blaich, 64 S., 107 Farbfotos,
Pappband. **DM 14,80**/S 119.–

Falken-Handbuch Zimmerpflanzen
1600 Pflanzenporträts. (4082) Von R.
Blaich, 432 S., 480 Farbfotos, 84 Zeichnungen, 1600 Pflanzenbeschreibungen,
Pappband. **DM 39,–**/S 319.–

Blütenpracht in Grolit 2000
Der neue, mühelose Weg zu farbenpräch-
tigen Zimmerpflanzen. (5127) Von G.
Vocke, 64 S., 50 Farbfotos, Pappband.
DM 14,80/S 119.–

Ziergräser
Über 100 Arten erfolgreich kultivieren.
(0829) Von H. Jantra, 104 S., 73 Farbfotos, 6 Farbzeichnungen, kart.
DM 16,80/S 139.–

Bonsai
Japanische Miniaturbäume und Miniatur-
landschaften. Anzucht, Gestaltung und
Pflege. (4091) Von B. Lesniewicz, 160 S.,
106 Farbfotos, 46 s/w-Fotos, 115 Zeichnungen, gebunden. **DM 68,–**/S 549.–

**Zimmerbäume, Palmen und andere
Blattpflanzen**
Standort, Pflege, Vermehrung, Schädlinge.
(5111) Von G. Schoser, 96 S., 98 Farb-
fotos, 7 Zeichnungen, Pappband.
DM 19,80/S 159.–

Biologisch zimmergärtnern
Zier- und Nutzpflanzen natürlich pflegen.
(4144) Von N. Jorek, 152 S., 15 Farbtafeln, 120 s/w-Fotos, Pappband.
DM 19,80/S 159.–

Hydrokultur
Pflanzen ohne Erde – mühelos gepflegt.
(4080) Von H.-A. Rotter, 120 S., 82 Abb.,
Pappband. **DM 19,80**/S 159.–

Zimmerpflanzen in Hydrokultur
Leitfaden für problemlose Blumenpflege.
(0660) Von H.-A. Rotter, 32 S., 76 Farbfotos, 8 farbige Zeichnungen, Pappband,
DM 7,80/S 69.–

Sukkulenten
Mittagsblumen, Lebende Steine, Wolfs-
milchgewächse u. a. (5070) Von W. Hoffmann, 64 S., 82 Farbfotos, Pappband.
DM 14,80/S 119.–

Kakteen und andere Sukkulenten
300 Arten mit über 500 Farbfotos.
(4116) Von G. Andersohn, 316 S., 520
Farbfotos, 193 Zeichnungen, Pappband.
DM 49,–/S 398.–

Fibel für Kakteenfreunde
(0199) Von H. Herold, 102 S., 23 Farbfotos, 37 s/w-Abb., kart. **DM 7,80**/S 69.–

Kakteen
Herkunft, Anzucht, Pflege, Arten. (5021)
Von W. Hoffmann, 64 S., 70 Farbfotos,
Pappband. **DM 14,80**/S 119.–

Kakteen
Faszinierende Formen und Farben
(4211) Von K. und F. Schild, 96 S.,
127 Farbfotos, Pappband.
DM 24,80/S 198.–

Orchideen
(4215) Von G. Schoser, 96 S., 143 Farbfotos, Pappband. **DM 24,80**/S 198.–

Falken-Handbuch Orchideen
Lebensraum, Kultur, Anzucht und Pflege.
(4231) Von G. Schoser, 144 S., 121 Farbfotos, 28 Farbzeichnungen, Pappband.
DM 29,80/S 239,–

Falken-Handbuch Katzen
(4158) Von B. Gerber, 176 S., 294 Farb-
und 88 s/w-Fotos, Pappband.
DM 39,–/S 319,–

Katzen
Rassen · Haltung · Pflege. (4216) Von
B. Eilert-Overbeck, 96 S., 82 Farbfotos,
Pappband. **DM 24,80**/S 198.–

Das neue Katzenbuch
Rassen – Aufzucht – Pflege. (0427) Von
B. Eilert-Overbeck, 136 S., 14 Farbfotos,
26 s/w-Fotos, kart. **DM 8,80**/S 74.–

Lieblinge auf Samtpfötchen Katzen
(2202) Von B. Eilert-Overbeck, 80 S.,
53 Farbfotos, 5 s/w-Fotos, 1 Zeichnung,
Pappband. **DM 9,80**/S 85.–

Katzenkrankheiten
Erkennung und Behandlung. Steuerung
des Sexualverhaltens. (0652) Von Dr.
med. vet. R. Spangenberg, 176 S.,
64 s/w-Fotos, 4 Zeichnungen, kart.
DM 9,80/S 79.–

Falken-Handbuch Hunde
(4118) Von H. Bielfeld, 176 S., 222 Farbfotos und Farbzeichnungen, 73 s/w-Abb.,
Pappband. **DM 39,–**/S 319.–

Hunde
Die treuen Freunde des Menschen (2207)
Von R. Spangenberg, 80 S., 49 Farbfotos
und Zeichnungen, Pappband.
DM 9,80/S 85,–

Hunde
Rassen · Erziehung · Haltung. (4209)
Von H. Bielfeld, 96 S., 101 Farbfotos,
Pappband. **DM 24,80**/S 198.–

Das neue Hundebuch
Rassen · Aufzucht · Pflege. (0009) Von
W. Busack, überarbeitet von Dr. med. vet.
A. H. Hacker und H. Bielfeld, 112 S.,
8 Farbtafeln, 27 s/w-Fotos, 6 Zeichnun-
gen, kart. **DM 8,80**/S 74.–

**Falken-Handbuch
Der Deutsche Schäferhund**
(4077) Von U. Förster, 228 S., 160 Abb.,
Pappband. **DM 29,80**/S 239.–

Der Deutsche Schäferhund
Aufzucht, Pflege und Ausbildung. (0073)
Von A. Hacker, 104 S., 56 Abb., kart.
DM 7,80/S 69.–

Dackel, Teckel, Dachshund
Aufzucht · Pflege · Ausbildung. (0508)
Von M. Wein-Gysae, 112 S., 4 Farbtafeln,
43 s/w-Fotos, 2 Zeichnungen, kart.
DM 9,80/S 79.–

Hundeausbildung
Verhalten – Gehorsam – Abrichtung.
(0346) Von Prof. Dr. R. Menzel, 96 S.,
18 Fotos, kart. **DM 7,80**/S 69.–

Grundausbildung für Gebrauchshunde
Schäferhund, Boxer, Rottweiler, Dober-
mann, Riesenschnauzer, Airedaleterrier,
Hovawart und Bouvier. (0801) Von M.
Schmidt und W. Koch, 104 S., 8 Farbtafeln, 51 s/w-Fotos, 5 s/w-Zeichnungen,
kart. **DM 9,80**/S 79.–

Hundekrankheiten
Erkennung und Behandlung, Steuerung
des Sexualverhaltens. (0570) Von
Dr. med. vet. R. Spangenberg, 128 S.,
68 s/w-Fotos, 10 Zeichnungen, kart.
DM 9,80/S 79.–

Falken-Handbuch Pferde
(4186) Von H. Werner, 176 S., 196 Farb-
und 50 s/w-Fotos, 100 Zeichnungen,
Pappband. **DM 48,–**/S 389.–

Ponys
Rassen, Haltung, Reiten. (4205) Von
S. Braun, 96 S., 84 Farbfotos, Pappband.
DM 24,80/S 198.–

Schmetterlinge
Tagfalter Miteleuropas erkennen und
benennen. (0510) Von T. Ruckstuhl, 156 S.,
136 Farbfotos, kart. **DM 16,80**/S 139.–

Wellensittiche
Arten · Haltung · Pflege · Sprechunterricht · Zucht. (5136) Von H. Bielfeld,
64 S., 59 Farbfotos, Pappband.
DM 14,80/S 119.–

Papageien und Sittiche
Arten · Pflege · Sprechunterricht.
(0591) Von H. Bielfeld, 112 S., 8 Farbtafeln, kart. **DM 9,80**/S 79.–

Geflügelhaltung als Hobby
(0749) Von M. Baumeister, H. Meyer,
184 S., 8 Farbtafeln, 27 s/w-Fotos,
15 Zeichnungen, kart. **DM 16,80**/S 139,–

Falken-Handbuch Das Terrarium
(4069) Von B. Kahl, P. Gaupp,
Dr. G. Schmidt, 336 S., 215 Farbfotos,
geb. **DM 58,–**/S 460.–

DIE TIERSPRECHSTUNDE
Alles über Igel in Natur und Garten
(0810) Von Dr. med. vet. E. M. Barten-
schlager, 68 S., 51 Farbfotos, kart.
DM 9,80/S 79.–

DIE TIERSPRECHSTUNDE
Alles über Meerschweinchen
(0809) Von Dr. med. vet. E. M. Barten-
schlager, 72 S., 43 Farbfotos, 11 Farbzeichnungen, kart. **DM 9,80**/S 79.–

Das Süßwasser-Aquarium
Einrichtung · Pflege · Fische · Pflanzen.
(0153) Von H. J. Mayland, 152 S.,
16 Farbtafeln, 43 s/w-Zeichnungen, kart.
DM 12,80/S 99,–

Falken-Handbuch
Süßwasser-Aquarium
(4191) Von H. J. Mayland, 288 S.,
564 Farbfotos, 75 Zeichnungen,
Pappband. **DM 49,–**/S 398,–
Cichliden
Pflege, Herkunft und Nachzucht der
wichtigsten Buntbarscharten. (5144) Von
Jo in't Veen, 96 S., 163 Farbfotos,
Pappband. **DM 19,80**/S 159,–

Gesundheit

Die Frau als Hausärztin
Der unentgeltliche Ratgeber für die
Gesundheit. (4072) Von Dr. med.
A. Fischer-Dückelmann, 808 S., 14 Farb-
tafeln, 146 s/w-Fotos, 203 Zeichnungen,
Pappband. **DM 29,80**/S 239,–
**Heiltees und Kräuter für die
Gesundheit**
(4123) Von G. Leibold, 136 S., 15 Farb-
tafeln, 16 Zeichnungen, kart.
DM 14,80/S 119.–
Falken-Handbuch
Heilkräuter
Modernes Lexikon der Pflanzen und
Anwendungen (4076) Von G. Leibold,
392 S., 183 Farbfotos, 22 Zeichnungen,
geb. **DM 39,–**/S 319.–
Die farbige Kräuterfibel
Heil- und Gewürzpflanzen. (0245) Von
I. Gabriel, 196 S., 49 farbige und
97 s/w-Abb., kart. **DM 14,80**/ S 119.–
Arzneikräuter und Wildgemüse
erkennen und benennen. (0459) Von
J. Raithelhuber, 144 S., 108 Farbfotos,
31 Zeichnungen, kart. **DM 16,80**/S 139.–
Falken-Handbuch
Bio-Medizin
Alles über die moderne Naturheilpraxis.
(4136) Von G. Leibold, 552 S., 38 Farb-
fotos, 232 s/w-Abb., Pappband.
DM 39,–/ S 319.–
Enzyme
(0677) Von G. Leibold, 96 S., kart.
DM 9,80/S 79.–
Heilfasten
(0713) Von G. Leibold, 108 S., kart.
DM 9,80/S 79.–
**So lebt man länger nach Dr. Le
Comptes Erfolgsmethode!**
Vital und gesund bis ins hohe Alter.
(4129) Von Dr. H. Le Compte,
P. Pervenche, 224 S., gebunden.
DM 24,80/S 198.–
**Gesundheit und Spannkraft durch
Yoga**
(0321) Von L. Frank und U. Ebbers,
112 S., 50 s/w-Fotos, kart.
DM 7,80/S 69.–
Yoga für jeden
(0341) Von K. Zebroff, 156 S., 135 Abb.,
Spiralbindung, **DM 20,–**/S 160.–
Yoga für Schwangere
Der Weg zur sanften Geburt. (0777) Von
V. Bolesta-Hahn, 108 S., 76 2-farbige
Abb. **DM 12,80**/S 99,–
**Yoga gegen Haltungsschäden und
Rückenschmerzen**
(0394) Von A. Raab, 104 S., 215 Abb.,
kart. **DM 6,80**/S 59.–
Hypnose und Autosuggestion
Methoden – Heilwirkungen – praktische
Beispiele. (0483) Von G. Leibold, 116 S.,
kart. **DM 7,80**/S 69.–

Autogenes Training
Anwendung · Heilwirkungen · Methoden.
(0541) Von R. Faller, 128 S., 3 Zeich-
nungen, kart. **DM 9,80**/S 79.–
**Die fernöstliche Fingerdrucktherapie
Shiatsu**
Anleitungen zur Selbsthilfe – Heilwirkun-
gen. (0615) Von G. Leibold, 196 S.,
180 Abb., kart. **DM 16,80**/S 139.–
Eigenbehandlung durch Akupressur
Heilwirkungen – Energielehre – Meri-
diane. (0417) Von G. Leibold, 152 S.,
78 Abb., kart. **DM 9,80**/ S 79.–
Chinesische Naturheilverfahren
Selbstbehandlung mit bewährten
Methoden der physikalischen Therapie.
Atemtherapie · Heilgymnastik · Selbst-
massage · Vorbeugen · Behandeln · Ent-
spannen. (4247) Von F. Tjoeng Lie,
160 S., 292 zweifarbige Zeichnungen,
Pappband. **DM 29,80**/S 239.–
**Bauch, Taille und Hüfte gezielt formen
durch Aktiv Yoga**
(0709) Von K. Zebroff, 112 S., 102 Farbfotos, Spiralbindung, **DM 14,80**/S 119,–
10 Minuten täglich Tele-Gymnastik
(5102) Von B. Manz und K. Biermann,
128 S., 381 Abb., kart.
DM 14,80/S 119.–
Gesund und fit durch Gymnastik
(0366) Von H. Pilss-Samek, 132 S.,
150 Abb., kart. **DM 9,80**/S 79.–
Stretching
Mit Dehnungsgymnastik zu Ent-
spannung, Geschmeidigkeit und Wohl-
befinden. (0717) Von H. Schulz, 80 S.,
90 s/w-Fotos, kart. **DM 7,80**/S 69.–
Gesund und leistungsfähig durch
**Konditionsübungen, Fitneßtraining,
Wirbelsäulengymnastik**
(0844) Von R. Milser, K. Grafe, 104 S.,
99 Farbfotos, 12 Farbzeichnungen, 5 s/w-
Zeichnungen, kart. **DM 16,80**/S 139.–
Schönheitspflege
Kosmetische Tips für jeden Tag. (0493)
Von H. Zander, 80 S., 25 Abb., kart.
DM 7,80/S 69.–
Natur-Apotheke
Gesundheit durch altbewährte Kräuter-
rezepte und Hausmittel.
(4156) Von G. Leibold, 236 S., 8 Farb-
tafeln, 100 Zeichnungen, kart.,
DM 19,80/S 159.–
(4157) Pappband, **29,80**/S 239.–
**Diät bei Krankheiten des Magens und
Zwölffingerdarms**
Rezeptteil von B. Zöllner. (3201) Von
Prof. Dr. med. H. Kaess, 96 S., 4 Farb-
tafeln, kart. **DM 10,80**/S 85.–
**Diät bei Herzkrankheiten und
Bluthochdruck**
Salzarme (natriumarme) Kost. Rezeptteil
von B. Zöllner. (3202) Von Prof. Dr. med.
H. Rottka, 92 S., 4 Farbtafeln, kart.
DM 10,80/S 85.–
**Diät bei Erkrankungen der Niere und
Harnwege, bei Nierensteinen und bei
Dialysebehandlung**
Rezeptteil von B. Zöllner. (3203) Von
Prof. Dr. med. H. J. Sarre und Prof. Dr.
med. R. Kluthe, 100 S., 4 Farbtafeln,
kart. **DM 10,80**/S 85.–
Richtige Ernährung im Alter
Rezeptteil von B. Zöllner. (3204) Von
Priv.-Doz. Dr. med. H.-J. Pusch und Dr.
med. W. Koch, 88 S., 4 Farbtafeln, kart.
DM 10,80/S 85.–

Diät bei Gicht und Harnsäuresteinen
Rezeptteil von B. Zöllner. (3205) Von
Prof. Dr. med. N. Zöllner, 80 S., 4 Farb-
tafeln, kart. **DM 10,80**/S 85.–
Diät bei Zuckerkrankheit
Rezeptteil von B. Zöllner. (3206) Von
Prof. Dr. med. P. Dieterle, 80 S., 4 Farb-
tafeln, kart. **DM 10,80**/S 85.–
**Diät bei Krankheiten der Gallenblase,
Leber und Bauchspeicheldrüse**
Rezeptteil von B. Zöllner. (3207) Von
Prof. Dr. med. H. Kasper, 88 S., 4 Farb-
tafeln, kart. **DM 10,80**/S 85.–
**Diät bei Störungen des Fettstoff-
wechsels und zur Vorbeugung der
Arteriosklerose**
Rezeptteil von B. Zöllner. (3208) Von
Prof. Dr. med. G. Wolfram und Dr. med.
O. Adam, 104 S., 4 Farbtafeln, kart.
DM 10,80/S 85.–
Diät bei Übergewicht
Rezeptteil von B. Zöllner. (3209) Von
Priv.-Doz. Dr. med. Ch. Keller, 96 S.,
4 Farbtafeln, kart. **DM 10,80**/S 85.–
Diät bei Darmkrankheiten
Durchfall – Divertikulose, Reizdarm und
Darmträgheit – einheimischer Sprue
(Zöliakie) – Disaccharidasemangel –
Dünndarmresektion – Dumping
Syndrom. Rezeptteil von B. Zöllner.
(3211) Von Prof. Dr. med. G. Strohmeyer,
88 S., 4 Farbtafeln, kart.
DM 10,80/S 85.–
**Ballaststoffreiche Kost bei Funktions-
störungen des Darms**
Rezeptteil von B. Zöllner. (3212) Von
Prof. Dr. med. H. Kasper, 80 S., 4 Farb-
tafeln, kart. **DM 10,80**/S 85.–
Bildatlas des menschlichen Körpers
(4177) Von G. Pogliani, V. Vannini, 112 S.,
402 Farbabb., 28 s/w-Fotos, Pappband.
DM 29,80/S 239.–
Fußmassage
Reflexzonentherapie am Fuß (0714) Von
G. Leibold, 96 S., 38 Zeichnungen, kart.
DM 9,80/S 79.–
Rheuma und Gicht
Krankheitsbilder, Behandlung, Therapie-
verfahren, Selbstbehandlung, richtige
Lebensführung und Ernährung. (0712)
Von Dr. J. Höder, J. Bandick, 104 S., kart.
DM 9,80/S 79.–
Krampfadern
Ursachen, Vorbeugung, Selbstbehand-
lung, Therapieverfahren. (0727) Von
Dr. med. K. Steffens, 96 S., 38 Abb.,
kart. **DM 9,80**/S 79.–
Gallenleiden
Krankheitsbilder, Behandlung, Therapie-
verfahren, Selbstbehandlung, Richtige
Lebensführung und Ernährung. (0673)
Von Dr. med. K. Steffens, 104 S.,
34 Zeichnungen, kart. **DM 9,80**/S 79.–
Asthma
Pseudokrupp, Bronchitis und Lungen-
emphysem. (0778) Von Prof. Dr. med.
W. Schmidt, 120 S., 56 Zeichnungen,
kart. **DM 9,80**/S 79,–
Vitamine und Ballaststoffe
So ermittle ich meinen täglichen Bedarf
(0746) Von Prof. Dr. M. Wagner,
I. Bongartz, 96 S., 6 Farbabb., zahlreiche
Tabellen, kart. **DM 9,80**/S 79,–
Darmleiden
Krankheitsbilder, Behandlung, Selbst-
behandlung, Richtige Lebensführung und
Ernährung. (0798) Von Dr. med. K. Stef-
fens, 112 S., 46 Zeichnungen, kart.
DM 9,80/S 79,–

Die Preise entsprechen dem Status beim Druck dieses

Massage
(0750) Von B. Rumpler, K. Schutt, 112 S.,
116 2-farbige Zeichnungen, kart.
DM 12,80/S 99.–

Ratgeber Aids
Entstehung, Ansteckung, Krankheitsbilder,
Heilungschancen, Schutzmaßnahmen.
(0803) Von B. Baartman, Vorwort von
Dr. med. H. Jäger, 112 S., 8 Farbtafeln,
4 Grafiken, kart. **DM 16,80**/S 139.–

Wenn Kinder krank werden
Medizinischer Ratgeber für Eltern.
(4240) Von Dr. med. I. J. Chasnoff,
B. Nees-Delaval, 232 S., 163 Zeichnungen, Pappband. **DM 29,80**/S 239,–

Ratgeber Lebenshilfe

Umgangsformen heute
Die Empfehlungen des Fachausschusses
für Umgangsformen. (4015) 282 S.,
160 s/w-Fotos, 25 Zeichnungen,
Pappband. **DM 29,80**/S 239.–

Der gute Ton
Ein moderner Knigge. (0063) Von
I. Wolter, 168 S., 38 Zeichnungen,
53 s/w-Fotos, kart. **DM 9,80**/S 79.–

Haushaltstips von A bis Z
(0759) Von A. Eder, 80 S., 30 Zeichnungen, kart. **DM 7,80**/S 69,–

Wir heiraten
Ratgeber zur Vorbereitung und Fest-
gestaltung der Verlobung und Hochzeit.
(4188) Von C. Poensgen, 216 S., 8 s/w-
Fotos, 30 s/w-Zeichnungen, 8 Farbtafeln,
Pappband. **DM 19,80**/S 159,–

Kleines Dankeschön für die charmante
Gastgeberin
(2218) Von S. Gräfin Schönfeldt, 80 S.,
46 Farbabb., Pappband. **DM 9,80**/S 85,–

**Familienforschung · Ahnentafel ·
Wappenkunde**
Wege zur eigenen Familienchronik.
(0744) Von P. Bahn, 128 S., 8 Farbtafeln,
30 Abbildungen, kart. **DM 14,80**/S 119.–

Die Kunst der freien Rede
Ein Intensivkurs mit vielen Übungen,
Beispielen und Lösungen. (4189) Von
G. Hirsch, 232 S., 11 Zeichnungen,
Pappband. **DM 29,80**/S 239,–

**Reden zur Taufe, Kommunion
und Konfirmation**
(0751) Von G. Georg, 96 S., kart.
DM 6,80/S 59,–

Der richtige Brief zu jedem Anlaß
Das moderne Handbuch mit 400 Muster-
briefen. (4179) Von H. Kirst, 376 S.,
Pappband. **DM 26,80**/S 218,–

**Von der Verlobung zur
Goldenen Hochzeit**
(0393) Von E. Ruge, 120 S., kart.
DM 6,80/S 59,–

Reden zur Hochzeit
Musteransprachen für Hochzeitstage.
(0654) Von G. Georg, 112 S., kart.
DM 6,80/S 59,–

**Glückwünsche, Toasts und Festreden
zur Hochzeit.**
(0264) Von I. Wolter, 128 S., 18 Zeichnungen, kart. **DM 7,80**/S 69.–

Hochzeits- und Bierzeitungen
Muster, Tips und Anregungen. (0288)
Von H.-J. Winkler, mit vielen Text- und
Gestaltungsanregungen, 116 S., 15 Abb.,
1 Musterzeitung, kart. **DM 6,80**/ S 59.–

**Kindergedichte zur Grünen, Silbernen
und Goldenen Hochzeit**
(0318) Von H.-J. Winkler, 104 S.,
20 Abb., kart. **DM 5,80**/S 49.–

Die Silberhochzeit
Vorbereitung · Einladung · Geschenkvor-
schläge · Dekoration · Festablauf · Menüs
· Reden · Glückwünsche. (0542) Von K. F.
Merkle, 120 S., 41 Zeichnungen, kart.
DM 9,80/S 79.–

Großes Buch der Glückwünsche
(0255) Hrsg. von O. Fuhrmann, 240 S.,
77 Zeichnungen und viele Gestaltungs-
vorschläge, kart. **DM 9,80**/S 79.–

Neue Glückwunschfibel
für Groß und Klein. (0156) Von
R. Christian-Hildebrandt, 96 S., kart.
DM 4,80/S 39.–

Glückwunschverse für Kinder
(0277) Von B. Ulrici, 80 S., kart.
DM 5,80/S 49.–

Die Redekunst
Rhetorik · Rednererfolg (0076) Von
K. Wolter, überarbeitet von Dr. W. Tappe,
80 S., kart. **DM 5,80**/S 49.–

Reden und Ansprachen
für jeden Anlaß. (4009) Hrsg. von F. Sicker,
454 S., gebunden. **DM 39,–**/S 319.–

Reden zum Jubiläum
Musteransprachen für viele Gelegen-
heiten (0595) Von G. Georg, 112 S., kart.
DM 6,80/S 59.–

Reden zum Ruhestand
Musteransprachen zum Abschluß des
Berufslebens (0790) Von G. Georg,
104 S., kart. **DM 7,80**/S 69,–

**Reden und Sprüche zu Grundstein-
legung, Richtfest und Einzug**
(0598) Von A. Bruder, G. Georg, 96 S.,
kart. **DM 6,80**/S 59.–

Reden zu Familienfesten
Musteransprachen für viele Gelegenheiten. (0675) Von G. Georg, 108 S.,
kart. **DM 6,80**/S 59.–

Reden zum Geburtstag
Musteransprachen für familiäre und offi-
zielle Anlässe. (0773) Von G. Georg,
104 S., kart. **DM 7,80**/S 69.–

Festreden und Vereinsreden
Ansprachen für festliche Gelegenheiten.
(0069) Von K. Lehnhoff, E. Ruge, 88 S.,
kart. **DM 5,80**/S 49.–

Reden im Verein
Musteransprachen für viele Gelegenheiten. (0703) Von G. Georg, 112 S.,
kart., **DM 6,80**/S 59.–

Trinksprüche
Fest- und Damenreden in Reimen. (0791)
Von L. Metzner, 88 S., 14 s/w-Zeichnun-
gen, kart. **DM 7,80**/S 69,–

**Trinksprüche, Richtsprüche,
Gästebuchverse**
(0224) Von D. Kellermann, 80 S., kart.
DM 5,80/S 49.–

Ins Gästebuch geschrieben
(0576) Von K. H. Trabeck, 96 S.,
24 Zeichnungen, kart. **DM 7,80**/S 69.–

Poesiealbumverse
Heiteres und Besinnliches. (0578) Von
A. Göttling, 112 S., 20 Zeichnungen,
Pappband. **DM 14,80**/S 119.–

Verse fürs Poesiealbum
(0241) Von I. Wolter, 96 S., 20 Abb., kart.
DM 5,80/S 49.–

Rosen, Tulpen, Nelken . . .
Beliebte Verse fürs Poesiealbum
(0431) Von W. Pröve, 96 S., 11 Faksimile-
Abb., kart. **DM 5,80**/S 49.–

Der Verseschmied
Kleiner Leitfaden für Hobbydichter. Mit
Reimlexikon. (0597) Von T. Parisius,
96 S., 28 Zeichnungen, kart.
DM 7,80/S 69.–

Was wäre das Leben ohne Hoffnung
Trostreiche Worte
(2224) Hrsg. E. Heinold, 80 S., 23 Farbfotos, Pappband. **DM 9,80**/S 85,–

Moderne Korrespondenz
Handbuch für erfolgreiche Briefe.
(4014) Von H. Kirst und W. Manekeller,
544 S., gebunden. **DM 39,–**/S 319.–

Der neue Briefsteller
Musterbriefe für alle Gelegenheiten.
(0060) Von I. Wolter-Rosendorf, 112 S.,
kart. **DM 5,80**/S 49.–

Geschäftliche Briefe
des Privatmanns, Handwerkers, Kauf-
manns. (0041) Von A. Römer, 120 S.,
kart. **DM 6,80**/S 59.–

Behördenkorrespondenz
Musterbriefe – Anträge – Einsprüche.
(0412) Von E. Ruge, 120 S., kart.
DM 7,80/S 69.–

Musterbriefe
für alle Gelegenheiten. (0231) Hrsg. von
O. Fuhrmann, 240 S., kart.
DM 9,80/S 79.–

Privatbriefe
Muster für alle Gelegenheiten. (0114) Von
I. Wolter-Rosendorf, 132 S., kart.
DM 6,80/S 59.–

Briefe zur Geburt und Taufe
Glückwünsche und Danksagungen.
(0802) Von H. Beitz, 96 S., 12 Zeichnungen, kart. **DM 9,80**/S 79.–

Erfolgstips für den Schriftverkehr
Briefwechsel leicht gemacht durch ein-
fachen Stil und klaren Ausdruck (0678)
Von J. Werbellin, 120 S., kart.
DM 8,80/S 74.–

Worte und Briefe der Anteilnahme
(0464) Von E. Ruge, 128 S., mit vielen
Abb., kart. **DM 9,80**/S 79.–

Reden in Trauerfällen
Musteransprachen für Beerdigungen und
Trauerfeiern (0736) Von G. Georg,
104 S., kart. **DM 6,80**/S 59,–

Lebenslauf und Bewerbung
Beispiele und Inhalt, Form und Aufbau.
(0428) Von H. Friedrich, 112 S., kart.
DM 6,80/S 59.–

**Erfolgreiche Bewerbungsbriefe und
Bewerbungsformen.**
(0138) Von W. Manekeller, 88 S., kart.
DM 5,80/S 49.–

Die erfolgreiche Bewerbung
Bewerbung und Vorstellung. (0173) Von
W. Manekeller, 156 S., kart.
DM 9,80/S 79.–

Die Bewerbung
Der moderne Ratgeber für Bewerbungsbriefe, Lebenslauf und Vorstellungsgespräche. (4138) Von W. Manekeller,
264 S., Pappband. **DM 19,80**/S 159.–

Vorstellungsgespräche
sicher und erfolgreich führen. (0636) Von
H. Friedrich, 144 S., kart.
DM 9,80/S 79.–

Keine Angst vor Einstellungstests
Ein Ratgeber für Bewerber. (0793) Von
Ch. Titze, 120 S., 67 Zeichnungen, kart.
DM 9,80/S 79,–

Zeugnisse im Beruf
richtig schreiben, richtig verstehen.
(0544) Von H. Friedrich, 112 S., kart.
DM 9,80/S 79,–

In Anerkennung Ihrer . . . ,
**Lob und Würdigung in Briefen
und Reden.**
(0535) Von H. Friedrich, 136 S., kart.
DM 9,80/S 79,–

Erfolgreiche Kaufmannspraxis
Wirtschaftliche Grundlagen, Geld, Kredit-
wesen, Steuern, Betriebsführung, Recht,
EDV. (4046) Von W. Göhler, H. Gölz,
M. Heibel, Dr. D. Machenheimer, 544 S.,
gebunden. **DM 39,–**/S 319.–

Der Rechtsberater im Haus
(4048) Von K.-H. Hofmeister, 528 S., gebunden. **DM 39,–**/S 319.–

Arbeitsrecht
Praktischer Ratgeber für Arbeitnehmer
und Arbeitgeber, (0594) Von J. Beuthner,
192 S., kart. **DM 16,80**/S 139.–

Mietrecht
Leitfaden für Mieter und Vermieter.
(0479) Von J. Beuthner, 196 S., kart.
DM 14,80/S 119.–

Familienrecht
Ehe – Scheidung – Unterhalt. (4190) Von
T. Drewes, R. Hollender, 368 S., Papp-
band. **DM 29,80**/S 239,–

**Erziehungsgeld, Mutterschutz,
Erziehungsurlaub**
Alles über das neue Recht für Eltern. Mit
den Gesetzestexten. (0835) Von J. Grö-
nert, 144 S., kart. **DM 12,80**/S 99.–

Scheidung und Unterhalt
nach dem neuen Eherecht. (0403) Von
Rechtsanwalt H. T. Drewes, 112 S., mit
Kosten- und Unterhaltstabellen, kart.
DM 7,80/S 69.–

Testament und Erbschaft
Erbfolge, Rechte und Pflichten der Erben,
Erbschafts- und Schenkungssteuer.
Mustertestamente. (4139) Von T. Drewes,
R. Hollender, 304 S., Pappband.
DM 26,80/S 218.–

Erbrecht und Testament
Mit Erläuterungen des Erbschaftssteuer-
gesetzes von 1974. (0046) Von Dr. jur.
H. Wandrey, 124 S., kart. **DM 6,80**/S 59.–

Endlich 18 und nun?
Rechte und Pflichten mit der Volljährig-
keit. (0646) Von R. Rathgeber, 224 S.,
27 Zeichnungen, kart. **DM 14,80**/S 119.–

Was heißt hier minderjährig?
(0765) Von H. Rathgeber, C. Rummel,
148 S., 50 Fotos, 25 Zeichnungen, kart.
DM 14,80/S 119.–

**Erfolgreiche Bewerbung um einen
Ausbildungsplatz**
(0715) Von H. Friedrich, 136 S., kart.
DM 9,80/S 79,–

Elternsache Grundschule
(0692) Hrsg. von K. Meynersen, 324 S.,
kart. **DM 26,80**/S 218,–

Sexualberatung
(0402) Von Dr. M. Röhl, 168 S., 8 Farbtafeln, 17 Zeichnungen, Pappband.
DM 19,80/S 159.–

Die Kunst des Stillens
nach neuesten Erkenntnissen
(0701) Von Prof. Dr. med. E. Schmidt/
S. Brunn, 112 S., 20 Fotos und Zeichnungen, kart. **DM 9,80**/S 79,–

Wenn Sie ein Kind bekommen
(4003) Von U. Klamroth, Dr. med.
H. Oster, 240 S., 86 s/w-Fotos, 30 Zeichnungen, Pappband. **DM 24,80**/S 198.–

Vorbereitung auf die Geburt
Schwangerschaftsgymnastik, Atmung,
Rückbildungsgymnastik. (0251) Von
S. Buchholz, 112 S., 98 s/w-Fotos, kart.
DM 6,80/S 59.–

Wie soll es heißen?
(0211) Von D. Köhr, 136 S., kart.
DM 5,80/S 49.–

Das Babybuch
Pflege · Ernährung · Entwicklung. (0531)
Von A. Burkert, 128 S., 16 Farbtafeln,
38 s/w-Fotos, 30 Zeichnungen, kart.
DM 12,80/S 99.–

Wenn der Mensch zum Vater wird
Ein heiter-besinnlicher Ratgeber.
(4259) Von D. Zimmer, 160 S., 20 Zeichnungen, Pappband. **DM 19,80**/S 159.–

Mitmachen – die Umwelt retten!
Das Öko-Testbuch
Analysen und Experimente zur Eigen-
initiative. (4160) Von M. Häfner,
400 Farbfotos, 137 farbige Zeichnungen,
Pappband. **DM 39,–**/S 319,–

Die neue Lebenshilfe **Biorhytmik**
Höhen und Tiefen der persönlichen
Lebenskurven vorausberechnen und
danach handeln. (0458) Von W. A. Appel,
157 S., 63 Zeichnungen, Pappband.
DM 12,80/S 99.–

Vom Urkrümel zum Atompilz
Evolution – Ursache und Ausweg aus der
Krise. (4181) Von Jürgen Voigt, 188´S.,
20 Farb- und 70 s/w-Fotos, 32 Zeichnungen, kart. **DM 19,80**/S 159,–

Dinosaurier
und andere Tiere der Urzeit. (4219) Von
G. Alschner, 96 S., 81 Farbzeichnungen,
4 Fotos, Pappband. **DM 24,80**/S 198.–

Der Sklave Calvisius
Alltag in einer römischen Provinz 150 n.
Chr. (4058) Von A. Ammermann,
T. Röhrig, G. Schmidt, 120 S.,
99 Farbabb., 47 s/w-Abb., Pappband.
DM 19,80/S 159,–

ZDF · ORF · DRS
Kompaß Jugend-Lexikon
(4096) Von R. Kerler, J. Blum, 336 S.,
766 Farbfotos, 39 s/w-Abb., Pappband.
DM 39,–/S 319.–

Astrologie
Das Orakel der Sterne. (2211) Von
B. A. Mertz, 80 S., 42 Farb- und 15 s/w-
Fotos, Pappband. **DM 9,80**/S 85,–

Psycho-Tests
– Erkennen Sie sich selbst. (0710) Von
B. M. Nash, R. B. Monchick, 304 S.,
81 Zeichnungen, kart. **DM 16,80**/S 139,–

Falken-Handbuch **Astrologie**
Charakterkunde · Schicksal · Liebe und
Beruf · Berechnung und Deutung von
Horoskopen · Aszendenttabelle. (4068)
Von B. A. Mertz, 342 S., mit 60 er-
läuternden Grafiken, gebunden.
DM 29,80/S 239,–

Selbst Wahrsagen mit Karten
Die Zukunft in Liebe, Beruf und Finanzen.
(0404) Von R. Koch, 112 S., 252 Abb.,
Pappband. **DM 12,80**/S 99.–

Weissagen, Hellsehen, Kartenlegen . . .
Wie jeder die geheimen Kräfte ergründen
und für sich nutzen kann. (4153) Von
G. Haddenbach, 192 S., 40 Zeichnungen,
Pappband. **DM 19,80**/S 159.–

Frauenträume, Männerträume
und ihre Bedeutung. (4198) Von
G. Senger, 272 S., mit Traumlexikon,
Pappband. **DM 29,80**/S 239,–

Wahrsagen mit Tarot-Karten
(0482) Von E. J. Nigg, 112 S., 4 Farbtafeln, 52 s/w-Abb., Pappband.
DM 14,80/S 119.–

Aztekenhoroskop
Deutung von Liebe und Schicksal nach
dem Aztekenkalender. (0543) Von
C.-M. und R. Kerler, 160 S., 20 Zeichnungen, Pappband. **DM 9,80**/S 79.–

Was sagt uns das Horoskop?
Praktische Einführung in die Astrologie.
(0655) Von B. A. Mertz, 176 S., 25 Zeichnungen, kart. **DM 9,80**/S 79.–

Das Super-Horoskop
Der neue Weg zur Deutung von Charakter,
Liebe und Schicksal nach chinesischer
und abendländischer Astrologie. (0465)
Von G. Haddenbach, 175 S., kart.
DM 9,80/S 79.–

**Liebeshoroskop für die
12 Sternzeichen**
Alles über Chancen, Beziehungen, Erotik,
Zärtlichkeit, Leidenschaft. (0587) Von
G. Haddenbach, 144 S., 11 Zeichnungen,
kart. **DM 7,80**/S 69.–

Die 12 Sternzeichen
Charakter, Liebe und Schicksal. (0385)
Von G. Haddenbach, 160 S., Pappband.
DM 12,80/S 99.–

**Die 12 Tierzeichen im chinesischen
Horoskop**
(0423) Von G. Haddenbach, 128 S.,
Pappband. **DM 9,80**/S 79.–

Sternstunden
für Liebe, Glück und Geld, Berufserfolg
und Gesundheit. Das ganz persönliche
Mitbringsel für Widder (0621), Stier
(0622), Zwillinge (0623), Krebs (0624),
Löwe (0625), Jungfrau (0626), Waage
(0627), Skorpion (0628), Schütze
(0629), Steinbock (0630), Wassermann
(0631), Fische (0632) Von L. Cancer,
62 S., durchgehend farbig, Zeichnungen,
Pappband. **DM 5,–**/S 39.–

So deutet man Träume
Die Bildersprache des Unbewußten.
(0444) Von G. Haddenbach, 160 S.,
Pappband. **DM 9,80**/S 79,–

Die Familie im Horoskop
Glück und Harmonie gemeinsam erleben
– Probleme und Gegensätze verstehen
und tolerieren. (4161) Von B. A. Mertz,
296 S., 40 Zeichnungen, kart.
DM 19,80/S 159,–

Erkennen Sie Psyche und Charakter
durch **Handdeutung**
(4176) Von B. A. Mertz, 252 S., 9 s/w-
Fotos, 160 Zeichnungen, Pappband.
DM 36,–/S 298,–

Falken-Handbuch
Kartenlegen
Wahrsagen mit Tarot-, Skat-, Lenormand-
und Zigeunerblättern. (4226) Von
B. A. Mertz, 288 S., 38 Farb- und
108 s/w-Abb. Pappband.
DM 39,–/S 319,–

I Ging der Liebe
Das altchinesische Orakel für Partner-
schaft und Ehe. (4244) Von G. Damian-
Knight, 320 S., 64 s/w-Zeichnungen,
Pappband. **DM 29,80**/S 239,–

Wenn die Schwalben niedrig fliegen
Bauernregeln
(2208) Von G. Haddenbach, 80 S.,
52 Farbfotos, Pappband.
DM 9,80/S 85,–

Die Preise entsprechen dem Status beim Druck dieses

Bauernregeln, Bauernweisheiten, Bauernsprüche
(4243) Von G. Haddenbach, 192 S.,
62 Farbabb. 9 s/w-Fotos, 144 s/w-Zeichnungen, Pappband. **DM 29,80**/S 239.–

Computer

Computer Grundwissen
Eine Einführung in Funktion und Einsatzmöglichkeiten. (4302) Von W. Bauer,
176 Seiten, 193 Farb- und 12 s/w-Fotos,
37 Computergrafiken, kart.,
DM 29,80/S 239.–
(4301) Pappband, **DM 39,–**/S 312.–
Einführung in die Programmiersprache BASIC. (4303) Von S. Curran
und R. Curnow, 192 S., 92 Zeichnungen,
kart. **DM 19,80**/S 159.–
Lernen mit dem Computer. (4304)
Von S. Curran und R. Curnow, 144 S.,
34 Zeichnungen, Spiralbindung,
DM 19,80/S 159.–
Computerspiele, Grafik und Musik
(4305) Von S. Curran und R. Curnow,
147 S., 46 Zeichnungen, Spiralbindung.
DM 19,80/S 159.–
dBase III
Einführung für Einsteiger und Nachschlagewerk für Profis. (4310) Von
J. Brehm, G. A. Karl, 211 S., 23 Abb.,
kart. **DM 58,–**/S 460,–
Das Medienpaket
Buch und Programmdiskette „dBase III"
zusammen (4312) **DM 98,–**/S 784.–
**Grundwissen
Informationsverarbeitung**
(4314) Von H. Schiro, 312 S., 59 s/w-Fotos, 133 s/w-Zeichnungen, Pappband.
DM 58,–/S 460,–
Heimcomputer-Bastelkiste
Messen, Steuern, Regeln mit C 64-,
Apple II-, MSX-, TANDY-, MC-, Atari- und
Sinclair-Computern. (4309) Von G. A. Karl,
256 S., 160 Zeichnungen, kart.
DM 39,–/S 319,–
Drucker und Plotter
Text und Grafik für Ihren Computer.
(4315) Von K.-H. Koch, 192 S., 12 Farbtafeln, 5 s/w-Fotos, kart.
DM 39,–/S 319,–
**Textverarbeitung mit Home- und
Personal-Computern**
Systeme – Vergleiche – Anwendungen.
(4316) Von A. Görgens, 128 S., 49 s/w-Fotos, kart. **DM 29,80**/S 239,–

Software

Maschinenschreiben
In 10 Tagen spielend gelernt.
Von Bernhard Hoppius. (7008) Diskette
für den C 64 und C 128 PC. **DM 49,80**
(unverb. Preisempf.), (7009) für IBM +
kompatible, **DM 79,–** (unverb. Preisempf.), (7010) für Schneider CPC 464,
664, 6128, **DM 69,–** (unverb. Preisempf.).
The Grammar Master
Englische Grammatik üben und
beherrschen.
(7002) C 64-Diskettenversion, **DM 49,80**

Lernhilfen

**Deutsch für Ausländer im
Selbstunterricht**
Ausgabe für Jugoslawen
(0261) Von I. Hladek und E. Richter,
132 S., 62 Zeichnungen, kart.
DM 9,80/S 79.–
Deutsch – Ihre neue Sprache.
Grundbuch (0327) Von H.-J. Demetz und
J. M. Puente, 204 S., mit über 200 Abb.,
kart. **DM 14,80**/S 119.–
Glossar Italienisch
(0329) Von H.-J. Demetz und
J. M. Puente, 74 S., kart.
DM 9,80/S 79.–
In gleicher Ausstattung:
Glossar Spanisch (0330)
DM 9,80/S 79.–
Glossar Serbokroatisch (0331)
DM 9,80/S 79.–
Glossar Türkisch (0332)
DM 9,80/S 79.–
Glossar Arabisch (0335)
DM 9,80/S 79.–
Glossar Französisch (0337)
DM 9,80/S 79.–
**Das Deutschbuch
Ein Sprachprogramm für Ausländer,
Erwachsene und Jugendliche.**
Autorenteam: J. M. Puente,
H.-J. Demetz, S. Sargut, M. Spohner.
Grundbuch Jugendliche
(4915) Von Puente, Demetz, Sargut,
Spohner, Hirschberger, Kersten,
von Stolzenwaldt, 256 S., durchgehend
zweifarbig, kart. **DM 19,80**/S 159.–
Grundbuch Erwachsene
(4901) Von Puente, Demetz, Sargut,
Spohner, 292 S., durchgehend zweifarbig, kart. **DM 24,80**/S 198.–
Arbeitsheft
zu Grundbuch Erwachsene und Jugendliche. (4903) Von Puente, Demetz,
Sargut, Spohner, 160 S., durchgehend
zweifarbig, kart. **DM 16,80**/S 139.–
Aufbaukurs
(4902) Von Puente, Sargut, Spohner,
232 S., durchgehend zweifarbig, kart.
DM 22,80/S 182.–
**Lehrerhandbuch Grundbuch
Erwachsene**
(4904) 144 S., kart. **DM 14,80**/S 119.–
**Lehrerhandbuch Grundbuch
Jugendliche**
(4929) 120 S., kart. **DM 14,80**/S 119.–
Lehrerhandbuch Aufbaukurs
(4930) 64 S., kart. **DM 9,80**/S 79.–
Glossare Erwachsene:
Türkisch
(4906) 100 S., kart. **DM 9,80**/S 79.–
Englisch
(4912) 100 S., kart. **DM 9,80**/S 79.–
Französisch
(4911) 104 S., kart. **DM 9,80**/S 79.–
Spanisch
(4909) 98 S., kart. **DM 9,80**/S 79.–
Italienisch
(4908) 100 S., kart. **DM 9,80**/S 79.–
Serbokroatisch
(4914) 100 S., kart. **DM 9,80**/S 79.–
Griechisch
(4907) 102 S., kart. **DM 9,80**/S 79.–
Portugiesisch
(4910) 100 S., kart. **DM 9,80**/S 79.–

Polnisch
(4913) 102 S., kart. **DM 9,80**/S 79.–
Arabisch
(4905) 100 S., kart. **DM 9,80**/S 79.–
Glossare Jugendliche:
Türkisch
(4927) 104 S., kart. **DM 9,80**/S 79.–
Italienisch
(4932) Von A. Baumgartner, 104 S., kart.
DM 9,80/S 79.–
Spanisch
(4933) Von M. Weidemann, 104 S., kart.
DM 9,80/S 79.–
Serbokroatisch
(4934) Von M. Vuckovic, 104 S., kart.
DM 9,80/S 79.–
Griechisch
(4936) Von Dr. G. Tzounakis, 112 S., kart.
DM 9,80/S 79.–
Tonband Grundbuch Erwachsene
(4916) Ø 18 cm. **DM 125,–**/S 1.000.–
Tonband Grundbuch Jugendliche
(4917) Ø 18 cm. **DM 125,–**/S 1.000.–
Tonband Aufbaukurs
(4918) Ø 18 cm. **DM 125,–**/S 1.000.–
Tonband Arbeitsheft
(4919) Ø 18 cm. **DM 89,–**/S 712.–
Kassetten Grundbuch Erwachsene
(4920) 2 Stück à 90 Min. Laufzeit.
DM 39,–/S 319.–
Kassetten Grundbuch Jugendliche
(4921) 2 Stück à 90 Min. Laufzeit.
DM 39,–/S 319.–
Kassetten Aufbaukurs
(4922) 2 Stück à 90 Min. Laufzeit.
DM 39,–/S 319.–
Kassette Arbeitsheft Grundbuch
(4923) 60 Min. Laufzeit.
DM 19,80/S 159.–
**Overheadfolien Grundbuch
Erwachsene**
(4924) 60 Stück **DM 159,–**/S 1.270.–
**Overheadfolien Grundbuch
Jugendliche**
(4925) 59 Stück. **DM 159,–**/S 1.270.–
Overheadfolien Aufbaukurs
(4931) 54 Stück. **DM 159,–**/S 1.270.–
Diapositive Grundbuch Erwachsene
(4926) 300 Stück. **DM 398,–**/S 3.184.–
Bildkarten
zum Grundbuch Jugendliche und
Erwachsene. (4928) 200 Stück.
DM 159,–/S 1.270.–
Arbeitshefte für ausländische Jugendliche in der Berufsvorbereitung
**Fachsprache im projektorientierten/
fachübergreifenden Unterricht
Metall 1**
(4937) Von S. Sargut, M. Spohner, 96 S.,
30 Farbfotos, 100 Zeichnungen, kart.
DM 14,80/S 119.–

Maschinenschreiben für Kinder
(0274) Von H. Kaus, 48 S., farbige Abb.,
kart. **DM 5,80**/S 49,–
So lernt man leicht und schnell
Maschinenschreiben
Lehrbuch für Selbstunterricht und Kurse.
(0568) Von J. W. Wagner, 112 S.,
31 s/w Fotos, 36 Zeichnungen, kart.
DM 19,80/S 159.–
Maschinenschreiben durch
Selbstunterricht
(0170) Von A. Fonfara, 84 S., kart.
DM 5,80/S 49.–
Stenografie leicht gelernt
im Kursus oder Selbstunterricht. (0266)
Von H. Kaus, 64 S., kart.
DM 6,80/S 59.–
Buchführung
leicht gefaßt. Ein Leitfaden für Hand-
werker und Gewerbetreibende. (0127)
Von R. Pohl. 104 S., kart.
DM 7,80/S 69.–
Buchführung leicht gemacht
Ein methodischer Grundkurs für den
Selbstunterricht. (4238) Von D. Machen-
heimer, R. Kersten, 252 S., Pappband.
DM 26,80/S 218,–

Schülerlexikon der Mathematik
Formeln, Übungen und Begriffserklärun-
gen für die Klassen 5–10. (0430) Von
R. Müller, 176 S., 96 Zeichnungen, kart.
DM 9,80/S 79.–
Mathematik verständlich
Zahlenbereiche Mengenlehre, Algebra,
Geometrie, Wahrscheinlichkeitsrech-
nung, Kaufmännisches Rechnen. (4135)
Von R. Müller, 652 S., 10 s/w- und
109 Farbfotos, 802 farbige und 79 s/w-
Zeichnungen, über 2500 Beispiele und
Übungen mit Lösungen, Pappband.
DM 68,–/S 549.–
Mathematische Formeln für Schule
und Beruf
Mit Beispielen und Erklärungen. (0499)
Von R. Müller, 156 S., 210 Zeichnungen,
kart. **DM 9,80**/S 79.–
Rechnen aufgefrischt
für Schule und Beruf. (0100) Von
H. Rausch, 144 S., kart. **DM 6,80**/S 59.–
Mehr Erfolg in Schule und Beruf
Besseres Deutsch
Mit Übungen und Beispielen für Recht-
schreibung, Diktate, Zeichensetzung,
Aufsätze, Grammatik, Literaturbetrach-
tung, Stil, Briefe, Fremdwörter, Reden.
(4115) Von K. Schreiner, 444 S.,
7 s/w-Fotos, 27 Zeichnungen, Pappband.
DM 29,80/S 239.–
Richtiges Deutsch
Rechtschreibung · Zeichensetzung ·
Grammatik · Stilkunde. (0551) Von
K. Schreiner, 128 S., 7 Zeichnungen, kart.
DM 9,80/S 79.–
Diktate besser schreiben
Übungen zur Rechtschreibung für die
Klassen 4–8. (0469) Von K. Schreiner,
152 S., 31 Zeichnungen, kart.
DM 9,80/S 79.–
Aufsätze besser schreiben
Förderkurs für die Klassen 4–10. (0429)
Von K. Schreiner, 144 S., 4 s/w-Fotos,
27 Zeichnungen, kart. **DM 9,80**/S 79.–

Deutsche Grammatik
Ein Lern- und Übungsbuch. (0704) Von
K. Schreiner, 112 S., kart.
DM 9,80/S 79,–
Besseres Englisch
Grammatik und Übungen für die Klassen
5 bis 10. (0745) Von E. Henrichs, 144 S.,
DM 12,80/S 99,–
Richtige Zeichensetzung
durch neue, vereinfachte Regeln. Erläute-
rungen der Zweifelsfragen anhand vieler
Beispiele. (0774) Von Prof. Dr. Ch. Stetter,
160 S., kart. **DM 9,80**/S 79,–